Joachim Wittkowski

Sterben

Joachim Wittkowski

Sterben

Leben in Erwartung der Hinrichtung

*Würzburg
University Press*

Impressum

Julius-Maximilians-Universität Würzburg
Würzburg University Press
Universitätsbibliothek Würzburg
Am Hubland
D-97074 Würzburg
www.wup.uni-wuerzburg.de

© 2019 Würzburg University Press
Print on Demand

Coverdesign: Michael Buchta
Coverfoto: stack-letters-447579_1920 / Andrys Stienstra. Pixabay License.

ISBN 978-3-95826-106-8 (print)
ISBN 978-3-95826-107-5 (online)
DOI 10.25972/WUP-978-3-95826-107-5
URN urn:nbn:de:bvb:20-opus-175303

Vorwort

Am Beginn der qualitativen Studie, deren Ergebnisse hier berichtet werden, standen zwei Beweggründe. Zum einen hatte ich seit langem das Fehlen einer umfassenden Definition von „Sterben" mit einem weiten Geltungsanspruch konstatiert; auch in der Fachliteratur glaubt man, stillschweigend als bekannt voraussetzen zu können, was unter „Sterben" zu verstehen ist. Um dieses Manko wenigstens teilweise zu beseitigen, habe ich, der Psychologe, eine Kennzeichnung von „Sterben" im psychologischen Sinne vorgeschlagen (Wittkowski, 2011), die sich von der medizinischen und von der soziologischen Sichtweise unterscheidet. Nun war mir daran gelegen, die allgemeine Gültigkeit dieser meiner Definition zu bestätigen. Dies war der eine Beweggrund.

Das zweite Motiv ergab sich aus der Art meines wissenschaftlichen Arbeitens, das bisher überwiegend quantitative Methoden verwendet hatte und bei dem der Untersucher, dem quantitativen Paradigma entsprechend, hinter dem Regelwerk seiner Methodik verschwindet. Im Zuge der Ausarbeitung eines Beitrags für die Gedenkschrift für Robert Kastenbaum (Wittkowski, 2014–15) wurde mir bewusst, dass sich dieser außergewöhnliche Forscher dem (vermeintlichen) Zwang methodischer Erfordernisse immer wieder einmal entzogen hat. Seine Interpretation der Aufzeichnungen William McDougalls (Kastenbaum, 1995–96), die in Abschnitt 4.1 behandelt wird, erfolgt in einer formlosen, impressionistischen Art, unbekümmert darum, wie sie von der wissenschaftlichen Gemeinschaft aufgenommen werden würde. Dies erschien mir, dem bisher stets ängstlich um Korrektheit Bemühten, bewundernswert und ließ den Wunsch aufkommen, wenigstens auf die alten Tage auch einmal diese Freiheit in Anspruch zu nehmen.

Als ich dann von der Veröffentlichung der *Abschiedsbriefe Gefängnis Berlin Tegel* erfuhr, kamen diese beiden Motive zusammen. Die Situation des Grafen Moltke und die Korrespondenz darüber mit seiner Ehefrau boten die Möglichkeit, das Erleben des Sterbens bei einem Menschen aufzuzeigen, der nicht krank war. Und das Briefmaterial erforderte eine qualitative Auswertung, bei der der Untersucher als Rezeptions- und Klassifikationsmedium zwangsläufig stärker zur Geltung kommen musste.

Flankierend zu dieser meiner Interessenlage boten die Monographien *Soldaten. Protokolle vom Kämpfen, Töten und Sterben* (Neitzel & Welzer, 2011) und *Kameraden. Die Wehrmacht von innen* (Römer, 2012) bereits vor Beginn der eigentlichen Arbeit eine Orientierung. Anhand der Protokolle von abgehörten Gesprächen zwischen deutschen Soldaten in britischer bzw. amerikanischer Gefangenschaft destillieren die Autoren Themenbereiche (z.B. „Ästhetik des Zerstörens", „Siegesglaube", „Militärische Werte", „Kampfmoral") und illustrieren sie durch zahlreiche Zitate. Über eine spezifische Auswertungsmethode wird dabei nicht berichtet.

Im Unterschied zu diesen Arbeiten von Historikern zu einer ganz anderen Thematik scheint mir eine stringente Analysemethode und ihre Darstellung in der vorliegenden Studie unverzichtbar. Sie macht nämlich das Zustandekommen der Befunde für den Laien nachvollziehbar und für die Sachkundige nachprüfbar. Die Befolgung einer qualitativen Auswertungsmethodik zeigt, dass die Ergebnisse der Analyse des Briefmaterials nicht der subjektiven Sicht des Verfassers entsprungen und insofern willkürlich sind, sondern dass sie regelgeleitet gewonnen wurden. Um die Darstellung zu diesem Punkt für ein breites Publikum verdaulich zu gestalten, wird eine knappe Übersicht über den Gang der inhaltsanalytischen Auswertung in Abschnitt 1.4 gegeben; eine ausführlichere Darstellung mit entsprechenden Literaturbelegen findet sich in Anhang 1.

Die wiederholte intensive Beschäftigung mit den *Abschiedsbriefen* einerseits und mit *Arbeit und Struktur* andererseits war von Mit-Leiden bestimmt und insofern belastend. Diese Auswirkung des Analysematerials auf mein Befinden als Auswerter/Untersucher wurde mir bald bewusst und führte zu „theoretischer Sensitivität" (siehe Carmack & DeGroot, 2013), ohne dass ich allerdings spezifische Effekte im Sinne von Verzerrungen benennen könnte. Ich habe keine Ausbildung als Psychotherapeut. Demzufolge ist meine Wahrnehmung nicht auf Leiden, Störungen und die Linderung von Beschwerden ausgerichtet. Meine Kenntnisse über Sterben und Sterbebegleitung entstammen der Fachliteratur (u.a. Fallberichte), einem eigenen Forschungsprojekt im Bereich der Hospizarbeit sowie Fortbildungsveranstaltungen für Betreuungspersonen; sie beruhen nicht auf unmittelbaren Erfahrungen im Umgang mit Sterbenden. Bezüglich impliziter Annahmen und Voraussetzungen bei der Durchführung dieser Studie kann sich der Leser in Abschnitt 1.3 ein Bild machen.

Zur Triangulierung der Befunde, die den sterbenden Grafen Moltke betreffen, werden vergleichbare Fälle herangezogen (siehe Kapitel 4). Es war naheliegend, als eine besondere Fallgruppe auch Todeskandidaten in Gefängnissen der Vereinigten Staaten zu berücksichtigen, über deren Erleben unmittelbar vor ihrer Hinrichtung mindestens drei Studien Auskunft geben (Heflick, 2005; Kelley & Foley, 2013; Upton, Carwile & Brown, 2017). Bei näherer Betrachtung erwiesen sich die Ergebnisse dieser Arbeiten jedoch als nicht geeignet zum Vergleich mit jenen aus den *Abschiedsbriefen*. Erstens handelt es sich bei den Todeskandidaten um Personen, die unter rechtsstaatlichen Bedingungen wegen eines Tötungsdelikts verurteilt wurden. Sie hatten ein Unrecht begangen, und viele von ihnen waren sich dessen bewusst. Dies war im Fall Moltke nicht so. Zweitens stützen sich die Erkenntnisse über Todeskandidaten in den Vereinigten Staaten auf deren letzte Worte, die von der Justizbehörde veröffentlicht werden. Diese Äußerungen sind zum einen naturgemäß kurz, und sie können zum anderen an die Öffentlichkeit gerichtet sein, die regelmäßig Anteil an der Vorbereitung und der Durchführung einer Hinrichtung nimmt. Damit ist die Situation, in der diese Äußerungen zustande kommen, eine ganz andere als diejenige der vertraulichen Korrespondenz des Grafen Moltke mit seiner Ehefrau. Drittens verfügen zahlreiche Personen, die in den Vereinigten Staaten ihrer Hinrichtung entgegen sehen, über ein niedriges Bildungsniveau, und/oder sie weisen psychopathologische Störungen wie Depression, Stimmungslabilität und Posttraumatische Belastungsstörung auf (Cunningham & Vigen, 2002). Auch diese Bedingungen trafen auf Helmuth v. Moltke nicht zu. Aus diesen Gründen werden die letzten Worte von Verurteilten in der vorliegenden Arbeit nicht berücksichtigt.

Diese Abhandlung ist für eine breite Öffentlichkeit bestimmt. Sie soll ein differenziertes Bild von den intrapsychischen Vorgängen beim Sterben vermitteln. Darüber hinaus soll sie dazu beitragen, die noch immer ungewohnte Vorstellung zu verbreiten, dass das Sterben psychische Anpassungsleistungen einschließt und man daher auch als körperlich gesunder Mensch während eines längeren Zeitraums ein(e) Sterbende(r) sein kann. Bei einem Vortrag vor Ärztinnen und Ärzten zu diesem Thema lange bevor mir die Idee zu dieser Studie gekommen war, erntete ich Gelächter, Kopfschütteln und Stirntippen. Personen, die sich für die jüngere deutsche Geschichte interessieren, mögen die tragische Geschichte des Ehepaares v. Moltke in einem anderen Licht sehen, als dies nach der Lektüre der *Abschiedsbriefe* der Fall war. Theologen können etwas darüber erfahren, in welcher Weise der Glaube bei der Bewältigung einer existentiellen Krise zu wirken vermag. Von besonderem Interesse kann das Buch für hauptberuflich und ehrenamtlich Betreuende in Hospizarbeit und Palliativversorgung sein. Für die Gestaltung von Aus-, Fort- und Weiterbildungsveranstaltungen für diesen Personenkreis lassen sich ihm Anregungen entnehmen. Mediziner können durch seine Lektüre angeregt werden, stärker auf das Erleben ihrer sterbenden Patienten zu achten. Schließlich dürfte es auch für Leserinnen und Leser ohne professionellen Bezug zum Thema „Sterben und Tod" aufschlussreich sein zu erfahren, wie sich Freya v. Moltke ihrem sterbenden Ehemann gegenüber verhalten hat. Denn eines Tages könnten sie selbst die Begleiterin eines sterbenden Angehörigen sein.

Mein Dank gilt Frau Gabriela Schneider-Strenge und Herrn Priv.-Doz. Dr. Hans Strenge für kritische Anmerkungen zu einer frühen Fassung von Kapitel 1 sowie Herrn Dr. Rainer Scheuchenpflug für hilfreiche Kommentare und manch anregendes Gespräch während der Arbeit an diesem Projekt.

Würzburg, im März 2019 Joachim Wittkowski

Inhaltsverzeichnis

Verzeichnis der Abbildungen

Verzeichnis der Tabellen

1 Einleitung

Die traurige Geschichte des Ehepaares v. Moltke ist der Anlass, sich mit zwei Personen der Zeitgeschichte aus der fachlichen Sicht des Thanatopsychologen zu beschäftigen. Ihr Leben in Erwartung von Todesurteil und Hinrichtung wurde für den einen zum Sterbeprozess und für die andere zur Sterbebegleitung. Obwohl weder krank noch durch äußere Einwirkung in seiner Gesundheit beeinträchtigt, wurde Graf Moltke durch verhängnisvolle Umstände zum Sterbenden und seine Ehefrau zur Sterbebegleiterin. Dieses Sterben im psychologischen Sinne an einem prominenten Fallbeispiel darzustellen, ist das Anliegen der vorliegenden Abhandlung. Damit dies gelingen kann, bedarf es einiger vorbereitender Informationen.

1.1 Historischer Kontext und die Situation des Ehepaares von Moltke

Die „Abschiedsbriefe Gefängnis Tegel", die das Rohmaterial der vorliegenden Analyse bilden, enthalten eine Einleitung der Herausgeber sowie eine Biographische Notiz (Moltke & Moltke, 2013, S. 13–36, 337–343). In Verbindung mit dem Beitrag Ruhm von Oppens (1994) ergibt sich daraus ein Bild der gemeinsamen Vorgeschichte und der aktuellen Situation des Ehepaares v. Moltke im Jahr 1944. Auch Hinweise auf die Haftbedingungen des Grafen sowie auf Besonderheiten der Prozessführung, die von rechtsstaatlichen Grundsätzen abwich, lassen sich diesen Quellen entnehmen.

Im Oktober 1931 schlossen der Rechtsreferendar Helmuth James Graf v. Moltke und die zwanzigjährige Freya Deichmann, Studentin der Jurisprudenz und Tochter eines Kölner Bankiers, die Ehe. Während die Gräfin ihr Studium fortsetzte und 1935 zum Dr. jur. promoviert wurde, durchlief er die Referendarzeit und legte 1934 das Assessor-Examen ab. Bereits seit 1929 hatte Graf Moltke die Leitung des (hoch verschuldeten) Gutes Kreisau in Schlesien übernommen. Im Jahr 1937 wurde der älteste Sohn Caspar geboren, vier Jahre später folgte Konrad. Mit Ausbruch des Zweiten Weltkriegs ließ Graf Moltke sich dienstverpflichten und war als Sachverständiger für internationales Recht in der Abteilung Ausland/Abwehr des Oberkommandos der Wehrmacht tätig.

Die allgemeine Gegnerschaft zum nationalsozialistischen Regime, die von jeher für das Paar bestimmend war, nahm mit Beginn des Krieges konkretere Formen an. Im „Kreisauer Kreis" wurden unter Moltkes Federführung Vorstellungen bezüglich der Neuordnung Deutschlands nach dem Ende des Nationalsozialismus erörtert („Kreisauer Pläne"). Darüber hinaus bemühten die Kreisauer sich darum, die Alliierten über die Existenz verschiedener Widerstandsgruppen zu informieren. In seiner dienstlichen Funktion, gewissermaßen auf der diplomatischen Ebene, setzte sich Graf Moltke dafür ein, die verbrecherische Behandlung von Zivilisten in den besetzten Gebieten sowie von Kriegsgefangenen wenn nicht zu verhindern, so doch abzumildern. An dem Versuch der gewaltsamen Beseitigung Hitlers war der Graf nicht beteiligt; aus grundsätzlichen Erwägungen, insbesondere aufgrund seines Glaubens, lehnte er ein Attentat ab (vgl. Ruhm von Oppen, 1994).

Im Januar 1944 wurde Graf Moltke verhaftet, weil er einen Bekannten vor einem Spitzel der Gestapo gewarnt hatte, und als Schutzhäftling in das Konzentrationslager Ravensbrück eingeliefert. Nachdem seine Verbindung zu einigen Verschwörern des 20. Juli 1944 bekannt geworden war, wurde er Ende September in das Strafgefängnis Tegel in Berlin überstellt. Hier musste er den größten Teil des Tages und auch die Nächte mit gefesselten Händen zubringen. Die Wachtmeister, wohl auch für kleine Bestechungen zugänglich, waren freundlich und im Rahmen enger Grenzen hilfsbereit. Auch während der Bombenangriffe blieben die Inhaftierten in ihren Zellen. Kontakt mit der Außenwelt war nur sehr eingeschränkt möglich. „Freya gelang es in diesen vier Monaten, fünfmal Sprecherlaubnis zu bekommen, indem sie vorgab, Probleme der Gutsverwaltung mit Helmuth besprechen zu müssen. Sie sahen sich ab Mitte November alle zwei Wochen, ein letztes Mal nach dem Todesurteil am 16. Januar, jeweils unter Aufsicht etwa eine halbe Stunde lang" (Moltke & Moltke, 2013, S. 22).

Unzensierter privater Briefkontakt war untersagt. Die 177 Briefe aus der Haftzeit des Grafen im Gefängnis Tegel wurden vom evangelischen Gefängnispfarrer Poelchau, den die Moltkes von früher kannten, unter Gefahr für das eigene Leben überbracht. Auch der Gräfin drohte im Falle der Entdeckung die schlimmste Bestrafung. Offensichtlich gingen Freya und Helmuth v. Moltke sehenden Auges das Risiko ein, dass ihre Kinder als Vollwaisen aufwachsen könnten.

Mit der Inhaftierung ihres Mannes in Tegel musste sich die Gräfin mehr und mehr um die Leitung des Gutes kümmern. Dies machte ein Pendeln zwischen Kreisau und Berlin erforderlich, was zunehmend schwieriger wurde. In der Hauptstadt konnte sie bei Poelchaus übernachten, sich in deren Wohnung aufhalten, und sie hatte Kontakt zu den Frauen einiger anderer Inhaftierter. Es herrschte allgemeine Knappheit an Lebensmitteln, und die Inhaber eines landwirtschaftlichen Betriebs waren hier in einer bevorzugten Position. Gleichwohl bereitete im Herbst 1944 das Näherrücken der Front Sorgen.

Anders als unter rechtsstaatlichen Bedingungen üblich, wurde dem Grafen Moltke vor der Verhandlung vor dem Volksgerichtshof (VGH) keine Anklageschrift ausgehändigt. Der Angeklagte schwebte also über vier Monate in Ungewissheit bezüglich des Tatvorwurfs, und es war ihm (und seinem Verteidiger) daher unmöglich, gezielt eine Verteidigungsstrategie zu entwickeln. Vielmehr mussten verschiedene Möglichkeiten in Betracht gezogen werden. Wie sich dann in der Verhandlung zeigte, betraf der Anklagepunkt – ganz in Einklang mit der ideologischen Moralisierung des Rechts im NS-Staat und der daraus folgenden Hinwendung zum Willensstrafrecht (siehe Pauer-Studer & Velleman, 2017, S. 21ff.) – die Gesinnung des Grafen, die als Hochverrat ausgelegt wurde. Konkrete Handlungen wurden nicht angeklagt. Abweichend vom üblichen Procedere erfolgte die Vollstreckung des Urteils erst nach 12 Tagen. Dies gab der Gräfin die Möglichkeit, Gnadengesuche an (vermeintlich) geeignete Adressaten zu richten. Der Hinrichtungstermin wurde den Verurteilten nicht am Vortag mitgeteilt. Vom frühen Morgen bis in die späten Nachmittagsstunden konnte der Betroffene jederzeit zur Hinrichtungsstätte Plötzensee gebracht werden. Als er seinen letzten Gang antreten musste, war Helmuth v. Moltke 37 Jahre alt.

Dies war in groben Zügen die persönliche Situation des Ehepaares v. Moltke im Jahr 1944: Es trug Verantwortung für die beiden Söhne und für das Gut Kreisau, die beide latent bedroht waren; es befand sich in Ungewissheit bezüglich der Anklage und vermochte sich daher nicht gezielt darauf vorzubereiten; ein unzensierter und häufiger Informationsaustausch war nur informell möglich. Diese persönliche Situation war eingebettet in die allgemeinen Lebensumstände im Deutschen Reich und insbesondere in Berlin, die im Jahr 1944 von der militärischen Lage in Ost und West bestimmt waren. Seit Juni waren die Westalliierten auf dem Vormarsch durch Frankreich; Ende August wurde Paris von amerikanischen Truppen eingenommen, zwei Monate später war Aachen in der Hand der Alliierten. Im Osten erfolgte Mitte Oktober 1944 der Angriff der Roten Armee auf Ostpreußen, sechs Wochen später ihre Großoffensive in Ungarn, und am 12. Januar 1945 begannen die sowjetischen Streitkräfte ihre Großoffensive gegen das östliche Reichsgebiet mit katastrophalen Auswirkungen auf die deutsche Bevölkerung. Vielerorts, nicht zuletzt in Berlin, mussten die Menschen nächtliche Bombardierungen durch die Royal Air Force ertragen. Mit dem gescheiterten Attentat auf Hitler vom 20. Juli 1944 verschärfte sich das Klima der Repression und des Misstrauens; die Gefahr, wegen „Wehrkraftzersetzung" oder „Schädigung der Volksgemeinschaft" denunziert, angeklagt und zu einer unverhältnismäßig hohen Strafe verurteilt zu werden, war groß. Tabelle 1-1 bietet eine Übersicht über persönliche Ereignisse der Moltkes und die korrespondierenden politischen bzw. militärischen Ereignisse von Januar 1944 bis Januar 1945.

Trotz der Propaganda in Presse, Rundfunk (Wehrmachtsbericht) und Wochenschau waren die Hinweise auf den bevorstehenden Zusammenbruch des Regimes für große Teile der Bevölkerung erkennbar. Die Briefe, die Walter Kempowski in seinen kollektiven Tagebüchern unter der Bezeichnung „Echolot" zusammengestellt hat (z.B. Kempowski, 1993; 1995), belegen dies. Diese Hinweise konnten bei den Moltkes Hoffnung wecken. Möglicherweise würde eine rasche militärische Niederlage die Verhandlung vor dem Volksgerichtshof überflüssig machen. Auch die unbestimmte Hoffnung auf ein „Wunder" war nicht gänzlich abwegig. Tatsächlich kam Freisler, der Vorsitzende des 1. Senats des VGH, kurz nach dem Prozess gegen den Grafen Moltke bei einem Bombenangriff auf Berlin ums Leben.

1.2 Worum es in diesem Buch geht

In jenem Bereich der Thanatologie, der sich auf wissenschaftlicher Ebene mit dem Sterben und der Betreuung Sterbender befasst, gibt es keine umfassende, allgemein konsensfähige Definition dessen, was Sterben ist und wann der Sterbeprozess beginnt. Bei genauerer Betrachtung zeigt sich nämlich, dass man das Sterben aus mehreren Blickwinkeln betrachten kann, ja betrachten muss, die mehr oder weniger eigenständig bestehen: aus der medizinischen Perspektive, die auf körperliche Vorgänge ausgerichtet ist; aus der soziologischen Perspektive, für die der Rückzug des Individuums aus seinen zwischenmenschlichen Beziehungen im Vordergrund steht; und aus der psychologischen Sicht, die auf intrapsychische Bewältigungs- und Anpassungsvorgänge abstellt. Aber auch innerhalb der psychologischen Sichtweise war lange Zeit keine allgemein gültige und umfassende Begriffsbestimmung von

Tabelle 1-1: Verschränkung persönlicher und politischer bzw. militärischer Ereignisse des Jahres 1944 mit Bedeutung für das Ehepaar von Moltke.

Datum / Zeitpunkt	Ereignis persönlich	Ereignis politisch / militärisch
19.01.1944	Verhaftung H. v. Moltkes u. Beginn der Schutzhaft	
Anfang Februar 1944	Überstellung in das KZ Ravensbrück	
12.05.1944		Beginn einer alliierten Großoffensive an der italienischen Hauptfront
06.06.1944		Alliierte Invasion in der Normandie
22.06.1944		Sowjetische Großoffensive gegen die Heeresgruppe Mitte mit schweren Verlusten auf seiten der Wehrmacht
20.07.1944		Attentat auf Hitler
Mitte August 1944	Verhöre u. Überführung in U-Haft	
25.08.1944		Einnahme von Paris durch US-Truppen
03.09.1944		Besetzung Brüssels durch britische Truppen
28.09.1944	Überstellung H. v. Moltkes nach Berlin, Gefängnis Tegel; Erwartung von Anklageschrift u. Prozess	

Datum / Zeitpunkt	Ereignis persönlich	Ereignis politisch / militärisch
Mitte Oktober 1944		Angriff der Roten Armee auf Ostpreußen
20.10.1944	Zustellung des Haftbefehls u. Abschiedbrief an seine Söhne	
21.10.1944		Einnahme von Aachen durch alliierte Truppen
Oktober/November 1944	Entwürfe eines Gnadengesuchs	Vordringen d. Amerikaner bis zur Ruhr
ab Mitte Nov. 1944	Besuche d. Gräfin alle 2 Wochen	
22./23.11.1944		Metz u. Straßburg fallen in alliierte Hand
29.11.1944	gemeinsame Feier d. Abendmahls mit Pfarrer Poelchau	
Anfang Dezember 1944		Russische Großoffensive in Ungarn
16.–22.12.1944		Ardennen-Offensive
09./10.01.1945	Verhandlung vor dem Volksgerichtshof	
11.01.1945	Verkündung des Todesurteils	
12.01.1945		Russische Großoffensive an der Ostfront
16.01.1945	letzter Besuch der Gräfin	
23.01.1945	Hinrichtung	

„Sterben" und „Sterbeprozess" erkennbar. Man verwendete diese Begriffe, ohne ein eindeutiges Verständnis von ihnen zu besitzen.

Diese Lücke hat der Verfasser zu schließen versucht (Wittkowski, 2011; siehe auch Abschnitt 2.2.1). Seine Definition erhebt den Anspruch, auch für den Fall des Todes durch Hinrichtung gültig zu sein. Aus psychologischer Sicht, d.h. bei Betonung des kognitiven Aspekts, sollten die für den Sterbevorgang des Kranken charakteristischen Abläufe des Erlebens und Verhaltens auch bei völliger somatischer Gesundheit stattfinden, sofern objektiv eine tödliche Bedrohung und die entsprechende subjektive Wahrnehmung gegeben sind. Diese Bedingung ist durch die Urteilsverkündung erfüllt.

Die Abschiedsbriefe des Ehepaares v. Moltke boten die Möglichkeit, die Gültigkeit der eigenen Definition von „Sterben" zu prüfen und sie gegebenenfalls zu modifizieren. So makaber es dem Laien erscheinen mag, stellt sich die Situation des Grafen Moltke und seiner Frau aus Sicht des Fachwissenschaftlers als quasi-experimentelle Bedingung dar, die „das Leben" oder „die Umstände" herbeigeführt haben und die der heutige Untersucher für sein wissenschaftliches Interesse nutzt. Die Briefe, technisch gesprochen das „Untersuchungsmaterial" oder der „Textcorpus", bilden diese besondere Situation des Sterbens aus der subjektiven Sicht der beiden Beteiligten ab. Dabei ist als günstiger Umstand anzusehen, dass sie unbefangen, d.h. nicht im Bewusstsein einer späteren Veröffentlichung, geschrieben wurden. Anders als manche Personen, die im Anschluss an eine infauste Diagnose über ihren verbliebenen Weg Tagebuch geführt haben (z.B. Noll, 1984; Herrndorf, 2013), waren die Verfasser der Abschiedsbriefe ganz offensichtlich nicht von der Frage beeinflusst, welchen Eindruck ihre sehr persönlichen Mitteilungen auf spätere Leser machen könnten.

Die vorliegende Untersuchung richtet sich auf drei Merkmalsbereiche, aus denen sich jeweils eine Fragestellung ableiten lässt.

(1) *Der Sterbende und der Verlauf seines Sterbens.* Lassen sich bei Helmuth v. Moltke typische Merkmale des Sterbens im psychologisch-verhaltenswissenschaftlichen Sinne nachweisen? Ist im Beobachtungszeitraum eine inhaltlich und sachlich stimmige Veränderung in der Auftretenshäufigkeit einzelner Merkmale erkennbar (im Unterschied zu zufälliger Merkmalsfluktuation)?

(2) *Die Sterbebegleiterin.* Welche Erlebens- und Verhaltensweisen sind bei Freya v. Moltke in ihrer Funktion als Sterbebegleiterin erkennbar?

(3) *Die Sterbebegleitung und ihr Verlauf.* Welche Merkmale weist die Interaktion zwischen dem Sterbenden und seiner Begleiterin auf? Ist im Beobachtungszeitraum auch in dieser Hinsicht eine inhaltlich und sachlich stimmige Veränderung in der Auftretenshäufigkeit einzelner Merkmale erkennbar (im Unterschied zu zufälliger Merkmalsfluktuation)? Lässt sich eine Entsprechung im Verlauf der Sterbebegleitung und im Verlauf des Sterbens nachweisen?

Diese Untersuchungsfragen sind primär solche nach dem Wie und Was und erst in zweiter Linie solche nach dem Mehr oder Weniger der Merkmalsausprägung und schon gar nicht solche nach statistischen Zusammenhängen. Es sind somit qualitative Fragen, deren Beantwortung eine qualitative Analysemethode erfordert. Den drei Fragestellungen übergeordnet ist die Frage, hinsichtlich welcher Merkmale Übereinstimmungen und Unterschiede zwischen der Situation des körperlich gesunden, aber psychisch Sterbenden einerseits und einem unheilbar Kranken im Endstadium andererseits bestehen. Mit anderen Worten: Lassen sich typische Merkmale des Sterbens aufgrund einer Krankheit auch bei einem zum Tode Verurteilten nachweisen? Diese Frage ist insofern naheliegend, als das Sterben aufgrund einer Krankheit und das Sterben in Erwartung der eigenen Hinrichtung Gemeinsamkeiten aufweisen:

- Das Auftreten erster Symptome und Beschwerden entspricht der Zeit der Untersuchungshaft (Phase der Ungewissheit und Besorgnis).
- Die infauste Diagnose/Prognose entspricht dem Todesurteil (Ende der Ungewissheit, konkrete Bedrohung).
- Unbestimmte Zeit bis zum Lebensende in beiden Fällen.
- Schwanken (Oszillieren) zwischen Hoffnung bzw. Zuversicht und resigniertes Sich-Fügen in das Unvermeidliche in beiden Fällen.
- Speziell Hoffen auf ein Wunder: Die Hoffnung auf eine neue Behandlungsmethode oder auf ein neues Medikament entspricht der Hoffnung auf den Zusammenbruch des nationalsozialistischen Regimes oder auf die Begnadigung.

Wenn es aber Gemeinsamkeiten zwischen dem Sterben infolge einer Krankheit und dem Sterben in Erwartung der eigenen Hinrichtung geben sollte, müsste es auch Entsprechungen hinsichtlich der Situation der Sterbebegleiterin sowie des Vorgangs der Sterbebegleitung geben. Auch dies zu überprüfen, ist Gegenstand der vorliegenden Studie.

1.3 Implizite Annahmen und Voraussetzungen – oder: Trocken Brot macht Wangen rot

Dies ist nicht der Ort für eine grundsätzliche wissenschaftstheoretische Erörterung der Möglichkeiten und Grenzen der Erkenntnisgewinnung in den Sozial- und Verhaltenswissenschaften. Dennoch sind einige Bemerkungen im Sinne des kritischen Denkens in der Psychologie (siehe Slife, Reber & Richardson, 2005; Slife & Williams, 1995) angebracht. Allgemein gesprochen, versuchen Forscher, Antworten auf Fragen zu finden. Die Art und Weise, wie sie ihre Fragen stellen, ist stets von den Vorstellungen abhängig, die sie von dem jeweiligen Untersuchungsgegenstand haben. Dieses „naive" Vorverständnis der „Wirklichkeit" beeinflusst die Wahrnehmung des Untersuchungsgegenstandes und geht in Gestalt von Annahmen indirekt in die wissenschaftliche Fragestellung ein. Diese Annahmen bilden also notwendigerweise den Ausgangspunkt des Forschungsprozesses, sind aber dem Forscher meist nicht bewusst und bleiben daher in der Regel unerwähnt. Gerade weil implizite Annahmen, welche die Voraussetzungen des weiteren Vorgehens bilden, grundsätzlich unvermeidlich sind, sollten sie offengelegt werden.

Dieser Studie liegen zwei grundlegende Überzeugungen bezüglich der Erkenntnisgewinnung in den Sozial- und Verhaltenswissenschaften zugrunde:

(1) Es geht nicht um das Auffinden einer einzigen „Wahrheit", die beschreibt, „wie die Dinge wirklich sind", und die in einem weiteren Schritt erklärt, warum die Dinge so sind, wie sie sich darstellen. Es geht vielmehr darum, eine beobachtete Wirklich-

keit, d.h. Daten, plausibel abzubilden. Dieselben Daten können zu unterschiedlichen Abbildungen, d.h. beschreibenden Modellen und erklärenden Theorien, führen. Welche von mehreren Theorien sich als die Überlegene erweist, muss die weitere Forschung zeigen.

(2) Über die Frage, ob Quantifizierung die Essenz wissenschaftlicher Erkenntnisgewinnung ist, lässt sich trefflich streiten. Unstreitig dürfte sein, dass durch Quantifizierung in Verbindung mit statistischer Datenverarbeitung Zusammenhänge und Strukturen sichtbar gemacht werden können, die in verbalen Daten (Interviewtranskripten, Tagebuchaufzeichnungen, Briefen, Beobachtungsprotokollen) und deren hermeneutischer Interpretation unsichtbar bleiben. Auch die Entscheidung darüber, ob Beobachtungen (z.B. Unterschiede in der Ausprägung von Merkmalen, Zusammenhänge zwischen Merkmalen) als zufällig anzusehen oder als sehr selten und in diesem Sinne als „überzufällig" einzuschätzen sind, setzt Quantifizierung voraus. Letzten Endes dürfte die methodische Ausrichtung einer Untersuchung als quantitativ oder qualitativ aber von der Fragestellung abhängen.

Für die impliziten Annahmen, die in eine empirische Untersuchung eingehen, spielt die fachliche Ausrichtung des Forschers eine Rolle. Im vorliegenden Fall sind dies die Grundlagenfächer der Psychologie, insbesondere die Differentielle Psychologie und Persönlichkeitsforschung sowie die Entwicklungspsychologie der Lebensspanne mit dem Akzent auf dem mittleren und höheren Alter. Ein weiterer Schwerpunkt des Untersuchers lag von jeher in der Psychologischen Diagnostik. Als forensischer Gutachter war es seine Aufgabe, Erleben und Verhalten von Menschen funktional, d.h. ohne moralische Wertungen, zu beschreiben und soweit möglich zu erklären. Dabei folgte er trotz genauer Kenntnis der Akten dem Leitsatz: „Ich weiß nichts und halte alles für möglich" (vgl. die Haltung der kritischen Offenheit; Kirschner, 2005).

Einige implizite Voraussetzungen der vorliegenden Untersuchung sind:

- Durch regelgeleitetes, systematisches Vorgehen ist Erkenntnisgewinnung möglich, die über subjektive Wahrheit und insofern über Beliebigkeit hinaus geht.
- Das Erleben und Verhalten des Grafen Moltke und seiner Frau werden allein unter funktionalem Gesichtspunkt betrachtet und nicht im Kontext einer moralischen Bewertung gesehen. Helmuth v. Moltke ist demnach ein Mensch in Erwartung seines gewaltsamen Todes, nicht aber „das unschuldige Opfer eines verbrecherischen Regimes."
- Die Studie beruht nicht auf einem spezifischen Menschenbild, etwa demjenigen der Psychoanalyse oder jenem des Behaviorismus. Am ehesten liegt ihr ein erweitertes Reiz-Reaktionsschema (S-O-R) zugrunde, wie es der Interaktionismus vertritt (Endler & Magnusson, 1976). Demnach ist das Verhalten einer Person das Resultat der Wechselwirkung von Faktoren der Person und solchen der Situation ($V = f(P \times S)$). Mit anderen Worten: Aus der Umgebung (Situation) treffen Reize auf den Organismus mit seinen Verhaltensdispositionen, und dies führt zu Verhaltensweisen (Reaktionen), die intra- und interindividuell unterschiedlich sind.
- Bezüglich des Auflösungsgrades des zu untersuchenden Merkmalsbereichs besteht ein unlösbares Dilemma. Die Zerlegung von Merkmalen (z.B. der Angst vor dem

Tod) in einzelne Komponenten wird einerseits der Komplexität der „Wirklichkeit" gerecht, wie sie durch logische Analyse nahegelegt wird. Andererseits weckt sie den Vorwurf, durch ein reduktionistisches Vorgehen den ganzheitlichen Charakter von Merkmalen zu zerstören.

- Der Verfasser der vorliegenden Studie gehört keiner Gruppierung an, die an der Betreuung Sterbender beteiligt ist (Hospizarbeit, Palliative Care) und die sich um Beachtung oder gar Ansehen in der Gesellschaft bemüht. Im Sinne des Wertfreiheitspostulats Max Webers steht er auf Niemandes Seite – auch nicht auf der Seite der (vermeintlich) Guten (siehe Schurz, 2011, S. 39f.). Vielmehr ist er allein von dem Bestreben geleitet, mit den Mitteln der wissenschaftlichen Psychologie herauszufinden, wie Menschen sich in einer spezifischen Situation verhalten.

- Der Verfasser ist kein Anhänger jener zeitgenössischen Strömung, die als „Bewegung des Todesbewusstseins" („death awareness movement") in den Vereinigten Staaten beheimatet ist und mit einem volkspädagogischen Impetus eine neue Ars moriendi propagiert.

Diese wegen ihrer Dichte beschwerlich anmutenden Ausführungen mögen den Leser befähigen, sich auf der Grundlage eines kritischen Bewusstseins sein eigenes Bild der vorliegenden Studie zu machen. In der gebotenen Kürze gerieten sie zu trockenem Brot. Aber der Weg zu Redlichkeit und Transparenz ist zuweilen mühsam.

1.4 Wie die Abschiedsbriefe analysiert wurden

Die Abschiedsbriefe wurden inhaltsanalytisch ausgewertet. Allgemein besteht das Vorgehen darin, in systematischer und regelgeleiteter Weise einzelne Merkmale des Analysematerials zu identifizieren, sie zu verbalen und/oder numerischen Daten zu verdichten (Reduktion) und sie nach sachlogischen Erwägungen anzuordnen (Strukturierung). Man könnte auch sagen: Aus einem amorph erscheinenden Textcorpus werden einzelne Elemente herausgelöst und nach Art eines Puzzles zu einer neuen, bisher nicht erkennbaren Gestalt zusammengefügt. Da es im vorliegenden Fall nicht allein um die denotative Bedeutung einer isolierten Aussage (dem manifesten Inhalt; z.B.: „Ich bin heute so glücklich") ging, sondern auch um deren kontextabhängige konnotative Bedeutung, war die Auswertung qualitativ interpretierend. Der Verfasser fungierte als Instrument bzw. Medium zum hermeneutischen Verstehen der latenten Inhalte des Textes. Trotz dieser Anlehnung an die Interpretationslehre der Hermeneutik (siehe Gadamer, 1972/1990) folgte die Analyse der Abschiedsbriefe nicht einer bestimmten Lehrmeinung oder „Schule". Vielmehr war sie zum einen an Verfahrensweisen der Grounded Theory (Strauss & Corbin, 1996) und zum anderen an Prinzipien der qualitativen Datenanalyse nach Miles und Huberman (1994) orientiert (wegen eines Überblicks siehe Hoffmeyer-Zlotnik, 1992; Mayring, 2010).

In diesem Abschnitt wird eine Übersicht über das methodische Vorgehen bei der inhaltsanalytischen Auswertung der Abschiedsbriefe des Ehepaares v. Moltke gegeben. Fachspezifische Einzelheiten finden sich in Anhang 1.

Das Analysematerial bestand aus der leicht gekürzten Fassung der *Abschiedsbriefe Gefängnis Berlin Tegel, September 1944 bis Januar 1945*, erschienen im Verlag C. H. Beck

Erster Schritt: Induktive Generierung von Inhaltskategorien – Codierung der Briefe getrennt für H. v. Moltke und F. v. Moltke

Zweiter Schritt: Deduktive Zusammenstellung von Inhaltskategorien für drei Bereiche – Codierung der Briefe getrennt für H. v. Moltke und F. v. Moltke

Dritter Schritt: Verzeichnis der Rohdaten („Urliste") mit Fundstelle und Beispielinventar für jede Kategorie

Vierter Schritt: Bestimmung der absoluten und relativen Auftretenshäufigkeit einer jeden Kategorie in den Briefen H. v. Moltkes und F. v. Moltkes

Fünfter Schritt: Darstellung der bedeutsamen Kategorien/Themen der Bereiche „Sterben", „Sterbebegleiterin" und „Sterbebegleitung" jeweils in einem Modell – Verlaufsanalyse

Abbildung 1-1: Ablauf der inhaltsanalytischen Auswertung.

(Moltke & Moltke, 2013). Als Analyseeinheit wurde das Thema gewählt. Im Kontext der Inhaltsanalyse ist ein Thema eine Textpassage unterschiedlicher Länge, die einen einzigen, einigermaßen klar umschriebenen Inhalt zum Gegenstand hat (z.B. „Glaube an Gott"; „Beziehung zum Partner"; „alltägliche Ereignisse"). Dieser Inhalt lässt sich mit einem Stichwort (z.B. „Alltag") zusammenfassen und mit einem entsprechenden Kürzel, einem Code, versehen. Das Thema in Form eines Satzes oder von Satzverbindungen gilt als die Analyseeinheit der Wahl, wenn es um das Auffinden von Motiven, emotionalen Bewertungen u.ä. in Texten geht (Krippendorff, 1980, p. 63).

Die Auswertung verlief in fünf Schritten (siehe Abbildung 1-1). Im *ersten Schritt* wurden Themen (Inhalte, Merkmale) im Analysematerial identifiziert. Dies erfolgte getrennt für die Briefe des Grafen und für jene der Gräfin und führte zu induktiv abgeleiteten Kategorien für jeden der beiden Briefpartner. Im Text wurden die jeweiligen Passagen, ebenfalls separat für beide Partner, codiert, d.h. mit dem Kürzel der betreffenden Inhaltskategorie (z.B. BINDLEB für „Festhalten am Leben / Loslassen des Lebens"; ZUP für „Zukunftsperspektive", LAGE für „Lagebeurteilung") versehen.

Im *zweiten Schritt* wurde anhand der Fachliteratur (z.B. dem *Handbook of Thanatology*; Balk, Wogrin, Thornton & Meagher, 2007) eine Liste von Inhalten bzw. Merkmalen zu Sterben, Sterbeprozess, Sterbebegleitung und Coping zusammengestellt. Nach der Bereinigung von Überschneidungen mit den induktiv gewonnenen Kategorien führte dies zu deduktiv generierten Kategorien, die sich den Bereichen „Sterben/Sterbeprozess und Coping", „Sterbebegleiterin" und „Sterbebegleitung" zuordnen ließen. In Ergänzung zur Codierung der induktiven Kategorien im ersten Schritt wurden nun die deduktiv gewonnenen Kategorien zu „Sterben/Sterbeprozess und Coping" in den Briefen Helmuth v. Moltkes, jene zu „Sterbebegleiterin" in den Briefen Freya v. Moltkes und jene des Bereichs „Sterbebegleitung" in allen Briefen codiert. Der Vorzug der Verwendung deduktiv gewonnener Inhaltskategorien besteht zum einen in der Vervollständigung des Merkmalsspektrums und zum anderen in der Möglichkeit festzustellen, ob bestimmte, im Analysematerial zu erwartende Merkmale tatsächlich *nicht* vorkommen.

Im *dritten Schritt* wurde ermittelt, welche Kategorien in welchen Briefen vorkamen. Dabei wurde nur festgehalten, ob eine bestimmte Kategorie überhaupt auftrat, nicht aber, wie oft sie in dem betreffenden Brief codiert war. Mit anderen Worten: Es erfolgte keine Gewichtung gemäß der Auftretenshäufigkeit einer Kategorie. Die Anzahl der Briefe, in denen die verschiedenen Inhaltskategorien vorkamen, bildete die quantitativen Rohdaten der Auswertung; sie wurden durch Beispiele (Zitate, qualitative Rohdaten) illustriert. Die Beispielinventare dienten zugleich der Kennzeichnung bzw. operationalen Definition einer jeden Inhaltskategorie.

Im *vierten Schritt* wurde für jeden der Inhaltsbereiche „Sterben/Sterbeprozess", „Sterbebegleiterin" und „Sterbebegleitung" eine Auswertungstabelle erstellt, in der die absolute und die relative (prozentuale) Auftretenshäufigkeit einer jeden Kategorie aufgeführt ist (siehe Anhang 2). Da Mehrfachcodierungen ein und derselben Textpassage möglich waren, ist die Summe der relativen Häufigkeiten nicht immer gleich 100. Die Auswertungsschritte 1 bis 4 wurden allein vom Verfasser und per Hand, d.h. ohne Verwendung einer Computersoftware, durchgeführt.

Im *fünften* und letzten *Schritt* wurden die häufig ($\geq$ 20 %) auftretenden Inhalte, ergänzt um einige weitere relevante Kategorien, in eine sachlogisch stimmige Beziehung zueinander gesetzt (siehe die Abbildungen 3-1, 3-2 und 3-3 in den entsprechenden Abschnitten). Diese Darstellungen suchen eine Antwort sowohl auf die Frage nach dem „Wie" als auch auf die Frage nach dem „Warum" des Erlebens und Verhaltens der betreffenden Person zu geben. Damit wird eine Struktur sichtbar, die in den Briefen zwar enthalten ist, mit „bloßem Auge", d.h. bei gewöhnlicher Lektüre und ohne systematische Analyse, aber verborgen bleibt.

Bei der *Verlaufsanalyse* wurde die Häufigkeit festgestellt, mit der ausgewählte Merkmale bzw. Inhaltskategorien in den Briefen des Grafen Moltke und seiner Ehefrau im Verlauf des knapp viermonatigen Beobachtungszeitraums auftreten. Als zeitliche Analyseeinheit wurden zwei Wochen gewählt. Dies bot sich an, weil die Ereignisse im Januar 1945 natürlicherweise in zwei Abschnitte von jeweils zwei Wochen fallen. Mit der Wahl dieser Spanne für den gesamten Beobachtungszeitraum besteht Vergleichbarkeit und zugleich ein Raster, das nicht unnötig fein ist, aber noch hinreichend hohes Auflösungsvermögen gewährleistet. Dass die erste (40./41. KW 1944) und die letzte Analyseeinheit (3./4. KW 1945) weniger als 14 Tage umfassen, dürfte für die Zwecke dieser qualitativen Analyse keine Rolle spielen. Die Analyse erfolgte deskriptiv, eine inferenzstatistische Überprüfung von Veränderungen wurde nicht vorgenommen.

Grundsätzlich besteht die Möglichkeit, das gegebene Analysematerial einerseits mit ähnlich gelagerten Konstellationen (im vorliegenden Fall also den Äußerungen und Verhaltensmerkmalen von Personen, die ihrer Hinrichtung entgegensehen) und andererseits mit andersartigen Fällen bzw. Situationen (z.B. dem Sterben aufgrund einer Krankheit) zu vergleichen. Ersteres stellt auf den Aufweis von Übereinstimmungen, Letzteres auf Unterschiede ab (siehe die Kapitel 5–8 bei Miles & Huberman, 1994). Zum Zweck der Triangulierung wurde die Binnenanalyse der Abschiedsbriefe daher um eine vergleichende Analyse mit externem Material ergänzt, die allerdings weniger ausführlich ausfällt (siehe Kapitel 4).

1.5 Übersicht und Konzeption des Buches

Die vorliegende Abhandlung hat ein Janusgesicht. Sie beschäftigt sich aus der Sicht der wissenschaftlichen Psychologie und mit den Methoden der qualitativen Sozialforschung mit zwei Persönlichkeiten der jüngeren deutschen Geschichte. Es geht um das Schicksal des Ehepaares Freya und Helmuth v. Moltke in der Endphase der nationalsozialistischen Diktatur. Das ist die eine Blickrichtung. Im Blickfeld des zweiten Gesichts liegen die Art und der Verlauf des Sterbeprozesses und der Sterbebegleitung in einem rein psychologischen Sinne. Die vorherrschende Sicht auf das Sterben ist immer noch die körperlich-medizinische, bei der es um die letzten Stunden in Agonie, um den „Todeskampf", und somit um eine kurze Zeitspanne eingeschränkten oder fehlenden Bewusstseins, geht. Dass die wichtigsten Aspekte des Sterbens und der Betreuung von sterbenden Menschen in gedanklichen und emotionalen Anpassungs- und Bewältigungsvorgängen zu sehen sind, ist eine neue und vielen Zeitgenossen noch ungewohnte Sichtweise. Sterben bei vollkommener Gesundheit – ist das möglich? Es ist möglich, und dies der Leserin und dem Leser nahezubringen, ist eines der Anliegen dieses Buches.

Man kann die vorliegende Arbeit also als einen Beitrag zur Zeitgeschichte sehen, auch wenn der Verfasser Psychologe und nicht Historiker ist. Als Beschäftigung mit Personen der Zeitgeschichte geht die Studie über die Einschätzungen der Herausgeber in ihrer Einleitung zu den Abschiedsbriefen (Moltke & Moltke, 2013) insofern hinaus, als sie systematisch, regelgeleitet und ohne familiären Bezug zu den Verfassern der Briefe ausgeführt wurde. Man kann dieses Buch aber ebenso als thanatopsychologische Studie zum thematischen Bereich „Sterben/Lebensende" und der entsprechenden psycho-sozialen Betreuung lesen.

Das Buch besteht aus fünf Kapiteln und vier Anhängen, welche die Analysemethode für den fachlich interessierten Leser detailliert darstellen (Anhang 1) sowie quantitative Ergebnisse zu den Bereichen „Sterbender", „Sterbebegleiterin" und „Sterbebegleitung" in Form von Tabellen bieten (Anhang 2). Im einleitenden *ersten Kapitel* werden zunächst der historische Kontext und die Lebensumstände des Ehepaares v. Moltke im Jahr 1944 skizziert. Die Kenntnis dieser Rahmenbedingungen ist für das Verständnis der brieflichen Äußerungen unerlässlich. Sodann werden die drei Fragestellungen der Untersuchung benannt und in Kürze erläutert. Als Ausdruck einer (selbst-)kritischen Haltung legt der Verfasser ferner implizite Annahmen und Voraussetzungen offen, die seiner Analyse zugrunde liegen. Es folgt ein Überblick über das methodische Vorgehen, der durch die ausführlichere Beschreibung in Anhang 1 vertieft werden kann.

Das *zweite Kapitel* bietet in der gebotenen Kürze Informationen zu den drei Inhaltsbereichen „Sterben", „Sterbebegleiterin" und „Sterbebegleitung". Hier wird ein psychologisch-verhaltenswissenschaftlicher Begriff des Sterbens eingeführt und von der naturwissenschaftlich-medizinischen sowie der soziologischen Perspektive abgegrenzt. Dabei wird auch auf den Verlauf des Sterbens gemäß bestimmter Phasen eingegangen. Mit Blick auf die Sterbebegleiterin werden verschiedene Ursachen für Beeinträchtigungen dargestellt, aber auch positive Reaktionen, Schutzfaktoren und Bewältigungsformen behandelt, die sich unter dem Begriff der Resilienz subsumieren lassen. Bei der Begleitung Sterbender schließlich geht es einerseits um die weltanschauliche Ausrichtung und das Menschenbild der Hospizarbeit und der Palliativbetreuung (d.h. um den Soll-Zustand) und andererseits um die tatsächlichen Verhältnisse in den entsprechenden Einrichtungen (d.h. den Ist-Zustand). Wie im gesamten Text wird insbesondere in Kapitel 2 nur eine Auswahl besonders relevanter Literaturangaben geboten.

In *Kapitel 3* werden die Ergebnisse der inhaltsanalytischen Auswertung in drei Abschnitten dargestellt, die den drei Säulen entsprechen, welche die Konstruktion dieser Arbeit tragen, nämlich den thematischen Bereichen „Sterbender" (Helmuth v. Moltke betreffend), „Sterbebegleiterin" (Freya v. Moltke betreffend) und „Sterbebegleitung" (die Interaktion zwischen den beiden betreffend). In jedem dieser Abschnitte werden sowohl die besonders häufigen als auch die auffallend seltenen Inhalte der Korrespondenz vorgestellt und – sofern sinnvoll – um weitere sachlich relevante Inhalte ergänzt. Ferner wird das Sterben des Grafen wie auch die Interaktion zwischen den Ehepartnern im Verlauf betrachtet. Jeder Abschnitt bietet eine zusammenfassende Diskussion der Untersuchungsbefunde, die durch eine graphische Darstellung illustriert wird.

Die Ausführungen in Kapitel 3 beziehen sich ausschließlich auf das Briefmaterial; sie bleiben auf den „Fall Moltke" beschränkt, sind somit das Ergebnis von „within-case" Analysen. Der guten Praxis in der qualitativen Sozialforschung folgend, werden im *vierten Kapitel* vergleichbare Umstände des Sterbens herangezogen, die Kontrastierungen durch „cross-case" Analysen ermöglichen. Es ist dies zum einen die Situation des Menschen, der an einer Krankheit stirbt, und zum anderen die Situation des zum Tode verurteilten. Die Gegenüberstellung mit einer anderen Ursache des Sterbens, nämlich einer Krankheit, sowie mit einem anderen Kulturkreis (Nordamerika) und einer anderen Zeit (Anfang des 19. bzw. des 20. Jahrhunderts) verspricht eine Anreicherung jener Erkenntnisse aus der Binnenanalyse der Abschiedsbriefe.

Im abschließenden *fünften Kapitel* wird eine Zusammenschau aller Befunde einschließlich der Vergleichsbedingungen geboten, indem eine Quintessenz destilliert wird und Schlussfolgerungen für die Praxis der Sterbebegleitung abgeleitet werden.

Dieses Buch kann bei ganz unterschiedlichen Personengruppen auf Interesse stoßen. Da sind zunächst jene, die am Schicksal zweier Persönlichkeiten der jüngeren deutschen Geschichte Anteil nehmen wollen und daher die Bücher mit den Abschiedsbriefen, sei es in der Langfassung, sei es in der leicht gekürzten späteren Ausgabe, gelesen haben. Ihre Anteil nehmende Neugier gilt nicht nur der Hauptperson, wenn man die Rolle des Grafen in diesem makaberen Stück so nennen darf, sondern auch Freya v. Moltke, die im Laufe ihres langen Lebens zu einer Person des öffentlichen Interesses wurde. Wie verhielt sich die Ehefrau und promovierte Juristin in der unfreiwilligen Rolle der Begleiterin beim Sterben ihres Mannes?

Da sind ferner all jene, die sich gewissermaßen zum eigenen Gebrauch mit dem Sterben beschäftigen. Immerhin werden sie selbst eines Tages Sterbende sein. Und viele mögen sich auch Gedanken darüber machen, wie es ihnen ergehen wird, wenn für eine enge Bezugsperson der Sterbeprozess beginnt. Für beides, das eigene Sterben wie auch die Begleitung eines Angehörigen beim Sterben, sind die Inhalte dieses Buches aufschlussreich.

Und schließlich können zum Kreis der Interessierten jene gezählt werden, die ehrenamtlich oder hauptberuflich mit Sterbebegleitung befasst sind. Sie haben die Möglichkeit, das Sterben eines Menschen in reiner Form, gleichsam nicht beeinflusst durch krankheitsbedingte Beeinträchtigungen und durch die Nebenwirkungen von Behandlungsmaßnahmen und Medikamenten, zu verfolgen. Darüber hinaus können sie daran teilhaben, wie eine Sterbebegleiterin ohne entsprechende Ausbildung ihrer schwierigen Aufgabe gerecht wird.

2 Der Hintergrund: Sterben und Sterbebegleitung

Am Anfang einer streng sachbezogenen, wissenschaftlichen Beschäftigung mit einem Erkenntnisgegenstand sollte die Kennzeichnung dessen stehen, was der jeweilige Autor darunter versteht. Die Herstellung einer möglichst eindeutigen Ausgangslage für das weitere gedankliche und/oder empirische Vorgehen unterscheidet den Wissenschaftler vom Künstler. Während in der Kunst Mehrdeutigkeit nicht nur zulässig, sondern geradezu erwünscht ist, muss der Forschungsgegenstand des Wissenschaftlers klar bestimmt sein. Dies bedeutet nicht, dass eine solche Kennzeichnung allgemein gültigen Anspruch erheben kann; andere Forscher können aus guten Gründen andere Auffassungen vertreten. Eine Begriffsbestimmung als Grundlage der jeweils eigenen Beschäftigung mit einem Merkmalsbereich zeigt aber die Sichtweise dieses Forschers an. Man kann sich ihr anschließen, man kann sie ablehnen oder modifizieren – in jedem Fall trägt sie zur Klarheit in der fachlichen Auseinandersetzung und damit letztlich zum Erkenntnisfortschritt bei. Darüber hinaus haben Definitionen ganz allgemein die Funktion, die Aufmerksamkeit auf bestimmte Aspekte zu lenken und damit neue Sichtweisen einzuführen. Mit diesem Kapitel werden die begrifflichen und konzeptionellen Grundlagen für die Ergebnisse in Kapitel 3 geschaffen.

2.1 Das Sterben[1]

2.1.1 Psychologisch-verhaltenswissenschaftlicher Begriff des Sterbens

Aus der traditionellen medizinischen Sicht bezeichnet „Sterben" eine kurze Zeitspanne vor dem Eintritt des Todes, deren Beginn auch wegen moderner medizin-technischer Interventionsmöglichkeiten nicht auf den Punkt genau bestimmt werden kann (Becker & Xander, 2012; Wiesing, 2012). Ein Mensch gilt demnach als Sterbender, wenn bei ihm oder ihr infolge eines destruktiven organischen Prozesses oder einer irreparablen Verletzung lebenswichtige Funktionen des Organismus so beeinträchtigt sind, dass das Erlöschen des Lebens kurz bevorsteht. Sterben ist dem zufolge stets prozesshaft und nicht umkehrbar, d.h. auf den Tod hin fortschreitend. Aus der somatisch orientierten Sicht der Medizin liegt ein Mensch im Sterben, wenn eine oder mehrere Vitalfunktionen (Atmung, Herz-Kreislauf-System, Zentralnervensystem, Metabolismus) versagen und er oder sie sich im Zustand der Agonie, dem zeitlich variablen, allmählichen Übergang vom Leben zum Tod mit minimalen Lebenserscheinungen befindet. Im Unterschied dazu liegt ein Mensch mit infauster Prognose aber mit intakten Vitalfunktionen „noch nicht im Sterben" (Bundesärztekammer, 2011, S. A347). Diese naturwissenschaftlich-somatische Konzeption des Sterbens stellt auf den Moment des Übergangs vom belebten Organismus zum unbelebten Körper bzw. Leichnam ab, den die 77-jährige Madame de Beauvoir, die Mutter von Simone de Beauvoir, wenige Tage vor ihrem Tod als „Sprung" bezeichnet hat (de Beauvoir, 1965, S. 15, 95). Dieser Übergang

---

[1] Dieser Abschnitt enthält Auszüge aus dem Kapitel "Sterben – Ende ohne Anfang?" (Wittkowski, 2011).

ist den Menschen von jeher als geheimnisvoll erschienen, wohl auch deshalb, weil er sich oft unbemerkt vollzieht. „....: das Sterben ist dem Personal auch beim Versuch genauer Beobachtung oft nicht als präziser Moment erkennbar" (Salis Gross, 2001, S. 215).

Soweit die traditionelle medizinische Sicht. Eine Übersicht über implizite und explizite Definitionen des Sterbens aus dem Bereich der Sozial- und Verhaltenswissenschaften sowie von hauptberuflichen Betreuungspersonen in Hospizarbeit und Palliativbetreuung zeigt, dass es auch andere Sterbebegriffe gibt, die unterschiedliche zeitliche Ausdehnungen vorsehen. Vier Schlussfolgerungen lassen sich ziehen (Wittkowski, 2011, S. 64f.):

(1) Sterben umfasst eine längere, gegebenenfalls auch lange Zeitspanne, während derer der Patient im Rahmen seines schlechter werdenden Befindens zu Selbstreflexion, differenzierter Artikulation seiner Gefühle und Bedürfnisse sowie zu Entscheidungen über seine Behandlung grundsätzlich in der Lage ist. In dieser verhaltenswissenschaftlichen Perspektive ist Sterben Teil des (aktiven) Lebens und nicht ein Zustand der (zeitweiligen) Bewusstlosigkeit.

(2) Am Sterben lässt sich ein objektiver Beginn (somatischer Aspekt) und ein subjektiver Beginn (verhaltensorientierter bzw. kognitiver Aspekt) unterscheiden.

(3) Die Kennzeichnung einer Person als Sterbende/r erfolgt durch Experten aufgrund gesellschaftlicher Konvention.

(4) Der Verlauf dieses vergleichsweise langen Sterbeprozesses, d.h. die Interaktion und Kommunikation des Sterbenden mit den (betreuenden) Personen in seiner Umgebung, ist bestimmt vom Wissen der Beteiligten über den Gesundheitszustand und die Prognose des Patienten.

Mit der Einführung einer verhaltenswissenschaftlichen Perspektive wird das Augenmerk auf die kognitiven Vorgänge (Wahrnehmungen, Bewertungen, intrapsychische Anpassungsstrategien) gelenkt, die bei einem unmittelbar vom Tod bedrohten Menschen ablaufen. Die Sichtweise, welche diesem psychologischen Verständnis von Sterben zugrunde liegt, ist also eine kognitive Sichtweise. Insgesamt scheint es sinnvoll, eine Zweiteilung in ein Sterben im engeren und ein solches im weiteren Sinn vorzunehmen. Beginn und Dauer des Letzteren ist vom Vorhandensein eines Sterbebewusstseins abhängig und daher operational gut bestimmbar.

Sterben im weiteren Sinne ist an zwei Bedingungen gebunden. „Aus Sicht der Psychologie und der Verhaltenswissenshaften insgesamt ist ein Mensch dann ein Sterbender, wenn (1) objektiv nachweisbare Voraussetzungen dafür gegeben sind, dass sein Tod in einem konkret eingrenzbaren Zeitraum vorzeitig, d.h. früher als ohne die schädigenden Bedingungen zu erwarten, eintreten wird, und wenn er (2) seine Situation so weit wahrgenommen hat, dass diese spezifische Wahrnehmung in seinem Erleben und Verhalten wirksam ist" (Wittkowski, 2011, S. 66f.). Gemäß dieser Begriffsbestimmung müssen also sowohl die objektive Schädigung als auch die subjektive Wahrnehmung dieser Schädigung als Bedrohung bestehen, um einen Menschen als Sterbende/n bezeichnen zu können. Dies entspricht der Gegenüberstellung von „disease" (der medizinischen Diagnose einer Krankheit) und „illness" (dem subjektiven Missbefinden infolge der Krankheit) im Illness Constellation Model von Olson, Morse, Smith, Mayan und Hammond (2000–01). Sterben als vergleichsweise langen Prozess aufzufassen, steht auch in Einklang mit den drei Phasen des Sterbens in der

Palliativmedizin: der „Rehabilitationsphase" (mehrere Monate), der „Terminalphase" (die letzten Tage) und der „Finalphase" (die letzten Stunden; Nauck, 2001, S. 362). Die obige Definition ist zwar aus der Situation desjenigen Menschen abgeleitet, der an einer Krankheit stirbt, sie erhebt aber gleichwohl den Anspruch, allgemeinere Gültigkeit zu besitzen.

Die subjektive Wahrnehmung führt zu einem mehr oder weniger bewussten Erkennen der konkreten und nicht mehr abwendbaren Bedrohung des eigenen Lebens. Dieses Wissen soll als *Sterbebewusstsein* bezeichnet werden. Sterbebewusstsein darf nicht mit *Sterbegewissheit* verwechselt werden. Letztere bezeichnet ein ganz klares Wissen um den eigenen Zustand in Verbindung mit dem Selbstbild des Moribunden, wie es bei den Bewohnern von Hospizeinrichtungen anzutreffen ist (siehe Dreßke, 2005). Für diese Menschen gehört es zum Kernbereich ihres Selbstbildes, ein/e Sterbende/r zu sein. Vermag der Sterbende darüber hinaus sein Schicksal zu akzeptieren, haben wir es mit *Sterbebereitschaft* zu tun. Die Erlangung von Sterbegewissheit ist weitgehend identisch mit dem Wunsch eines Patienten nach Gewissheit bezüglich seiner Diagnose und insbesondere seiner Prognose. Es geht hier um die Überzeugung von der Richtigkeit des vorhergesagten Verlaufs als Grundlage für eigene Entscheidungen (vgl. Fischbeck & Schappert, 2010). Im Unterschied dazu umfasst Sterbebewusstsein auch eine Art ungewisses Wissen, eine Erkenntnis im Bereich zwischen Wissen und Nicht-Wissen-Wollen, das Weisman (1972) als „middle-knowledge" bezeichnet hat. Sterbebewusstsein setzt früher, d.h. in größerem zeitlichem Abstand zum Tod, ein als Sterbegewissheit und kann dann in diese übergehen. Sehr anschaulich wird dies in L. T. Tolstojs (2002) Erzählung *Der Tod des Iwan Iljitsch* beschrieben. Eine Begleiterscheinung von Sterbegewissheit ist antizipatorisches Trauern, bei dem der Sterbende den bevorstehenden Verlust seines Lebens betrauert.

Charakteristisch für die hier vorgeschlagene Definition des Sterbens ist, dass objektive *und* subjektive Faktoren gegeben sein müssen, damit ein Mensch als Sterbende/r bezeichnet werden kann. In der Medizinischen Psychologie gibt es die alte Faustregel: Nicht der Befund ist entscheidend, sondern das Befinden. In Abwandlung dieser Regel könnte man im Hinblick auf die vorliegende Begriffsbestimmung sagen: Befund *und* Befinden sind notwendig, aus psychologischer Sicht kommt aber dem Befinden die größere Bedeutung zu. Die Schwierigkeiten, die sich bei biologischer Betrachtung bei der Bestimmung des Zeitpunktes sowohl für den Beginn des Sterbens als auch für den Eintritt des Todes ergeben (siehe Becker & Xander, 2012; Wiesing, 2012), sind hier ohne Bedeutung. Sterben beginnt mit dem Vorhandensein von Sterbebewusstsein, und es endet mit dem Verlust des Bewusstseins. Ein weiteres Charakteristikum dieses psychologisch-verhaltenswissenschaftlichen Sterbebegriffs ist sein weiter Gültigkeitsbereich. Mit gewissen Einschränkungen kann er auf das Sterben aufgrund einer körperlichen Krankheit, infolge eines Unfalls oder einer Naturkatastrophe, infolge äußerer Gewalteinwirkung, durch Hinrichtung, durch Selbsttötung sowie auf das Sterben im hohen Alter bzw. an Altersschwäche angewandt werden (siehe die ausführliche Erörterung bei Wittkowski, 2011, S. 72–84). Eine kurios anmutende Besonderheit besteht darin, dass Sterben in diesem Sinne grundsätzlich reversibel ist. Verschwindet die objektive Bedrohung oder verliert die Person Sterbebewusstsein, ist sie keine Sterbende mehr. Im psychologisch-verhaltenswissenschaftlichen Sinne kann man also mehrfach sterben.

Ein Spezialfall innerhalb der Personengruppe, die ihr Leben durch äußere Gewalteinwirkung verliert, sind Personen, die zum Tode verurteilt und hingerichtet werden. In Abwandlung der obigen allgemeinen Definition ist ein zum Tode Verurteilter dann ein Sterbender, wenn (1) nach menschlichem Ermessen sicher ist, dass das Urteil innerhalb eines näher eingrenzbaren Zeitraums vollstreckt werden wird, und (2) er sich der Tatsache, dass er konkret vom Tod bedroht ist, so weit im Klaren ist, dass dies bewusst oder unbewusst sein Erleben und Verhalten bestimmt. Wegen des Rituals der Gerichtsverhandlung mit dem abschließenden Urteilsspruch scheint es sinnvoll anzunehmen, dass bei einem zum Tode Verurteilten nicht nur Sterbebewusstsein, sondern Sterbegewissheit besteht. Man kann freilich auch argumentieren, dass wegen der Möglichkeit der Begnadigung zunächst Sterbebewusstsein herrscht und erst nach der Ablehnung der Begnadigung Sterbegewissheit eintritt.

Die Kennzeichnung eines zum Tode Verurteilten als Sterbender mag befremdlich anmuten, handelt es sich in der Regel doch um einen Menschen, bei dem keinerlei Krankheit oder sonstige organische Schädigung vorliegt. Es gilt jedoch zu bedenken, dass *aus psychologischer Sicht*, d.h. bei Betonung des kognitiven Aspekts, die für den Sterbeprozess charakteristischen Abläufe des Erlebens und Verhaltens auch bei völliger körperlicher Gesundheit möglich sind, sofern objektiv eine tödliche Bedrohung und die entsprechende subjektive Wahrnehmung gegeben sind. Diese Bedingungen sind dann erfüllt, wenn dem Verurteilten der Hinrichtungstermin mitgeteilt wurde oder, falls eine solche Mitteilung grundsätzlich unterbleibt, er nach dem Urteilsspruch jederzeit mit der Vollstreckung rechnen muss.

Im Fall der Hinrichtung greift die obige Definition des Sterbenden insofern, als die objektive Schädigung durch die objektive Bedrohung ersetzt wird. Dies erscheint zulässig, ist doch hier wie bei anderen Fallgruppen die Zukunftsperspektive maßgebend. Nach der Mitteilung des Vollstreckungstermins wird die Schädigung zu einem absehbaren Zeitpunkt eintreten, und zwar mit Gewissheit. Das objektive Kriterium ist im Fall des Todes durch Hinrichtung noch strenger als im Fall von Krankheit, Unfall oder sonstiger Gewalteinwirkung, denn aus diesen körperlichen Schädigungen ergibt sich nicht der genaue Todeszeitpunkt. Gleichwohl besteht die intuitiv widersinnige Situation, einen Menschen als Sterbenden zu bezeichnen, der körperlich vollkommen gesund ist. Letztlich ist es die subjektive Seite, nämlich das Wissen um die bevorstehende Schädigung, welche die Kennzeichnung eines zum Tode Verurteilten begründet.

2.1.2 Soziologische Kennzeichnung des Sterbens

Neben der naturwissenschaftlich-medizinischen und der psychologisch-verhaltenswissenschaftlichen Sicht auf das Sterben gibt es auch die soziologische Perspektive. Ihr zufolge ist Sterben jener Vorgang, den die Gesellschaft und ihre Experten (u.a. Ärzte, Theologen, Fachleute der Hospiz- und Palliativbetreuung) als solchen bezeichnen. Der Beginn des Sterbens wird demnach aufgrund sozialer Deutung festgelegt, er ist also das Ergebnis einer mehr oder weniger förmlich festgelegten Übereinkunft. Mit Blick auf die Bewohner von Altenheimen stellt Salis Gross (2001, S. 183) fest: „Unübersehbar ist die soziale Einleitung des Sterbeprozesses dann, wenn Personen in die Rolle von Todeskandidatinnen versetzt werden, wenn sie zu jenen Pensionärinnen oder Pensionären gehören, deren Ableben in Bälde zu erwarten ist." Dies illustriert, dass auch die Bestimmung und Gestaltung des körperlichen Sterbens durch soziale Konstruktion erfolgt (vgl. Feldmann, 2010, S. 19ff.; Groß & Grande, 2010), die wiederum normative Wirkung hat; das „gute" oder „richtige" Sterben im Hospiz oder auf der Palliativstation hat dann in dieser oder jener Weise zu erfolgen. Von daher kann es innerhalb gesellschaftlicher Gruppierungen unterschiedliche Auffassungen vom Sterben und seinem Beginn geben, denn die Deutungen unterliegen grundsätzlich dem Einfluss von Interessengruppen und ihrem Streben nach Machterhalt bzw. Machtgewinn. Insgesamt kommt hier die wissenssoziologische Auffassung zum tragen, der zufolge unsere alltägliche Wirklichkeit durch gesellschaftliche Wissensvermittlung und mehr oder weniger einheitliche Deutungsweisen konstruiert wird (Berger & Luckmann, 1969).

Die Einführung der soziologischen Perspektive ermöglicht die explizite Unterscheidung von drei Aspekten des Sterbens: dem somatischen (körperlicher Verfall), dem psychischen (Loslassen des eigenen Lebens) und dem sozialen (Verminderung oder Beendigung zwischenmenschlicher Beziehungen). Soziales Sterben besteht in der abnehmenden Teilhabe am Leben in der Gemeinschaft, das in der Regel auch eine Quelle der Anerkennung und Wertschätzung ist. Beispiele sind die Altersgrenze für Berufstätigkeit und die (lange) Gefängnishaft. Beachtenswert ist, inwieweit diese drei Arten des Sterbens synchron verlaufen. Beim Modellfall des Sterbens im Krankenhaus bewirken körperliche Beeinträchtigungen und der Verlust an psychischer und physischer Leistungsfähigkeit den Rückzug des Patienten (verringertes Interesse an der Umgebung, Ablehnung von Besuchen), und überdies gibt ihm das Verhalten des Pflegepersonals Aufschluss über seinen (hoffnungslosen) Zustand. Dies wiederum begünstigt den psychischen Ablösungsprozess und in vielen Fällen ein resigniertes Einwilligen in das Unvermeidliche. Hier vollzieht sich also ein in etwa gleichzeitiger Verlauf in allen drei Aspekten des Sterbens. Ganz anders liegen die Dinge, wenn von Seiten des Körpers keinerlei Signale des Abbaus und der Beeinträchtigung kommen, sondern lediglich die Personen der Umgebung indirekt zu erkennen geben, dass sie diese Person als einen Todeskandidaten betrachten.

2.1.3 Der Verlauf des Sterbens

Die Soziologen Glaser und Strauss (1968) haben prototypische Sterbeverläufe („dying trajectories") bei kranken Patienten herausgearbeitet. Die wesentlichen Merkmale sind die Dauer, die Form bzw. Gestalt des Verlaufs und die Vorhersehbarkeit. *Dauer* bezeichnet die Zeit vom Bekanntsein der Diagnose bzw. der infausten Prognose bis zum Eintritt es Todes; sie entspricht dem Sterbebewusstsein und somit dem Sterben im psychologischen Sinne. Die *Veränderung des psycho-physischen Befindens* kann linear (d.h. gradlinig) abwärts gerichtet sein, sie kann sich aber auch monoton (d.h. wellenförmig, mit Phasen der Erholung) verschlechtern. *Vorhersehbarkeit* betrifft die Erwartung sowohl des Patienten als auch diejenige der Betreuungspersonen. Diese Merkmale sind nur im Nachhinein, wenn der Patient verstorben ist, objektiv feststellbar. Zum Zeitpunkt der Diagnosestellung sind sie subjektive Einschätzungen, die weitgehend identisch sind mit den Erwartungen hinsichtlich des Sterbens des betreffenden Patienten. Glaser und Strauss (1968) unterscheiden vier Typen: (1) Der tödliche Verlauf ist gewiss, und der Zeitpunkt kann bestimmt bzw. eng eingegrenzt werden. (2) Der Tod wird mit Sicherheit als Folge der Krankheit eintreten, der Zeitpunkt ist aber nicht bestimmbar. (3) Der tödliche Ausgang ist ungewiss, es gibt aber einen Zeitpunkt, zu dem Gewissheit herrschen wird. (4) Beides, die Tödlichkeit der Erkrankung wie auch der Zeitpunkt des Todes als Folgewirkung, ist ungewiss. Diese Prototypen von Sterbeverläufen beziehen sich in erster Linie auf das Sterben aufgrund einer Krankheit, sie können *mutatis mutandis* aber auch für andere Fallkonstellationen wie Verletzung aufgrund von Unfall oder äußerer Gewalteinwirkung, Hinrichtung und Altersschwäche Gültigkeit haben. Wichtig ist, dass es sich um Wahrnehmungen bzw. Erwartungen handelt, mit denen die Personen in der Umgebung des Betroffenen diesem begegnen.

Aufgrund ihrer klinischen Erfahrungen im Umgang mit Sterbenden haben mehrere Psychiater unabhängig voneinander phasenartige Verläufe des Sterbevorgangs bei Erwachsenen beschrieben. Diese Phasenmodelle sehen eine regelhafte Abfolge psychischer Reaktionen (Gefühle, Bewältigungsstrategien) vor. Sie sind vielfach als eine Art Vorschrift für das „richtige" Sterben missverstanden worden, und auch sonst besteht weitgehend Einigkeit darüber, dass sie kein gültiges Abbild des Sterbeverlaufs darstellen (Corr, 1993; Kastenbaum, 2012, pp. 131–132). Eine Alternative zu den Phasenmodellen des Sterbens mit ihrer linearen Abfolge der einzelnen Phasen ist ein zirkuläres Modell des Sterbens, das Elemente der frühen Phasenlehren integriert und drei Phasen vorsieht (Wittkowski, 2004). Zunächst gibt es eine Phase der Benommenheit und des Schocks nach Bekanntwerden der bedrohlichen Diagnose. Es folgt eine mehr oder weniger lange Phase der Anpassung an die Aussicht des baldigen eigenen Todes. In dieser Phase kehren Zorn und Auflehnung, Verhandeln mit Gott oder dem Schicksal, Niedergeschlagenheit, Zustimmung zum eigenen Schicksal und Angst mehrfach und ohne feste Abfolge wieder. Die dritte und letzte Phase ist im Falle einer Erkrankung durch Rückzug und Verfall gekennzeichnet. Dieses Modell, das eine Phase der Bearbeitung der Bedrohung in wiederkehrenden kleinen Portionen vorsieht, dürfte die psychische Situation eines Sterbenden angemessener abbilden als die eher rigiden linearen Phasenmodelle.

Sterben kann man auch als Vorgang der psychischen Anpassung an die Aussicht auffassen, in absehbarer Zeit sein Leben zu verlieren. So gesehen, erscheint Sterben als der Prozess der aktiven Bewältigung einer existentiellen Bedrohung und nicht allein als eine Abfolge reflexhafter Abwehrreaktionen. Mit seinem aufgabenorientierten Modell der Bewältigung des Sterbens will Corr (1992) den Umstand betonen, dass Personen in einer Lebensbedrohlichen Situation aktiv Handelnde und Gestaltende sein können und nicht nur passiv Reagierende. Das Modell unterscheidet vier Aufgabenbereiche. *Körperbezogene Aufgaben* betreffen Bedürfnisse und Beeinträchtigungen des Körpers (Schmerzen, Schwindel, Übelkeit und deren Linderung). *Psychische Aufgaben* zielen auf die Vermittlung von (subjektiver) Sicherheit und auf die Bewahrung von Autonomie, die gemeinsam zum Gefühl eines unter den gegebenen Umständen reichen Lebens beitragen. *Soziale Aufgaben* sind die Aufrechterhaltung und Förderung zwischenmenschlicher Bindungen und entsprechender Kontakte zu Bezugspersonen sowie die Kommunikation und Interaktion mit sozialen Gruppen (z.B. einem Verein, der Pfarrgemeinde) innerhalb der Gesellschaft. *Spirituelle Aufgaben* stehen im Zusammenhang mit Fragen der Sinnhaftigkeit, der Verbundenheit mit dem eigenen Leben und einem größeren Ganzen sowie mit einem Hoffnung spendenden Erleben von Transzendenz. Diese Aufgaben eines Sterbenden sind nicht als Hausaufgaben gemeint, die man erledigen muss, um eine gute Note zu erhalten. Es ist Sache des Betroffenen, welche dieser Aufgaben er sich vornimmt und welche er nicht beachtet. Gleichwohl kann die Erledigung einiger dieser Aufgaben zu einem guten Sterben beitragen.

2.1.4 Merkmale des „guten Sterbens"

Zum Merkmalsbereich „Sterben" gehört auch das „gute", „schöne" oder „würdige" Sterben. Eine solche Art des Sterbens ist vor allem durch Schmerzfreiheit, Sterbegewissheit, Selbstbestimmtheit und aktive Kommunikation als Sterbender, durch Vorbereitungen für den Abschied von der Welt sowie durch die Synchronizität von sozialem und physischem Sterben gekennzeichnet (Dreßke, 2005, S. 225; Feldmann, 1990, S. 228; Streckeisen, 2001, S. 99, 117). Die Alltagserfahrung, gestützt auf die Lektüre von Todesanzeigen, lehrt, dass ein „friedliches" Sterben ein gewichtiges Qualitätsmerkmal ist. „Friedlich" oder auch „leicht" dürfte sich auf das Ausbleiben körperlicher Reaktionen in der Endphase (z.B. Schnappatmung) beziehen, die den Eindruck eines „Ringens" oder „Kämpfens" des Körpers mit seinem Widersacher, dem Tod, erwecken. Die letzte Wegstrecke wird von Beobachtern nicht als anstrengend oder schwer empfunden. Offensichtlich geht es hier um die Perspektive des Betrachters kurz vor dem Übergang vom lebenden Organismus zum unbelebten Körper. Grundsätzlich kann sich „friedlich" aber auch auf die Art der Bewältigung der Aussicht des bevorstehenden Todes durch den Sterbenden während eines längeren Anpassungsprozesses beziehen. Es geht dann um den inneren Frieden, um Gelassenheit und Ruhe im Gegensatz zu Hadern und Verzweiflung. Das psychologische Sterben ist dann „schwer" in zweifacher Hinsicht: Zum einen für den Sterbenden, zum anderen für die Personen in seiner Umgebung, die von seinem Leiden in Mit-Leidenschaft gezogen werden. Auf das gute Sterben als Ziel der Sterbebegleitung wird in Abschnitt 2.3 eingegangen.

Anhand von halbstrukturierten Interviews mit 100 Krebspatienten mit einer prognostizierten Lebensdauer von ca. 12 Monaten hat Kellehear (1990) fünf Kennzeichen des guten Sterbens gefunden, die auch eine zeitliche Abfolge bilden. (1) Der Patient ist sich bewusst, in absehbarer Zeit tot zu sein; er verfügt über Sterbegewissheit. (2) Die Beziehungen zu Angehörigen und Freunden des Patienten ändern sich infolge der Sterbebewusstheit. Der Patient selbst sieht sich mit anderen Augen, und auch seine Bezugspersonen sehen ihn als Sterbenden. In Gesprächen und Handlungen (z.B. Errichtung eines Testaments) trifft der Patient Vorkehrungen für sein Ableben. (3) Neben diesen privaten Vorkehrungen kann es auch öffentliche Vorbereitungen (z.B. die Ordnung von Vermögensangelegenheiten) geben. (4) Sofern der Patient zum Zeitpunkt der Erkrankung berufstätig war, legt er seine berufliche Rolle und sein berufliches Selbstbild (z.B. als Lehrer, Richter) ab. (5) Der Patient nimmt von wichtigen Bezugspersonen Abschied. Man kann einen frühen und einen späten Abschied unterscheiden. Der frühe Abschied im Zustand relativen Wohlbefindens kommt in Geschenken, in Gesprächen und in Briefen zum Ausdruck. Der späte Abschied wird für die Todesstunde vorgesehen (und kommt aufgrund von Bewusstlosigkeit oder starker Sedierung dann nicht mehr zustande). In Kellehears (1990) Untersuchung äußerten 73 der 100 Patienten die Absicht, sich erst in letzter Minute verabschieden zu wollen.

Aufgrund seiner Erfahrungen als Arzt in der Hospizarbeit hat Byock (1997) 10 Entwicklungsaufgaben formuliert, deren Erfüllung zu persönlichem Wachstum am Ende des Lebens beitragen (sollen). Unter anderen bestehen sie im Abschluss unerledigter Angelegenheiten geschäftlicher oder persönlicher Art, in der Auseinandersetzung mit dem eigenen Leben und seiner Sinnhaftigkeit sowie in der Unterwerfung unter eine transzendente Macht.

Diese Ausführungen beziehen sich auf die Sicht des Sterbenden. Zum vertieften Verständnis kann es nützlich sein, der Binnenperspektive des Sterbenden die Außenperspektive seiner Mitmenschen bzw. Hinterbliebenen gegenüber zu stellen, die zuweilen von einem „guten Tod" sprechen. Diese Redewendung betrifft sowohl die Umstände des Sterbens als auch den Kontext, in dem der Verlust des Lebens steht. Sterben und Totsein sind „gut", sofern sie als Dienst an einer größeren Sache, insbesondere als Pflichterfüllung – etwa als Soldat – gedeutet werden. Dies gilt für den „Heldentod fürs Vaterland" ebenso wie für das „Opfer", das für die „gerechte Sache" oder für die Rettung des Lebens eines anderen gebracht wird. Auch der Tod des Märtyrers, der für das Festhalten an seiner Überzeugung mit dem Leben „bezahlt", ist für seine Gesinnungsgenossen ein „guter Tod". Offensichtlich handelt es sich hierbei um Bewertungen aufgrund gesellschaftlicher Übereinkunft, die sich ändern kann; aus dem „Held" kann der „Mörder" werden–und womöglich eines Tages wieder der „Held". Eine Sonderstellung nimmt jene Deutung eines Todes als „gut" ein, die als „Erlösung" von Leiden gedeutet wird.

2.2 Die Sterbebegleiterin[2]

Allgemein kann man drei Gruppen von Sterbebegleiterinnen unterscheiden. Da sind zunächst die hauptberuflichen Betreuerinnen, die eine Ausbildung in der Krankenpflege erhalten haben und zum Teil durch Fort- und Weiterbildungsmaßnahmen auf die Betreuung Sterbender spezialisiert sind. Es gibt ferner ehrenamtliche Sterbebegleiterinnen bei ambulanten Hospiz- und Palliativdiensten. Sie sind durch eine sogenannte Befähigung, die in der Regel sowohl Kenntnisvermittlung als auch Selbsterfahrung umfasst, auf ihre Tätigkeit vorbereitet worden. Die Angehörigen dieser Gruppe begleiten sterbende freiwillig, sie betreiben keine körperliche Pflege, und sie können Zeitpunkt und Umgang ihrer Tätigkeit mitbestimmen. Schließlich sind da die vielen Angehörigen Sterbender, die sich mit unterschiedlicher Intensität und Dauer um ihre Verwandten kümmern. Die Betreuerinnen der ersten beiden Gruppen betreiben formelle Sterbebegleitung, und über ihre Befindlichkeit weiß man recht gut Bescheid (siehe Kaluza & Töpferwein, 2005; Müller & Pfister, 2012a; Papadatou, 2009; Renzenbrink, 2011; Schröder, Schröder, Förster & Bänsch, 2003) – wohl auch deshalb, weil sie leicht aufzufinden sind. Im Unterschied dazu ist die Sterbebegleitung durch Angehörige informeller Natur; die Sterbebegleiterinnen haben in der Regel keine Vorbereitung erfahren, sondern sie folgen ihrer Intuition. Über das Befinden familiärer Sterbebegleiterinnen gibt es kaum gesicherte Erkenntnisse. In diesem Abschnitt geht es um die psychische Verfassung von Betreuungspersonen im Bereich der formellen Sterbebegleitung, die hinsichtlich des Aspekts der Angst ausführlicher bei Wittkowski (2014) dargestellt ist.

---

[2] Angesichts des Umstandes, dass die Betreuung von Sterbenden fast ausschließlich von Frauen ausgeübt wird, wird in diesem Abschnitt durchgehend das weibliche Genus verwendet.

2.2.1 Beeinträchtigungen aufgrund struktureller Rahmenbedingungen

Formelle Sterbebegleiterinnen sind in die Organisationsstruktur ihrer Betreuungseinrichtung eingebunden. Von Unterschieden im Detail abgesehen, ist dies der Stellenschlüssel und in Verbindung mit der Zahl der Betten bzw. Betreuungsplätze die Relation von Betreuerinnen zu betreuten Personen. In engem Zusammenhang damit steht der Dienstplan, den es im Prinzip auch für ehrenamtliche Betreuerinnen gibt. Zu den strukturellen Merkmalen zählt schließlich auch die Kommunikation auf derselben und zwischen verschiedenen Ebenen (insbesondere zwischen Pflegekräften und Ärzten).

Im Krankenhaus und bei der ambulanten Betreuung im häuslichen Bereich klagen Sterbebegleiterinnen in erster Linie über Zeitmangel. Als Bestandteil ihres beruflichen Selbstbildes haben diese Betreuerinnen das Ideal einer umfassenden Sterbebegleitung, dessen Verwirklichung jedoch durch Zeitnot verhindert wird (Kaluza & Töpferwein, 2005, S. 65, 307f.). Dem entsprechend wünschten sich etwa ein Drittel der befragten Pflegekräfte im häuslichen Bereich mehr Zeit für sterbende Patienten. Pflegekräfte in Hospizen und auf Palliativstationen empfanden Unterbrechungen durch Anrufe oder Mitteilungen von Kolleginnen als die stärkste Belastung ihrer Tätigkeit (Schröder et al., 2003, S. 29).

Eine weitere Beeinträchtigung für Sterbebegleiterinnen sowohl im Krankenhaus als auch bei der ambulanten Betreuung zuhause ist die unzureichende Aufklärung der Patienten über ihren Zustand und ihre Prognose durch den behandelnden Arzt. Die Sterbebegleiterin weiß oft nicht, was der Patient weiß, und kann daher ihr Verhalten nicht angemessen einrichten. Dies schafft Unsicherheit, die zu verbergen Kraft kostet. Möglicherweise ist diese Situation eine Ursache dafür, dass sich in der Untersuchung von Kaluza und Töpferwein (2005, S. 358) ein gutes Viertel der befragten Pflegekräfte in der Gegenwart eines Sterbenden hilflos fühlte.

Schließlich setzt nach den Ergebnissen von Kaluza und Töpferwein (2005) bei der ambulanten Betreuung im häuslichen Bereich die Sterbebegleitung oft erst in der finalen Phase ein und zeigt damit „z.T. ein sehr verkürztes Verständnis von Sterbebegleitung" (S. 307). Das aus psychologischer Sicht angemessene Verständnis vom Sterben als langem Prozess, der weit vor der Phase psycho-physischen Verfalls einsetzt, kann hier offenbar nicht umgesetzt werde. Dies führt bei den Sterbebegleiterinnen begreiflicherweise zu Frustration.

2.2.2 Beeinträchtigungen aufgrund des miterlebten Sterbens

In aller Regel leiden Sterbende unter ihrer Situation. Damit sind nicht allein und je nach Phase des Sterbeprozesses nicht einmal hauptsächlich körperliche Beeinträchtigungen wie Schmerzen oder Übelkeit gemeint, sondern auch und in erster Linie seelische Schmerzen. Saunders und Bains (1991) haben dies im Konzept des „totalen" oder auch umfassenden Schmerzes zum Ausdruck gebracht. Sterben aus psychologischer Sicht ist antizipatorisches Trauern, und wie jedes Trauern ist auch dieses vorwegnehmende Trauern schmerzhaft. Je nach Art und Stärke der Bindung, die der Sterbende an seine Welt hat, fällt ihm die Ablösung von ihr leichter oder schwerer. Ein erkennbar schweres Ringen, sei es körperlich oder sei es seelisch, kann für Betreuerinnen eine erhebliche psychische Belastung darstellen. Das

Mit-Leiden von Betreuerinnen kann zu Erschöpfung aus Mitleid („compassion fatigue"; Figley, 1995) oder gar zu stellvertretender Traumatisierung („vicarious traumatization"; McCann & Pearlman, 1990) führen, durch die grundlegende Überzeugungen bezüglich des Selbst- und Weltbildes sowie bezüglich spiritueller Fragen erschüttert werden.

Neben dem Mit-Leiden aufgrund spontaner Empathie erleben Sterbebegleiterinnen oft auch Angst. Sie gründet in der Befürchtung, den eigenen Ansprüchen an die Qualität der Betreuung nicht zu genügen. So erwies sich in der groß angelegten Studie von Müller, Pfister, Markett und Jaspers (2009) der nicht erfüllte Anspruch der Palliativmedizin an eine hochwertige Betreuung als der gewichtigste spezifische Belastungsfaktor für die Betreuerinnen. Man möchte das Beste für den Sterbenden tun, vermag aber im Einzelfall nicht immer zu erkennen, was dies sein könnte oder kann es aufgrund struktureller Hindernisse nicht umsetzen. Durch einen indirekten Zugang, nämlich anhand einer Diskussion mit Expertinnen aus diesem Bereich, haben Schröder und Wittkowski (2008) den Anspruch nicht nur des „guten", sondern des bestmöglichen Sterbens, des Sterbens gemäß „Goldstandard", der häufig in Hospizeinrichtungen und auf Palliativstationen anzutreffen ist, als Hindernis einer angemessenen Betreuung am Lebensende herausgestellt. Da ein so hoher Anspruch bei selbstkritischer Betrachtung kaum jemals eingelöst werden kann, sind Versagenserlebnisse die zwangsläufige Folge. So kann die Angst vor einem subjektiv erlebten Versagen zur Angst vor der Beschädigung des Selbstbildes der „guten Sterbebegleiterin" werden.

2.2.3 Angst vor dem Verlust des Sterbenden

Die Angst davor, dass ein Mensch sein Leben verlieren wird, ist stets die Angst vor dem Verlust dieses Menschen. Diese auf die Zukunft gerichtete Angst hat zur Voraussetzung, dass eine enge und positive Bindung an die sterbende Person besteht. Nur wenn der Sterbende seiner Begleiterin wertvoll ist, wenn er für sie eine Bedeutung hat, antizipiert sie die Aussicht seines Todes als Verlust. Die Angst vor dem Verlust einer Person ist somit die natürliche Folge der Zuneigung und Wertschätzung, die dieser Person entgegengebracht werden. Insbesondere bei langen Sterbeverläufen entwickeln Sterbebegleiterinnen vielfach eine enge und positive Bindung an den Sterbenden, welche die Grundlage für Verlustangst ist. Müller et al. (2009) fanden in einer Befragung zu Belastungsfaktoren im Umgang mit dem Tod auf Palliativstationen, dass sich aus der Beziehung zum Patienten eine starke globale Belastung der Betreuerinnen ergibt und dass die besondere Beziehung zum Patienten den zweiten Platz in der Rangreihe spezifischer Belastungsfaktoren einnimmt. Auch in einer erweiterten Erhebung erwies sich die Beziehung zum Patienten als der am stärksten belastende Bereich (Müller & Pfister, 2012b).

Darüber hinaus gibt es jene Angst, die aus der Antizipation des eigenen schmerzlichen Verlusterlebens erwächst. Der innere Monolog der Sterbebegleiterin lautet in diesem Fall: „Wenn er/sie tot ist, halte ich das nicht aus." Der antizipierte Trauerschmerz ist jene Bedrohung, die Angst auslöst. Als logische Konsequenz aus dieser psychischen Situation ergibt sich die Empfehlung an Sterbebegleiterinnen, ihr emotionales Engagement für den Sterbenden in einem mittleren Intensitätsbereich zu halten und ein starkes Engagement zu vermeiden. Die Frage ist freilich, inwieweit sich eine solche Maßnahme des Selbstschutzes willentlich steuern lässt. Müller und Pfister (2012b, S. 18) empfehlen Selbstmitgefühl in Form der „Erkenntnis, auch selbst ein Leidender zu sein und sich dafür Unterstützung bereitzustellen." Von Bedeutung dürfte hier die Fähigkeit zu aktivem Handeln und Einflussnahme sein. *Mitleid* ist belastend, weil es dem Erleben des hilflosen Zuschauers entspricht. *Mitgefühl* hingegen wird positiv erlebt, weil es konkrete Hilfe einschließt.

2.2.4 Positive Reaktionen, Schutzfaktoren und Bewältigungsformen

Es ist naheliegend, dass das Augenmerk von Wissenschaftlern und Praktikern zunächst einmal auf den Belastungen lag, die mit der Tätigkeit von Sterbebegleiterinnen verbunden sind. Dahinter stand und steht die Absicht, durch Vorbeugung und Supervision Abhilfe zu schaffen. Gleichwohl hat die Begleitung Sterbender nicht zwangsläufig negative Auswirkungen auf diejenigen, die sie ausüben. Anekdotische Berichte von formellen und informellen Sterbebegleiterinnen wie auch die Ergebnisse systematischer Forschung zeigen, dass diese auch inneres Wachstum und ein gestärktes Selbstvertrauen erleben können und viele von ihnen ihre Tätigkeit trotz gewisser Beeinträchtigungen insgesamt als bereichernd erleben (siehe Papadatou, 2009, S. 123). Im Sinne einer subjektiven Kosten-Nutzen-Rechnung kann Sterbebegleitung also durchaus einen positiven Saldo aufweisen bzw. einen Ertrag abwerfen.

Persönlichkeitsmerkmale von Personen, die von der Betreuung Sterbender profitieren, sind Extraversion, Offenheit für eigene Erfahrungen, Optimismus und „Hardiness" (Überzeugtsein von der eigenen Wirksamkeit; Engagement bei Unternehmungen, die als sinnvoll erkannt sind; Einschätzung von Schwierigkeiten als Herausforderung und nicht als Bedrohung). Hinzu kommt die Neigung, dem eigenen Handeln einen (positiven) Sinn zu verleihen (Britt, Adler & Bartone, 2001; Tedeshi & Calhoun, 1995). Zwei dieser Merkmale, nämlich Extraversion und Offenheit für Erfahrungen, sind im Fünf-Faktoren-Modell der Persönlichkeit enthalten, das von fünf breit angelegten überdauernden Persönlichkeitsmerkmalen ausgeht, die kulturübergreifend nachgewiesen sind (siehe McCrae & Costa, 1999). Aus Optimismus und Hardiness lässt sich ableiten, dass ein weiteres grundlegendes Persönlichkeitsmerkmal, nämlich emotionale Labilität bzw. Stabilität („Neurotizismus"), eine Rolle spielt. Günstige Voraussetzungen für den Umgang mit belastenden Situationen bringen jene Personen mit, die eher mit schwachen negativen Emotionen wie Angst oder Ärger reagieren und die man daher als emotional stabil bezeichnet. Ferner erwies sich Religiosität oder „transpersonales Vertrauen" in der Terminologie von Schröder et al. (2003) als Persönlichkeitsmerkmal, dessen starke Ausprägung eine gute Voraussetzung für die Begleitung Sterbender ist.

Man kann fünf Bedingungen unterscheiden, die positive Erfahrungen bei der Begleitung Sterbender begünstigen und die man daher auch als Schutzfaktoren bezeichnen kann, welche die Widerstandsfähigkeit, die Resilienz, mancher Sterbebegleiterinnen ausmachen (siehe Papadatou, 2009, S. 179ff.). (1) *Die Anerkennung der Bedürfnisse der Betreuenden und ihrer Motive.* Formelle wie informelle Sterbebegleitung beruht auf persönlichen Bedürfnissen der Begleiterinnen und ihren daraus resultierenden Motiven. Was bei flüchtiger Betrachtung als altruistischer Beweggrund erscheint, kann sich bei genauerem Hinsehen als egoistisches Motiv erweisen – wobei „egoistisch" hier funktional und ohne jede Wertung gemeint ist. (2) *Die Zugehörigkeit zu und die Verbindung mit anderen.* Die Beziehung zum Sterbenden, die im Falle zu großen Engagements einen Risikofaktor darstellt, kann auch ein Schutzfaktor sein (Pfister, 2012). Grundsätzlich haben Beziehungen das Potential zur Bereicherung des eigenen Lebens, und sie ermöglichen es dem Individuum dann, das Leben anderer zu bereichern. Dieser Austausch, das Geben und Empfangen, wird als Bereicherung empfunden. Aus der Literaturübersicht Jüngers (2012) ergibt sich unter anderem, dass eine gute Beziehung zum Sterbenden in Verbindung mit der Einschätzung, ihm angemessen beistehen zu können, eine wichtige Ressource für die Arbeitszufriedenheit ist. Entscheidend ist offenbar nicht die quasi objektive Belastung, sondern das Verhältnis, in dem Engagement und Erfüllung zueinander stehen. (3) *Offenheit für (Selbst-)Erfahrung.* Wie oben bereits angesprochen, betrifft dies das Leben insgesamt, andere Menschen und das eigene Erleben. Offenheit in diesem Sinne beinhaltet die Fähigkeit, neue, unerwartete und chaotisch erscheinende Eindrücke kreativ aufzugreifen und im Sinne der eigenen Interessen umzusetzen. Die Art der Bewältigung bestimmt, ob Erfahrungen, die gemeinhin als negativ eingeschätzt werden, zum eigenen Vorteil oder demjenigen von Bezugspersonen genutzt werden. (4) *Behutsame gegenseitige Interaktion* („rippling"). Hier geht es primär um eine Haltung, weniger um konkretes Verhalten. Die Sterbebegleiterin ist sich bewusst und vermag zuzulassen, dass der Sterbende Einfluss auf sie ausübt. Sie sieht im Sterbenden einen Lehrer, dem sie Wertschätzung entgegenbringt. (5) *Akzeptieren der (eigenen) Sterblichkeit und Bereitschaft zur Auseinandersetzung mit existentiellen Themen.* Hier klingt die Idee der Bewegung des Todesbewusstseins („death awareness movement") an, der zufolge die bewusste Beschäftigung mit der eigenen Endlichkeit psychische Abwehrmechanismen überflüssig macht und auf diese Weise zu einem reicheren und erfüllteren Leben beiträgt.

Wie bereits angesprochen, ist die Art der Bewältigung psychischer Belastungen von zentraler Bedeutung dafür, wie Sterbebegleiterinnen ihre Tätigkeit erleben. In ihrer umfangreichen Untersuchung von Pflegekräften in Hospizeinrichtungen und auf Palliativstationen fanden Schröder et al. (2003) als häufigste Bewältigungsstrategien die Suche nach sozialer Unterstützung und aktive, emotionszentrierte Bewältigung in Form positiver Selbstinstruktion. Angesichts der grundsätzlich unveränderbaren Situation der sterbenden Patienten sind dies funktionale Bewältigungsstrategien, die stabilisierend wirken und ein relatives Wohlbefinden erzeugen. Speziell bei Sterbebegleiterinnen in Hospizen wurden überdies häufig religiöse Bewältigungsformen gefunden. Frömmigkeit erweist sich demnach als Ressource, die gegen die Belastungen bei der Begleitung Sterbender immunisiert (siehe Pargament, 1997). Ein vergleichsweise dynamisches Bewältigungsmuster besteht im Wechsel von emotionsfokussierten und handlungsorientierten Bewältigungsstrategien wie Ablenkung durch Freizeitbeschäftigungen (Jünger, 2012). Auch dies sind Formen des Umgangs mit dauerhaftem Stress, die in der Regel positive Effekte haben.

2.3 Die Begleitung Sterbender

Vorstellungen darüber, wie die Begleitung Sterbender erfolgen sollte, und Ergebnisse dazu, was es tatsächlich mit ihr auf sich hat, sind von Vertretern verschiedener Berufsgruppen und Fachrichtungen vorgetragen worden, darunter solchen aus der Hospizarbeit, der Palliativmedizin, der (Medizin-)Ethik, der Theologie und der Soziologie. In ihren Kernaussagen weisen sie große Übereinstimmung auf. In vielen Lebensbereichen besteht eine hohe Übereinstimmung zwischen den Absichten, die einer bestimmten Maßnahme zugrunde liegen, und ihrer Umsetzung in der Praxis. Dies muss jedoch nicht zwangsläufig so sein. Daher wird in diesem Abschnitt im Anschluss an eine allgemeine Kennzeichnung zwischen Wunsch und Wirklichkeit im Bereich der Sterbebegleitung unterschieden.

2.3.1 Allgemeine Kennzeichnung von Sterbebegleitung

„Sterbebegleitung" ist der Sammelbegriff für jene mehr oder weniger plan- und absichtsvoll durchgeführten Handlungen, die von professionellen Betreuungspersonen, ehrenamtlich Helfenden und Angehörigen vorgenommen werden, damit Sterbende jeden Alters und Krankheitsbildes während ihres letzten Lebensabschnitts, der einer pragmatischen Konvention folgend auf etwa sechs Monate eingegrenzt ist, in einer Weise leben können, die ihren individuellen Bedürfnissen und ihrer spezifischen Art der Auseinandersetzung mit der Aussicht ihres bevorstehenden Todes entspricht. Aus einer Krankheit oder einer anderen Form vitaler Bedrohung resultiert *primäres Leiden*, das unvermeidlich ist. Darüber hinaus kann es *sekundäres Leiden* geben, etwa als Folge eines würdelosen Umgangs, von Vernachlässigung und sozialer Ausgrenzung sowie von Täuschung über den eigenen Zustand. Das Ziel der Sterbebegleitung besteht nun darin, sekundäres Leiden zu mindern und körperliche Beeinträchtigungen sowie Belastungen, die aus der Umgebung stammen, soweit abzuschwächen, dass eine Hinwendung auf psychische und spirituelle Anpassungsleistungen möglich wird (International Work Group, 1979, 1993; Wittkowski & Dingerkus, 2005). Den Veränderungen entsprechend, die sich bei unheilbar Kranken im Endstadium vollziehen, berücksichtigt die Sterbebegleitung fünf Aspekte: den körperlichen (in erster Linie Schmerzlinderung und Minderung von Funktionsstörungen), den psychischen (Erhaltung der geistigen Leistungsfähigkeit, Dämpfung starker negativer Gefühle), den sozialen (Aufrechterhaltung zwischenmenschlicher Beziehungen), den spirituellen (Hilfestellung bei der Suche nach Sinn) und den sächlichen (Verfügbarkeit von Gegenständen, Raumausstattung). Aus diesem Anforderungs- bzw. Leistungsspektrum ergibt sich, dass eine angemessene Begleitung Sterbender nur in der Zusammenarbeit von Angehörigen mehrerer Berufsgruppen möglich ist (wegen eines Überblicks siehe Koch, Lang, Mehnert & Schmeling-Kludas, 2006).

Aus dieser Kennzeichnung von Sterbebegleitung ist ersichtlich, dass sie in hohem Maße psycho-sozial ausgerichtet ist. Die Konzentration auf seelsorgerisch-spirituelle Aspekte wird auch als Sterbebegleitung im engeren Sinne gefasst, die wiederum weitgehend identisch ist mit palliativer Betreuung (Rothaar, 2010). Sie hat den „totalen Schmerz" (Saunders & Bains, 1991) im Blick – ein Konzept, das neben dem körperlichen auch den seelischen Schmerz umfasst. Die Grundidee besteht darin, den zwischenmenschlichen Anteil hoch und den technisch-apparativen Anteil gering zu halten. Dabei spielt die Aussicht auf Genesung, also ein Denken in der betriebswirtschaftlichen Kategorie der Investition, keine Rolle; der Aufwand der Sterbebegleitung wird auch dann betrieben, wenn erkennbar ist, dass er sich nicht durch die Verlängerung der Lebensspanne amortisieren wird. Ein Kernelement der Sterbebegleitung ist ferner das Bemühen, die Autonomie des Sterbenden trotz körperlicher und psychischer Schwächung so weit wie möglich zu wahren; der Sterbende ist und bleibt derjenige, der über seine Lebensumstände einschließlich seiner medizinischen und pflegerischen Behandlung entscheidet. Diese seine Eigenverantwortung wird dem Sterbenden im Sinne eines Pflichtrechts signalisiert: Er hat das selbstverständliche Recht, über sein Leben zu entscheiden, zugleich aber auch die Pflicht, sich um seine Angelegenheiten zu kümmern. In der Situation des Sterbenden kann diese Pflicht leicht zur Last werden.

Sterbebegleitung im engeren Sinne ist stark auf die Situation des Krebskranken im Endstadium ausgerichtet. Diese ist gekennzeichnet durch eine erkennbare Verschlechterung des körperlichen und psychischen Zustands während einer meist längeren Sterbephase. Dabei werden auch die Angehörigen des Sterbenden einbezogen. Sterbebegleitung beruht somit auf einer systemischen Sichtweise, welche die Beziehungen und kommunikativen Verbindungen zwischen dem Sterbenden, seinen professionellen und ehrenamtlichen Betreuerinnen sowie seinen Angehörigen berücksichtigt. Grundsätzlich ist die Sterbebegleitung im engeren Sinne nicht mit dem Tod des Patienten beendet. Sofern seine Hinterbliebenen ein entsprechendes Bedürfnis äußern, schließt sie auch diese ein und geht damit in Trauerbegleitung über.

Aus psychologischer Sicht ist die Kommunikation zwischen dem Patienten und seinen Betreuungspersonen und damit eng verbunden die Beziehung zwischen diesen Kommunikationspartnern das übergreifende Merkmal, das in den vorstehenden Ausführungen immer wieder implizit anklingt. Kommunikation erfolgt in erster Linie durch die Sprache, aber auch die non-verbale Kommunikation durch Mimik und Gestik spielt eine große Rolle. Ihr wird in der Begleitung Sterbender eine herausragende Bedeutung beigemessen (Müller-Busch, 2012; Volkenandt, 2012). In den Gesprächen geht es um die Frage nach dem Sinn, um den Aufweis einer Perspektive im Angesicht des eigenen Todes und nicht zuletzt um Trösten. Dabei sollte die Betreuerin den Patienten nicht überzeugen wollen, sondern ihn in seiner Ausrichtung in jene Richtung bekräftigen, die er bereits eingeschlagen hat. „Die Fähigkeit zum Dialog, Zeit und Geduld, personale Nähe und Wahrhaftigkeit, Vertrauen, Mitgefühl und Intimität im Umgang mit den letzten Fragen sind die wichtigsten Voraussetzungen einer guten, letztlich auch das eigene Leben bereichernden Sterbebegleitung" (Müller-Busch, 2012, S. 761).

Volkenandt (2012) weist auf die Auswirkungen hin, die das Unterlassen eines offenen bzw. wahrheitsgemäßen Sprechens über die Erkrankung in der Regel bewirkt. Es sind dies Unsicherheit und Misstrauen, gegebenenfalls die Zerstörung eines bereits vorhandenen Vertrauensverhältnisses; die Ausübung des Selbstbestimmungsrechts des Patienten wird verhindert; es entsteht Sprachlosigkeit, in der der Patient sich mit seinen Sorgen und Nöten allein gelassen fühlt. Was die Gestaltung der Kommunikation betrifft, empfiehlt Volkenandt (2012) die mehrfache Mitteilung eines bestimmten Inhalts als Ausgangspunkt bzw. Anknüpfungsmöglichkeit für zahlreiche Gespräche; einen langsamen Übergang vom Selbstbild des Gesunden mit subjektiv unbegrenzter Zukunft zum Selbstbild des lebensbedrohlich Erkranken, wobei der Patient die Geschwindigkeit bestimmt; im Rahmen des Verantwortbaren die stärkere Betonung von günstigen als von ungünstigen Aspekten. Speziell zum Akzeptieren des eigenen Schicksals merkt dieser Autor an: „Wo eine Annahme der Erkrankung, und sei es auch nur momentan, gelingt, kann dies trotz der Furchtbarkeit der

Diagnose sogar stellenweise zu einer Intensivierung wesentlicher Aspekte des Lebens führen" (Volkenandt, 2012, S. 113).

Auf den Unterschied zwischen formeller und informeller Sterbebegleitung wurde bereits in der Einleitung zu Abschnitt 2.2 hingewiesen. An dieser Stelle ist beachtenswert, dass die intuitive Begleitung durch Angehörige nicht auf der Grundlage von Selbsterfahrung erfolgt, die von Hospizvereinen in der Regel als unverzichtbar für die Tätigkeit ihrer ehrenamtlichen Begleiterinnen angesehen wird und daher ein wesentlicher Bestandteil der sogenannten Befähigung vor Beginn der Tätigkeit ist.

2.3.2 Die Ideologie der Sterbebegleitung

Unter einer Ideologie versteht man im allgemeinen Vorstellungen zur Interpretation der Welt in einer von Interessen geleiteten und damit verfälschten, angemessener wäre vielleicht zu sagen: einseitigen, Sichtweise. Die Ideologie der formellen bzw. organisierten Begleitung Sterbender ist identisch mit den Grundüberzeugungen von Hospizarbeit einerseits und von Palliativbetreuung („palliative care") andererseits. Es handelt sich um programmatische Vorstellungen von einem Soll-Zustand, der eng mit einer Haltung verbunden ist. „Die Haltung zeigt sich in der Kommunikation und Kooperation mit den Betroffenen und den Begleitenden und beinhaltet Fähigkeiten wie menschliche Wärme, Einfühlsamkeit und wohltätige Einstellung" (Napiwotzky, 2012, S. 882). Über die unmittelbare Betreuungstätigkeit hinaus gehört die Idee der Wiederbelebung einer früheren Sterbekultur („ars moriendi nova"; siehe Schäfer, Müller-Busch & Frewer, 2012) durch die Einbeziehung freiwilliger Betreuungspersonen zur Ideologie der Hospizarbeit.

In der Praxis der Sterbebegleitung besteht das übergeordnete Ziel darin, dem Betroffenen ein „gutes Sterben" zu ermöglichen. Gutes Sterben besteht in einer den Umständen entsprechend hohen Lebensqualität. Folgende Merkmale sollen dazu beitragen: Orientierung an den Bedürfnissen des Sterbenden und denjenigen seiner Angehörigen im Sinne eines ganzheitlichen Ansatzes, der körperliche, psychische, soziale, spirituelle und praktisch-sächliche Bedürfnisse berücksichtigt; unbedingte Respektierung der Autonomie des Sterbenden; bewusstes Erleben des eigenen Sterbeprozesses; Kommunikation über den aktuellen Sterbeprozess sowie über den erwartbaren Tod; die Vermittlung von Hoffnung (z.B. nicht allein sterben zu müssen; symbolische Unsterblichkeit zu erlangen) und die Erörterung von Sinnfragen. Insgesamt besteht die Absicht insbesondere der hospizlichen Sterbebegleitung darin, den Sterbenden in einer Weise zu führen, dass er seinen eigenen Tod, d.h. den Verlust seines Lebens, anzunehmen vermag. Dabei spielen auch die Beachtung des eigenen Befindens auf seiten der Begleiterinnen und eine entsprechende Selbstpflege eine Rolle (Connor, 1998, pp. 7–11; Müller-Busch, 2012; Napiwotzky, 2012).

Die Haltung, die der Sterbebegleitung in Hospizarbeit und Palliativbetreuung zugrunde liegt, steht insofern im Verdacht der ideologischen Einseitigkeit, als sie bestimmte Annahmen darüber macht, welcher Umgang mit dem Sterbenden seinem Wohl am besten entspricht. Die formelle Sterbebegleitung ist somit nicht voraussetzungslos. Vielmehr beinhaltet sie auch eine unausgesprochene erzieherische Komponente im Rahmen einer erneuerten

Kultur des Sterbens, die Wittkowski (2012a) im Kontext von Unterrichtsveranstaltungen über Sterben und Tod kritisch diskutiert hat.

2.3.3 Die Wirklichkeit der Sterbebegleitung

Gute Absichten zeitigen nicht zwangsläufig die angestrebten Wirkungen. Grundsätzlich muss man bei Interventionen stets mit unerwünschten Nebenwirkungen rechnen. Daher ist es sinnvoll, dem im vorigen Abschnitt dargestellten Soll-Zustand den Ist-Zustand gegenüber zu stellen. Dies geschieht mit der Einschränkung, dass solide empirische Erkenntnisse aus Hospizeinrichtungen und Palliativstationen insbesondere aus Deutschland spärlich sind. Im folgenden werden vier Aspekte beleuchtet.

Die Orchestrierung des Sterbens im Hospiz. Aufgrund teilnehmender Beobachtungen in zwei Hospizen und ergänzenden Interviews mit Mitarbeiterinnen zeichnet Dreßke (2005, 2012) ein nachdenklich stimmendes Bild der hospizlichen Begleitung Sterbender aus der Sicht des Soziologen. Danach erscheint das Hospiz als Einrichtung zur Umsetzung der Norm des „guten Sterbens". Die Bewohner von Hospizen, die in der Regel eine Lebenserwartung von maximal sechs Monaten haben, werden dazu angehalten, das Selbstbild des Sterbenden anzunehmen und das entsprechende Rollenverhalten zu zeigen. „Die Erfüllung der Rolle als Sterbender folgt einem konzertierten Handlungsprogramm von Pflege und Medizin" (Dreßke, 2012, S. 106). Im Zuge der Arbeit an der Identität von Sterbenden findet eine Entindividualisierung statt, bei der „die Orientierung auf Pietät und Würde die Orientierung auf individualisierende Identitätsdimensionen" (Dreßke, 2012, S. 110) ersetzt. Dem liegt die Idee vom Sterben als persönlichem Entwicklungsprozess zugrunde, der seinen Abschluss und Höhepunkt in der Reife zum Sterben findet. „Sterben wird als Phase im Lebenslauf definiert mit dem Entwicklungsziel des letzten großen Selbstentwurfs. Vom Leben loslassen ist von den Patienten selbst gesteuert und unterliegt ihrer Souveränität. Allerdings sind die Patienten mit dieser Entwicklungsaufgabe nicht allein gelassen" (Dreßke, 2012, S. 116). Wir haben es hier mit dem individuellen Sterben, nämlich dem Abschied vom Selbst, zu tun, das im Gegensatz steht zum traditionellen Sterben (dem Abschied von der Gemeinschaft) und zum medizinisch korrekten Sterben, das den Abschied vom Körper betont (Walter, 1996).

Kontexte des wechselseitigen Wissens. Lange bevor Sterbebegleitung im Rahmen der Hospizarbeit institutionalisiert wurde, haben die Soziologen Barney Glaser und Anselm Strauss aufgrund von teilnehmenden Beobachtungen auf Krankenhausstationen verschiedener Ausrichtung (u.a. Onkologie, Innere Medizin, Neurochirurgie) das Konzept der Bewusstheitskontexte („awareness contexts"; Glaser & Strauss, 1974) entwickelt, das die Kenntnisse des Patienten einerseits und diejenigen des Personals andererseits über den Gesundheitszustand des Patienten sowie die daraus resultierenden Formen der Kommunikation beschreibt. „Was jeder Interagierende über einen bestimmten Zustand des Patienten weiß, sowie sein Wissen darum, dass die anderen sich dessen bewusst sind, was er weiß. [...] Es ist der Kontext, in dem die Beteiligten interagieren, während sie ihn zur Kenntnis nehmen" (Glaser & Strauss, 1974, S. 252).

Die Autoren unterscheiden vier Arten von Bewusstheitskontexten. Bei *geschlossenem Bewusstheitskontext* ist der Patient ahnungslos bezüglich seines kritischen Gesundheitszustandes und wird von Ärzten und Schwestern absichtlich im Zustand der Unwissenheit belassen; die Helfer sind vielmehr bemüht, ihr Wissen zu verbergen und Optimismus auszustrahlen. Im *Bewusstheitskontext des Argwohns* hat der Patient den Verdacht, dass es sehr schlecht um ihn steht, ohne darüber jedoch mit Ärzten und Schwestern sprechen zu können. Diese zerstreuen entsprechende Befürchtungen oder zeigen ausweichendes Verhalten („Wir müssen alle eines Tages sterben, und es ist ganz gut, dass man nicht weiß, wann es so weit ist"). Im *Bewusstheitskontext der gegenseitigen Täuschung* wissen Patient und Betreuer über den bevorstehenden Tod des Patienten Bescheid, sie gestehen sich diese Gewissheit aber nicht ein. Als ob eine heimliche Übereinkunft bestünde, wird über den erwartbaren Tod des Kranken nicht gesprochen, obwohl er allen Beteiligten bewusst ist. Bei *offenem Bewusstheitskontext* kann über das nahe Ende des Kranken unverhohlen gesprochen werden.

In seiner Novelle *Der Tod des Iwan Iljitsch* gibt Lew Tolstoj eine meisterhafte Schilderung von dreien dieser Bewusstheitskontexte. Die immer stärker werdenden Symptome vermag der 45-jährige Iljitsch nicht länger zu ignorieren. Seine Ärzte jedoch nehmen seine Sorgen nicht Ernst und weichen der Frage nach der Wahrheit aus, was der Kranke als schlechtes Omen deutet und wodurch er sich zudem unverstanden fühlt. Dies ist der Bewusstheitskontext des Argwohns. Im weiteren Verlauf empfindet Iljitsch das Verhalten seiner Angehörigen, seines Hausarztes, seiner Freunde und Kollegen als Komödie auf der Grundlage der von allen anerkannten Lüge, dass er lediglich krank und kein Sterbender sei. Dies ist der Bewusstheitskontext der gegenseitigen Täuschung. Einzig sein Diener gibt offen zu erkennen, dass er um den Zustand seines Herrn weiß, und zeigt Mitgefühl mit ihm. Dies ist der Bewusstheitskontext der Offenheit, in dem sich der Kranke den Umständen entsprechend wohl fühlt.

In *Anna Karenina* ist es der Bewusstheitskontext der gegenseitigen Täuschung, der das Verhalten der Brüder Konstantin und Nikolai Lewin bestimmt. „Jetzt hatten beide nur einen Gedanken – Nikolais Krankheit und die Nähe seines Todes, und das erdrückte alles andere. Doch keiner der beiden wagte davon zu sprechen, darum brachte alles, was sie auch sagten, nicht zum Ausdruck, was sie bewegte – alles war Lüge. Noch nie war [Konstantin] Lewin so froh gewesen, dass ein Abend zu Ende war und die Schlafenszeit kam. Noch nie war er, auch mit Fremden, auch nicht bei offiziellen Visiten, so unnatürlich und unaufrichtig gewesen wie an diesem Abend. Und das Bewusstsein dieser Unnatürlichkeit und die Reue darüber ließ ihn noch unnatürlicher werden. Er hätte am liebsten geweint über seinen geliebten sterbenden Bruder, dabei musste er zuhören und zu dem Gespräch beitragen, wie er leben würde" (Tolstoj, 2015, S. 528).

Jeder dieser vier Kontexte des wechselseitigen Wissens kann von bestimmten Erwartungen überlagert sein, welche die Betreuungspersonen hinsichtlich des Todes eines Patienten haben (Glaser & Strauss, 1968, p. 8). (1) Es ist sicher, dass der Patient sterben wird, und über den voraussichtlichen Todeszeitpunkt besteht Einvernehmen. (2) Es gilt als sicher, dass der Patient sterben wird, allerdings ist der Zeitpunkt ungewiss. (3) Es ist ungewiss, ob der Patient sterben wird, aber zu einem bekannten Zeitpunkt wird Gewissheit hergestellt sein. (4) Sowohl die Frage der Zwangsläufigkeit des Sterbens als auch diejenige des Zeitpunkts, zu dem Gewissheit herrschen wird, sind unklar.

Kommunikation. Die Vorstellungen vom Informationsaustausch zwischen Betreuungsperson und Patient, wie sie in Abschnitt 2.3.1 dargestellt werden, finden in empirischen Studien nur teilweise Bestätigung. So fand Beach (1995) nur sehr geringe Kommunikation zwischen den betreuenden Familienangehörigen und sterbenden Patienten. In einer aufwendigen Längsschnittstudie an mehreren Tausend sterbenden Patienten in fünf Lehrkrankenhäusern der Vereinigten Staaten zeigte sich, dass den Ärzten die Wünsche der Patienten bezüglich Wiederbelebung nicht bekannt bzw. bewusst waren. Schließlich erwiesen sich Maßnahmen zur Verbesserung der Kommunikation zwischen Arzt und Patient als Wirkungslos (The SUPPORT Principal Investigators, 1995). Dies bezieht sich allerdings nicht auf Einrichtungen der hospizlichen oder palliativmedizinischen Versorgung.

Mitteilung von Diagnose bzw. Prognose. Die sogenannte Wahrheitsfrage ist ein Spezialfall der Kommunikation zwischen Arzt und Patient und eng gekoppelt an einen offenen Bewusstheitskontext. Die Befürwortung der Eröffnung von Diagnose und Prognose, die sich in den vergangenen Jahrzehnten in der Ärzteschaft durchgesetzt hat, geht von der Annahme aus, dass die meisten Patienten mit infauster Prognose auch dann eine zutreffende Vorstellung davon haben, wie es um sie steht, wenn sie nicht förmlich informiert wurden. Unabhängig davon gebieten das Selbstbestimmungsrecht des Patienten einerseits und die Informationspflicht des Arztes andererseits eine angemessene Aufklärung. Dabei sollte der Patient allerdings nicht mit einer Wahrheit konfrontiert werden, mit der er weder umgehen will noch umgehen kann (Saunders & Bains, 1991, S. 11), und es sollte stets der Grundsatz „Hoffnung bewahren" beachtet werden (Salander, 2002).

Obwohl in der Praxis der Anteil der Ärzte gestiegen ist, die gegenüber Patienten mit infauster Prognose eine offene Kommunikation befürworten und dem Aufklärungsgebot folgen, halten immer noch viele Ärzte an dem sogenannten therapeutischen Privileg fest, Patienten (vermeintlich) zu schonen. Wie Umfragen zeigen, steht dies im Gegensatz zu den Wünschen der (deutschen) Bevölkerung (Schröder, Schmutzer & Brähler, 2002). Bei schwer kranken Patienten scheint sich der Anteil derjenigen, die ihr Recht auf Nichtwissen wahrnehmen wollen, weiter zu vermindern. Diese Patienten bevorzugen aber im Vergleich zur Normalbevölkerung eine schrittweise, an den Krankheitsverlauf angepasste Aufklärung (Husebö, 1997).

Zusammenfassend ergibt sich zum einen eine Diskrepanz zwischen Absicht und Wirklichkeit der Sterbebegleitung, zum anderen werden Kenntnislücken erkennbar. Die behutsame Steuerung und Führung des unheilbar Kranken, die ihn zu seinem (vermeintlichen) Wohl zur Übernahme der Rolle des Sterbenden veranlasst und ihn dann in dieser Rolle begleitet, steht in einem gewissen Gegensatz zum Ideal der Autonomie des Patienten. Über die Kommunikationsstrukturen und insbesondere über die Kontexte wechselseitigen Wissens bei der informellen Sterbebegleitung durch Angehörige hierzulande weiß man kaum etwas. Werden die Wünsche und Bedürfnisse Sterbender von ihren Betreuungspersonen aus dem privaten Umfeld ebenso unvollkommen wahrgenommen, wie dies vor 20 Jahren im professionellen Kontext in den Vereinigten Staaten der Fall war?

3 In Erwartung der Hinrichtung: Die Abschiedsbriefe

In diesem Kapitel werden die Ergebnisse der qualitativen inhaltsanalytischen Auswertung dargestellt. Den Fragestellungen entsprechend, die in Abschnitt 1.2 formuliert sind, geschieht dies gesondert für den Sterbenden Helmuth v. Moltke, für die Sterbebegleiterin Freya v. Moltke und für den Vorgang der Sterbebegleitung. Bei der Darstellung der Ergebnisse werden die vorherrschenden Inhalte (Auftretenshäufigkeit ≥ 20 %) den seltenen oder fehlenden Inhalten (Auftretenshäufigkeit ≤ 5 %) gegenüber gestellt. Sofern zum Verständnis sinnvoll, werden weitere Inhalte, die weder häufig noch selten auftreten, erörtert. Dies ist immer dann der Fall, wenn psychologische Wirkungsketten geschlossen und komplexe Merkmalskonfigurationen vervollständigt werden können. Ferner wird der Verlauf des Sterbens und der Sterbebegleitung in den jeweiligen Abschnitten betrachtet. Für jeden der drei Hauptabschnitte dieses Kapitels erfolgt eine zusammenfassende Diskussion des Befundbildes anhand eines Modells. Die Verläufe des Sterbens und der Sterbebegleitung werden graphisch dargestellt und mit Befunden aus der psychologischen Sterbeforschung verglichen. Die entsprechenden Daten sind in den Tabellen 3-1 und 3-2 des Anhangs 2 zusammengestellt.

Dem qualitativen Vorgehen gemäß erfolgt die Ergebnisdarstellung anhand von Auszügen aus dem Analysematerial. Die Zitate aus den Briefen dienen als Belege für die daraus abgeleiteten abstrakten Merkmale und zugleich zu deren Illustration. Zum Verständnis dieser Auszüge muss man wissen, dass Graf Moltke seine Ehefrau mit dem Kosenamen „Pim" in der männlichen Form ansprach, also „mein Pim". Auch sonst verwendete er das Maskulinum bei der Anrede seiner Frau (z.B. „mein Lieber"). Umgekehrt gebraucht die Gräfin den Kosenamen „Jäm", vermutlich abgeleitet vom zweiten Vornamen des Grafen. Im übrigen pflegten sich die Eheleute gegenseitig als „Wirt" und „Wirtin" zu bezeichnen. Der Sohn Caspar wird häufig „C.chen" genannt.

3.1 Helmuth von Moltke als Sterbender

3.1.1 Alltag, Sterbegewissheit, Loslassen des Lebens, Glaube, Partnerbeziehung

Für den inhaftierten und vom Tod bedrohten Helmuth v. Moltke spielten *alltägliche Ereignisse und seine Haftbedingungen* eine sehr große Rolle. Mit 58,0 % ist ALLTAG die mit Abstand häufigste Kategorie in den Briefen an seine Ehefrau. In mehr als der Hälfte seiner Briefe finden sich Schilderungen des Tagesablaufs, der Verpflegung, der Einrichtung seiner Zelle, von Vernehmungen durch Gestapo bzw. SS, von Gesprächen mit den Gefängniswärtern und Pfarrer Poelchau, seines Bedarfs an und der Versorgung mit Nahrungsmitteln und Gebrauchsgegenständen. Dies fand gleichmäßig während des gesamten Zeitraums der Korrespondenz statt, also auch bis kurz vor der Hinrichtung.

„An Sachen brauche ich … […] Es ist hier sehr kalt" (Brief vom 30. September 1944).

„Ich verbringe meinen Tag jetzt hauptsächlich mit dem Schreiben des Schriftsatzes, […]" (Brief vom 4. November 1944).

„Der Tod ist so ein Begleiter des ganzen Jahres geworden. […], so sind eben diese gewaltsamen Tötungen so zum Alltag geworden, dass ich das Verschwinden einzelner Männer traurig, aber doch wie ein Naturereignis hinnahm" (Brief vom 28. Dezember 1944).

„Mein Lieber, eben war ich beim Arzt, der meinen Rücken abgeklopft und festgestellt hat, dass es nur die Nerven sind, die neuralgisch affiziert sind" (Brief vom 2. Januar 1945).

„Leider ist Claus [einer der Wärter] 14 Tage krank. Das ist schade, zumal sein netter Vertreter jedenfalls heute auch nicht da ist" (Brief vom 17. Januar 1945).

„Gestern war ich wieder beim Lichtbad. Ich habe jetzt die beiden Kalfaktor, […] durch Zigaretten gewonnen, und der sorgt nun dafür, dass ich mit rüberkomme" (Brief vom 23. Januar 1945).

Durch ihren Umfang und ihre Inhalte zeigen diese Schilderungen, wie sehr das Bewusstsein des Sterbenden bis unmittelbar vor seinem Tod von alltäglichen Belanglosigkeiten bestimmt ist. Man kann dies als Bestätigung der Ansicht betrachten, niemand sterbe 24 Stunden am Tag (Corr, 1991–92), m.a.W. man könne nicht permanent im Bewusstsein des bevorstehenden Endes leben. Der Graf bringt dies selbst anschaulich zum Ausdruck, indem er mit Bezug auf Psalm 90 („Lehre uns bedenken, dass wir sterben müssen") schreibt:

„Kein Mensch kann das immer vor Augen haben, selbst in meiner Lage vergisst man es immer wieder, denn das Fleisch will es nicht wahrhaben" (Brief vom 10. November 1944).

Und an einer anderen Stelle heißt es:

„…, und dann beginnt die Grat-Wanderung, an deren Ende wahrscheinlich der Galgen in Plötzensee steht. […] …, wird man begreifen können, dass der Mensch, dieses wunderliche Tier, sich selbst an das Hingerichtet-Werden gewöhnen kann?" (Brief vom 2. Januar 1945).

Unabhängig davon kann man in der häufigen und ausführlichen Schilderung alltäglicher Begebenheiten aber auch eine Absicht erkennen. Indem der Graf seiner Ehefrau eine anschauliche Vorstellung von seinen Lebensumständen vermittelt, ermöglicht er ihr die Teilhabe an seinem Leben, was wiederum das Gefühl der Zusammengehörigkeit trotz äußerer Trennung fördert und dadurch emotionale Unterstützung bedeutet.

Vom Beginn seiner Inhaftierung in Tegel bis zu seiner Hinrichtung war Helmuth v. Moltke in hohem Maße von *Sterbegewissheit* bestimmt; die Kategorie STERBEN kommt in 34,8 % seiner Briefe an seine Ehefrau vor. Der Graf machte also aus seiner Gewissheit, in absehbarer Zeit sein Leben zu verlieren, keinen Hehl.

„Da ich nicht weiß, wie lange Zeit ich noch habe, ..." (Brief vom 30. September 1944).

„Jeder Brief, den ich schreibe, wird von mir als der letzte angesehen ..." (Brief vom 1. Oktober 1944).

„... und drittens rechne ich am Morgen damit, nach 36 Stunden, und am Abend, nach 24 Stunden tot zu sein" (Brief vom 10. Oktober 1944).

„Morgen fängt ein neuer Monat an, und der wird wohl meinen Tod bringen; das wollen wir nie vergessen, um nicht törichte Hoffnungen zu nähren" (Brief vom 31. Oktober 1944).

„Ich sehe gerade, dass ich so tue, als stürbe ich. Das tue ich bei jedem Brief, denn er kann der letzte sein" (Brief vom 23. November 1944).

„Ich denke viel darüber nach, wie es Dir und den Söhnchen nach meinem Tode ergehen wird" (Brief vom 7. Dezember 1944).

„..., und mein erster Gedanke, wenn ich nachts oder am Morgen aufwache, ist an jenen Gang zum Galgen, den ich vielleicht in 10 oder 14 Tagen antreten muss" (Brief vom 9. Dezember 1944).

„..., aller Wahrscheinlichkeit nach, [...], bin ich heute in einer Woche um diese Zeit schon tot" (Brief vom 12. Dezember 1944).

„Angenehm ist mir die Aussicht, heute in 8 Tagen schon dran zu sein, natürlich nicht, aber das verlangt auch niemand von mir" (Brief vom 1. Januar 1945).

„..., dass ganz offenbar die letzten 24 Stunden eines Lebens gar nicht anders sind als irgendwelche anderen" (Brief vom 10. Januar 1945).

„Komm nur bald, denn vom menschlichen Standpunkt gesehen, kann die Hinrichtung jeden Augenblick angeordnet werden" (Brief vom 13. Januar 1945).

Damit ist eine wesentliche Bedingung erfüllt, um ihn als Sterbenden im psychologischen Sinne bezeichnen zu können.

Es ist aufschlussreich, die Sterbegewissheit Helmuth v. Moltkes mit jenem Halbwissen („middle knowledge") zu vergleichen, das A. Weisman (1972, pp. 65–66) für die zweite Phase des Sterbeprozesses postuliert. Wenn die infauste Prognose dem Patienten bekannt ist und in der Regel eine medizinische Behandlung stattfindet, ist die Erkenntnis, an einer todbringenden Krankheit zu leiden, zwar grundsätzlich vorhanden, in einer Art ungewisser

Gewissheit kann sie jedoch nicht offen eingestanden werden. Erst wenn die körperlichen Beeinträchtigungen stärker werden, ist dies möglich.

Im Fall des Grafen Moltke gibt es keine krankheitsbedingten körperlichen Symptome. Umso bemerkenswerter ist der geradezu radikale Ausdruck von Sterbegewissheit in seinen Briefen. Mehr oder weniger rational gesteuert, will er damit zweierlei erreichen. Zum einen versucht er, seine eigene psychische Verfassung so zu regulieren, dass er die Minuten vor der gewaltsamen Tötung einigermaßen gelassen ertragen kann.

> „..., ich auch hoffe, dass wir ganz bewusst für dieses Leben Abschied nehmen werden, und dass wir uns diese Kostbarkeit nicht durch trügerische Hoffnung verderben: Wir müssen aber immer auf der Wacht sein, dass nicht sozusagen der Zug abfährt, wenn wir gerade woanders hinschauen" (Brief vom 28. Oktober 1944).

> „Manchmal beschäftige ich mich mit dem großen Augenblick des Todes; ich zittere davor, dass mich dann die animalische Angst übermannt, dass ich sozusagen diesen Augenblick, in dem es darauf ankommt, den Glauben ganz fest zu halten, verpasse" (Brief vom 28. Oktober 1944).

> „Man darf, so scheint mir, das ganze Leben hindurch von Zweifeln geplagt sein, aber die 1½ Stunden von meiner Einlieferung in Plötzensee bis zu meinem Tode, die müssen vor Zweifel geschützt sein. Darum muss ich vor allem bitten. [...] Das Nichtzweifeln ist eben das Entscheidende" (Brief vom 10. November 1944).

Obgleich es sich bei der Hinrichtung um Gewaltanwendung handelt, die der Betroffene passiv erleidet, suchte Graf Moltke den „Absprung" aktiv zu vollziehen. Psychologisch bedeutet dies, in einer Situation völliger äußerer Ohnmacht die Kontrolle über die inneren Vorgänge, das eigene Befinden, zu behalten. Wir haben es hier mit sekundärer Kontrolle zu tun. Als Analogie könnte man an den Athleten beim Weitsprung denken: Der Ausführung des Sprungs insgesamt kann bzw. will er sich nicht entziehen. Den größten Teil des Anlaufs nutzt er dazu, eine möglichst hohe Geschwindigkeit zu erreichen. Die letzten zwei, drei Meter vor dem Absprung aber lässt er sich treiben und konzentriert sich ganz darauf, den Balken zu treffen, d.h. den Fuß des Sprungbeins weder vor ihm aufzusetzen noch überzutreten. Der Begriff „Absprung" in diesem Kontext mag verwundern. Er lehnt sich an die Wortwahl von S. de Beauvoirs 77-jähriger Mutter an, bei der Darmkrebs im fortgeschrittenen Stadium festgestellt worden war und die „Angst vor dem Sprung" (Beauvoir, 1965, S. 15) äußerte sowie Besorgnis darüber, „so leicht würde der Sprung nicht sein" (S. 95). Was von der alten Madame de Beauvoir angesprochen wurde, ist der Moment des Übergangs vom Leben zum Totsein, vom lebenden Menschen zum unbelebten Körper, dem Leichnam. Mit Blick auf Helmuth v. Moltke meint „Absprung" allerdings nicht den organismischen Vorgang, sondern spricht die psychische Verfassung im Angesicht des unmittelbar bevorstehenden Endes und insofern einen längeren Zeitraum an. Diese Idee des gelungenen Abschlusses betrifft nicht allein ihn, den Sterbenden, sondern sie schließt auch sie, die Ehefrau und Sterbebegleiterin, ein.

Eine zweite Absicht, die man im rückhaltlos offenen Ausdruck von Sterbegewissheit des Grafen Moltke erkennen kann, bestand darin, seine Ehefrau innerlich auf die Trennung und den Verlust vorzubereiten. Aus seiner Sicht war es ein Akt der Fürsorge, bei ihr keine Illusionen bezüglich seiner Rettung aufkommen zu lassen.

> „..., als dass ich Dich immer wieder ermahnen muss, Dir klar vor Augen zu halten, dass mir nach aller menschlichen Erkenntnis der Galgen absolut sicher ist, ...“ (Brief vom 18. Dezember 1944).

Der Bewusstheitskontext der Offenheit, der sich darin zeigt, wird an anderer Stelle noch zur Sprache kommen.

Die Beschäftigung mit dem „Absprung“ als gewichtigem Bestandteil der Sterbegewissheit Helmuth v. Moltkes steht in enger Beziehung zu einem anderen Merkmal, das in seinen Briefen häufig vorkommt: dem *Festhalten am Leben* einerseits und dem *Loslassen des Lebens* andererseits (BINDLEB; 29,5 %). Es handelt sich um ein Schwanken (Oszillieren) zwischen der Hinwendung zum Leben, etwa in Gestalt lebenspraktischer Aufgaben oder der Erzeugung positiver Illusionen, und der Abwendung vom eigenen Leben, insbesondere von der eigenen Zukunft. Dieses Hin und Her zwischen Kampfbereitschaft in Form von Rettungsversuchen und dem Bereitsein zum vorzeitigen Abschluss des eigenen Lebens, der Wechsel von Angst und Abschiedsschmerz zu akzeptierender Gelassenheit beanspruchte viel psychische Energie.

> „Ich habe in den letzten 8 Tagen einen merkwürdig starken Lebenswillen entwickelt. Ich habe plötzlich das Gefühl bekommen, dass ich hier nicht fertig bin, dass ich hier noch etwas zu tun habe. [...] ..., sondern versuche, mein Inneres zu policren. [...] Mir ist nur so, als ob jemand in mir sagte, Du hast noch nicht erfüllt“ (Brief vom 21. Oktober 1944).

> „..., seit gestern ist mir mein Tod wieder näher und realer, und ich bin sehr froh darüber“ (Brief vom 26. Oktober 1944).

> „..., dass meine Seelenlage da ist, wo ich sie am liebsten habe: ganz tief unten, aber dort auf Felsuntergrund. Wenn ich sie nur da festhalten könnte, denn das Auf und Ab ist immer anstrengend“ (Brief vom 31. Oktober 1944).

> „Heute Nacht hatte ich mal wieder gar keine Lust zu sterben; nicht dass es mich quälte, aber ich hatte eben keine Lust und fand die Aussichten auf das Reich Gottes doch recht vage und unklar ...“ (Brief vom 6. November 1944).

> „Ich fühlte mich ihm [dem Tod] heute Nacht, als ich aufwachte, nah und gar nicht fremd, und später war er mir wieder sehr wenig willkommen“ (Brief vom 26. November 1944).

> „..., nur nicht noch ein Mal die Kampfbereitschaft neben der Todesbereitschaft ‚herstellen‘ und erkennen, ...“ (Brief vom 17. Dezember 1944).

„... so hätte ich Ende September den Antrag [auf sofortige Hinrichtung] gestellt. So sehr war ich in der Atmosphäre befangen, dass man über das Hingerichtetsterben nur keinen ‚fuss‘ machen dürfe. Und wo bin ich jetzt? Die Landschaft ist einfach nicht wiederzuerkennen. Jetzt will ich ganz definitiv nicht sterben, darüber ist garkein Zweifel. Das ständige Arbeiten an den Argumenten, mit denen das zu vermeiden sei, hat in mir den Willen, um diese Sache herumzukommen, ganz mächtig angeregt" (Brief vom 28. Dezember 1944).

„Ich glaube, dass ich jetzt so sterbefertig bin, dass, [...], jener Gang zum Galgen für mich keine große Sache mehr ist" (Brief vom 17. Januar 1945).

Das Herstellen und Aufrechterhalten einer Balance zwischen Lebenswille und Sterbebereitschaft war Schwerstarbeit.

„Es ist aber so, dass dies Leben zwischen Tod und Leben eben anstrengend ist. Denn wenn man endlich zum Sterben ganz fertig und bereit ist, so kann man doch daraus keinen Dauerzustand machen. [...] So pendelt man zum Leben zurück, vielleicht nur wenig, man baut sich ein Kartenhaus und dann, wenn man das merkt, reißt man es wieder ein, und das hat das Fleisch eben sehr ungern" (Brief vom 28. Oktober 1944).

„Ja, mein Herz, den Schmerz richtig zu erhalten, dass er bleibe, aber nicht zum Fetisch werde, ist schwer. Es ist wie die Aufgabe, ein Feuer immer gleichmäßig mittelstark zu halten" (Brief vom 13. Oktober 1944).

„Mir geht es beunruhigend gut. Irgendwie gefällt mir das nicht, und ich wünschte mir selbst eine etwas gedämpftere Laune" (Brief vom 24. Oktober 1944).

Dies gilt auch und besonders für den mentalen Umgang mit der Hoffnung.

„..., die große zusätzliche Schwierigkeit, die das Auftauchen eines Schimmers menschlicher oder schein-menschlicher Hoffnung bedeutet, ist groß, merkwürdig groß. Der Tod ist mir eben nicht mehr ein so selbstverständlicher und auch ganz vertrauter und insofern lieber Gefährte, wie er es war. Das ist sehr schade, denn es bedeutet, dass, wenn ich ihn wieder voll realisieren will oder muss, ich mich neu dahin durchkämpfen muss" (Brief vom 8. Dezember 1944).

„Aber es ist nur richtig, vollkommen auf den nahe bevorstehenden Abschied gerichtet zu sein und sich nicht in allerhand Hoffnungen zu verlieren" (Brief vom 9. Dezember 1944).

„Merkwürdigerweise hat mir das negative Ergebnis bei Müller riesig geholfen. Ich weiß nicht, warum, aber es war, als wäre ein Druck von mir gewichen, und dieser Druck war eben die menschliche Hoffnung; mir wurde es leichter, als die nun vergangen war und ich sozusagen keine Kräfte mehr aufzuwenden brauchte, um sie aufrecht zu erhalten" (Brief vom 21. Januar 1945).

Der im psychologischen Sinne sterbende Graf Moltke war offensichtlich bemüht, sich in einen Zustand der Sterbebereitschaft zu versetzen und ihn aufrecht zu erhalten. Angesichts seiner objektiven Lage war dies sinnvoll, denn der Verhandlungstermin mit dem zu erwartenden Todesurteil war noch unbestimmt, konnte aber kurzfristig anberaumt werden. Es ist bekannt, dass die Todesurteile des VGH meist sogleich vollstreckt wurden. Daher musste der Graf sich in andauernder Sterbebereitschaft halten; in den letzten drei Monaten des Jahres 1944 lebte er im wahrsten Sinne des Wortes „auf Abruf".

In dieser Situation unterscheidet sich sein Sterben grundsätzlich von demjenigen eines unheilbar Kranken. Zwar ist in beiden Fällen der Todeszeitpunkt nicht bekannt. Beim Sterben aufgrund einer Krankheit treten aber in den meisten Fällen körperlicher Verfall und psychische Erschöpfung ein. Dies vollzieht sich allmählich und über einen längeren Zeitraum und dürfte gerade wegen dieses progredienten Verlaufs beim Betroffenen die subjektive Gewissheit, das Erleben von Evidenz, erzeugen, dass das Ende nicht länger hinausgeschoben werden kann. Das Akzeptieren, das mit dieser Einsicht einhergeht, ist ein resignatives Sich-Fügen in einen unvermeidlichen Ablauf, dessen Signale aus dem eigenen Körper kommen, zusätzlich womöglich durch das Verhalten von Betreuungspersonen angezeigt wird. Diese körperbezogene Komponente des Sterbens aufgrund einer Krankheit trifft auf den inhaftierten Helmuth v. Moltke naturgemäß nicht zu. Er befand sich den Umständen der Haft entsprechend in befriedigender körperlicher Verfassung. Der Eifer, mit dem er sich auf die Verhandlung vorbereitete, ist ein Ausdruck seiner Vitalität. Zugleich musste er damit rechnen, binnen weniger Tage gewaltsam getötet zu werden. In dieser Lage erscheint der Versuch, Sterbebereitschaft herzustellen, als eine Art Selbstmanipulation, man könnte ebenso aber auch von einer psychologisch sinnvollen Anpassungsstrategie sprechen. Über den Verlauf dieses Merkmals während der gesamten Zeit der Inhaftierung wird in Abschnitt 3.1.5 berichtet.

Soweit bisher erkennbar, bestand bei Helmuth von Moltke angesichts der Bedrohung durch den Tod am Strang Sterbegewissheit sowie die bewusste Herstellung von Sterbebereitschaft mit dem Ziel, die gewaltsame Tötung sowohl antizipierend als auch im Moment der Ausführung psychisch ertragen zu können. Welcher Mittel bediente sich der Graf, um diese Aufgabe zu bewältigen? In seinen Briefen treten drei Merkmale hervor, die zueinander in einem engen sachlichen Zusammenhang stehen und daher gemeinsam dargestellt werden. Es handelt sich um die Trias *Glaube* (GLAUBE; 39,3 %), *Demut und Dankbarkeit* (DEMUT; 25,0 %) sowie *Wohlbefinden aus Sicherheit* (SICHER; 19,6 %) – alles Merkmale, die induktiv aus dem Analysematerial abgeleitet wurden.

Der *christliche Glaube* in seiner evangelisch-lutherischen Variante spielte für das Erleben und Verhalten des Grafen Moltke während der Zeit seiner Inhaftierung eine herausragende Rolle; diese Inhaltskategorie nimmt Platz drei in der Rangreihe der häufigsten Inhalte ein (siehe Tabelle 3-1 in Anhang 2). Er hatte unbedingtes Vertrauen zu Gott, fühlte sich in Gottes Hand geborgen, und er hielt Gottes Ratschluss für unanfechtbar. Für den inhaftierten Helmuth v. Moltke war Gott der überragende Trostspender, und in bestimmten Ereignissen erkannte der Graf das Wirken Gottes. Sein Glaube verhalf ihm dazu, auch in seiner Lage einen Sinn zu erkennen. Dabei war ihm das Glauben an Gott nicht einfach spontan, ohne eigenes Zutun gegeben, etwa so, wie sich Verliebtheit einstellt, sondern er musste es sich erarbeiten, und der Ertrag dieser Arbeit erschien ihm als Geschenk Gottes und somit als Ausdruck göttlicher Gnade. Was Handlungen betrifft, die von seinem Glauben bestimmt waren, las der Graf in der Bibel, versuchte sich an der Auslegung von Bibelstellen, und er erörterte anderweitige Fragen des Glaubens, die in das Gebiet der Philosophie reichen. Die Feier des Abendmahls mit seiner Ehefrau unter den Bedingungen der Haft ist ein weiterer Beleg für den hohen Stellenwert, den der christliche Glaube im Leben des Grafen Moltke einnahm.

„Ich weiß ganz genau, wo ich fest verankert bin: ... [...] Und dazu sieh Dir den Schluss der ersten Römerbriefstelle auf dem Zettel an" (Brief vom 30. September 1944).

„..., dass der wahre Tröster über uns wohnt und dass er den einzig wahren Trost spenden kann, der zu dauern vermag" (Brief vom 1. Oktober 1944).

„Alles ist gut so, wie es ist. Ich vertraue ganz fest und sicher auf den Herrn, ..." (Brief vom 10. Oktober 1944).

„..., heute bin ich wieder ganz warm bei Ihm und bei Dir geborgen" (Brief vom 12. Oktober 1944).

„Beten wir zum Herrn, [...], glauben wir, dass Er das will und daher auch kann, aber beugen wir uns unter Seinen Willen, wenn Er es anders beschlossen hat, und seien wir überzeugt, dass Er es für unser Heil so beschlossen hat, auch wenn wir es nicht verstehen" (Brief vom 17. Oktober 1944).

„Auf diesen festen Glauben, dass bei Gott Wollen und Vollbringen eines ist, baut die Gewissheit, dass, wenn ich sterbe, er es so gewollt hat, und wenn er es so gewollt hat, so war es zu Deinem und meinem Besten" (Brief vom 13. November 1944).

„Jede Stunde ist wertvoll, und ich muss sie nutzen, [...] und b. um mir das Vertrauen, dass Gott mir das Leben erhalten kann, zu verankern" (Brief vom 22. November 1944).

„..., dass ich eben in Gottes Hand stehe und ihm lebe und sterbe" (Brief vom 28. November 1944).

„Es zeigt uns eben immer wieder, dass er bei uns steht, und so dürfen wir auch hoffen, dass er uns weiter seine Gegenwart spüren lässt" (Brief vom 14. Dezember 1944).

„Wenn ich jetzt gerettet werden würde - [...] -, so muss ich sagen, dass ich erst ein Mal mich wieder zurecht finden müsste, so ungeheuer war die Demonstration von Gottes Gegenwart und Allmacht" (Brief vom 10. Januar 1945).

„Da Gott die unglaubliche Gnade hat, in mir zu sein, ..." (Brief vom 11. Januar 1945).

Aber es gibt vereinzelt auch Hinweise auf Unsicherheit und Zweifel.

„..., denn in solchen Augenblicken kann einem nur der heilige Geist selbst helfen, der einem die Kraft geben muss zu sagen: Weiche von mir, Satanas! Alles andere versinkt dann doch" (Brief vom 10. November 1944).

„Auch um den Glauben muss ich alle Tage neu ringen. Plötzlich überfällt mich aus irgendeiner hässlichen Falte die Überzeugung, dass ,das alles Mist ist'. Das ist fürchterlich, aber dauert glücklicherweise meist nur Minuten" (Brief vom 18. Januar 1945).

Aus der wertneutralen Sicht der Psychologie, der es ausschließlich um den Aufweis funktionaler Zusammenhänge geht, kann man den starken Bezug auf Glaubensinhalte in den Briefen des Grafen Moltke als Stressbewältigungsstrategie auffassen, die in Anlehnung an Freud (1927/1948) in der Erzeugung einer positiven Illusion besteht. Was Freud mit Blick auf die Kulturgeschichte der Menschheit darstellt, dass nämlich religiöse Lehren und die Vorstellung von Göttern aus dem Bedürfnis nach Überwindung der eigenen Hilflosigkeit entspringt und darin besteht, „mit der Grausamkeit des Schicksals, besonders wie es sich im Tode zeigt, zu versöhnen" (Freud, 1948, S. 339), lässt sich auch auf das einzelne Individuum anwenden. Unter der Bedingung vitaler Bedrohung und zugleich minimaler Möglichkeiten zu ihrer Abwehr ist die Herstellung positiver Illusionen eine wirksame und daher funktional sinnvolle psychische Anpassungsstrategie. „Wir heißen also einen Glauben eine Illusion, wenn sich in seiner Motivierung die Wunscherfüllung vordrängt, und sehen dabei von seinem Verhältnis zur Wirklichkeit ab, ebenso wie die Illusion selbst auf ihre Beglaubigungen verzichtet" (Freud, 1948, S. 354). Ob die starke religiöse Verwurzelung des Grafen schon lange vor seiner Inhaftierung bestand und durch die Überstellung in das Gefängnis Tegel nochmals intensiviert wurde, kann anhand seiner Briefe nicht beurteilt werden. Wahrscheinlich ist, dass der christliche Glaube auch früher schon für sein Denken, Fühlen und Handeln bestimmend war – man denke an die kategorische Ablehnung des Tyrannenmordes aus religiöser Überzeugung – und sich im Schatten des Galgens als psychische Bewältigungs- bzw. Anpassungsstrategie anbot.

Kommunikationstheoretisch sind die zahlreichen Äußerungen über Gott und den Glauben nicht einfach persönliche Bekenntnisse im Sinne von Selbstoffenbarung. Allein der Umstand, dass sie eine Adressatin haben (und nicht einem Tagebuch anvertraut sind), verweist darauf, dass sie zweckbestimmt erfolgten. Dies wird durch die häufige Verwendung der Wir-Form unterstrichen. Mit seinen diesbezüglichen Gedanken wollte Graf Moltke bei seiner Ehefrau ein ähnlich festes und Sicherheit gewährendes Fundament anregen, wie er es für sich selbst teils erhofft hatte und teils gefunden zu haben glaubte. Zugleich sandte er mit seiner Botschaft einen Appell für Gemeinsamkeit, Zusammengehörigkeit und innere Nähe trotz räumlicher Trennung.

Eine Spielart des Glaubens des Helmuth v. Moltke, die in seinen Abschiedsbriefen eine eigenständige, induktiv gewonnene Kategorie bildet, ist *Demut und Dankbarkeit*. An vielen Stellen schreibt er von Dankbarkeit gegenüber Gott, und auch wo dies nicht *expressis verbis* zum Ausdruck kommt, ist der religiöse Bezug unverkennbar.

„..., dass ich allen Grund habe, dem Schöpfer für Dich zu danken, dass ich Dich lieb habe, ..." (Brief vom 7. November 1944).

„Wenn Gott will, fügt er noch etwas hinzu, auf das wir ohnehin keinen Anspruch haben, und dankbar können wir auf jeden Fall sein" (Brief vom 12. November 1944).

„Und danken wir für das, was wir gehabt haben" (Brief vom 22. November 1944).

„So bin ich für jeden Augenblick, in dem ich diese Gnade fühle, dankbar, weiß, dass ich es nicht verdient habe, und bitte darum, dass sie mir erhalten bleibe" (Brief vom 26. November 1944).

„Ich bin unbescheiden, aber ich hoffe, dass ich auch dankbar bin; ich bemühe mich jedenfalls darum, für das Füllhorn der Gnade, das über uns ausgeschüttet worden ist, dankbar zu sein" (Brief vom 7. Dezember 1944).

„Es ist im Grunde viel leichter, sich singend in so etwas zu schicken, als zu murren. Nur, ob man singt oder murrt, das vermag man selbst nicht zu fabrizieren, sondern das ist eben ein Akt der Gnade" (Brief vom 13. Dezember 1944).

„Wir haben ein voll gerüttelt Maß von Gnade gehabt, wir dürfen um mehr bitten und werden uns zu bescheiden wissen, wenn unsere Bitte nicht erfüllt wird" (Brief vom 2. Januar 1945).

„Wie gnädig ist der Herr mit mir gewesen! [...]: ich bin nur voll Dank, eigentlich ist für nichts anderes Platz" (Brief vom 10. Januar 1945).

„Es ist alles wieder eingependelt auf der alten Linie der Bereitschaft, gehorsam und freudig Gottes Willen zu erfüllen" (Brief vom 21. Januar 1945).

Die Erlangung der Demut gegenüber Gottes Fügung war allerdings von Hochmut bedroht, den es zu bekämpfen galt.

„Dieses Mal war es meine Hoffart, meine mangelnde Demut, die mich trieben, ..." (Brief vom 14. November 1944).

„So hoffärtig war ich, ..., dass ich sozusagen auf meine Qualen stolz war und mir sagte: ..." (Brief vom 14. November 1944).

In einigen Briefen bleiben Demut und Dankbarkeit unbestimmt, oder sie beziehen sich auf die Adressatin.

„Weißt Du, meine Hauptsünde ist die schwarze Undankbarkeit. [...] Welch´ herrliche Wochen habe ich hinter mir; was ist mir alles geschenkt worden. Und dann tue ich so, als wäre es ein Unglück, wenn es aufhörte. Ich habe ja gar keinen Anspruch auf mehr!" (Brief vom 28. Oktober 1944).

„Dankbar genieße ich jetzt jeden Tag und jede Nacht: ..." (Brief vom 5. November 1944).

„..., wie müssen wir erneut danken, danken, danken, dass uns dies Glück beschert worden ist" (Brief vom 13. November 1944).

„Wir müssen jedenfalls ungeheuer dankbar sein" (Brief vom 14. Dezember 1944).

„Das alles ist ein Wunder, und wir müssen es dankbar annehmen" (Brief vom 27. Dezember 1944).

Wenn man den Glauben sowie eine Haltung der Demut und Dankbarkeit gegenüber Gott und dem Schicksal als psychische Bewältigungsstrategien angesichts einer existentiellen Bedrohung auffasst, stellt sich die Frage nach ihrer Wirkung. Hat es funktioniert? Hat Helmuth v. Moltke im psychologischen Sinne einen Gewinn daraus ziehen können, dass er sich ganz und gar Gott anvertraut und jegliche Hoffart, „die schwarze Undankbarkeit" (S. 89), abgelegt hat? Auf der Grundlage seiner Briefe muss man dies bejahen.

In der induktiv abgeleiteten Kategorie *Wohlbefinden durch Sicherheit* kommt dies klar zum Ausdruck. Innerhalb der häufig angesprochenen Inhalte zählt sie zu den seltenen Kategorien, ist aber immerhin in einem Fünftel der Briefe des Grafen zu finden (siehe SICHER in Tabelle 3-1 des Anhangs 2).

Der Ausdruck von Geborgenheit, innerer Ruhe und Zuversicht hatte zwei Quellen. Den größten Anteil daran hatte der Glaube an Gott.

„..., heute bin ich wieder ganz warm bei Ihm und bei Dir geborgen" (Brief vom 12. Oktober 1944).

„Ich fühle mich heut wie ein Fels und weich wie köstliches Daunen. Solange der Herr mir diese Verfassung erhält, bin ich unberührbar für Herrn Schulze, Herrn Freisler und den Henker ..." (Brief vom 12. November 1944).

„... fühle ich mich im Augenblick bei unserem Vater geborgen und bitte, dass er mir dieses Gefühl erhalten möge, nicht Gefühl, diese Gewissheit" (Brief vom 9. Dezember 1944).

„Solange ich das Gefühl habe: ‚Ein Christenmensch ist ein freier Mensch und niemandem untertan' geht alles" (Brief vom 20. Dezember 1944).

„Mir, mein Herz, geht es gut, denn ich bin ganz getrost und freudig und bin mir ganz klar darüber, dass es gehen wird, wie der Herr es will" (Brief vom 2. Januar 1945).

„Wenn der Herr mich so hält wie jetzt, dann kann mir gar nichts geschehen" (Brief vom 7. Januar 1945).

„Solange ich in meiner jetzigen Verfassung bleibe, d.h. so lange Gott die unaussprechliche Gnade hat, mich immerzu wissen zu lassen, dass er sich um mich bekümmert, kann mir gar nichts, schlechthin nichts geschehen. Darum muss ich eben bitten und flehen" (Brief vom 12. Januar 1945).

„Mir geht es gut, mein Herz. Ich bin nicht unruhig oder friedlos. Nein, kein Bisschen. Ich bin ganz bereit und entschlossen, mich Gottes Führung nicht nur gezwungen, sondern willig und freudig anzuvertrauen und zu wissen, dass er unser, auch Dein, meines Liebsten, Bestes will" (Brief vom 23. Januar 1945).

Daneben waren es aber auch die Begegnungen mit seiner Ehefrau oder auch nur der Gedanke an sie, die dem Grafen Wohlbefinden und eine beinahe heitere Gelassenheit vermittelten. Dies hat mit der Beziehung zwischen den Eheleuten zu tun; man kann es als den Effekt sozialer Unterstützung ansehen.

„Mein Lieber, wie warm bin ich bei Dir aufgehoben und bleibe es auch" (Brief vom 31. Oktober 1944).

„Mein liebes Herz, heute war ich wieder sehr glücklich und gewärmt durch Deine Anwesenheit in diesem Hause. Das war sehr schön" (Brief vom 1. November 1944).

„Mein Herz, welch eine herrliche halbe Stunde haben wir genossen. Ich fühle mich wieder ein Stück reicher, sicherer, glücklicher" (Brief vom 13. November 1944).

„..., dass die Dankbarkeit dafür und das Glück Deines Bildes mir die Ruhe mehrfach gebracht hat, die meine ‚weisesten' Gedanken nicht bringen konnten" (Brief vom 14. November 1944).

„..., alles, was Du schreibst, ist so lieb und stärkend und schafft mir so das Gefühl des Geborgenseins" (Brief vom 28. November 1944).

Angesichts der objektiv hoffnungslosen Lage des Grafen Moltke ist dieses Bild fast zu schön, um glaubhaft zu sein. Man darf annehmen, dass es den beruhigenden Effekt des Glaubens einerseits und der Unterstützung durch seine Ehefrau andererseits tatsächlich gab, dass der Graf ihn aber stärker darstellte, um die Gräfin zu beruhigen und zugleich zu bestärken, in ihren unterstützenden Bemühungen fortzufahren. Denn es gibt auch Hinweise darauf, dass mal „im Untergrund", mal an der „Oberfläche" Besorgnis und Unsicherheit herrschten.

„Ich fühle mich ganz getrost, aber jetzt merke ich im Untergrund eine gewisse Unruhe bei allen Nachrichten über Verschiebung, Abholung, u.s.w. Aber das ist wohl mehr eine Reflex-Nervosität. Ich bin so ruhig wie vor Weihnachten, nur viel zuversichtlicher" (Brief vom 5. Januar 1945).

„Meine Seele ist im tiefsten Grunde sehr wohl geborgen, nur die Oberfläche zittert von Zeit zu Zeit; [...]" (Brief vom 18. Januar 1945).

Das ist die *psychologische Ausgangslage des Grafen Moltke*: Als ein Mann, der von Sterbegewissheit erfüllt war und sich daher genötigt sah, von seinem Leben Abschied zu nehmen, war er hin und her gerissen zwischen der Bindung an eben dieses Leben und der Loslösung von ihm; angesichts seiner existentiellen Bedrohung verschaffte ihm einerseits sein Glaube und andererseits die Beziehung zu seiner Ehefrau eine gewisse Sicherheit. Vor diesem Hintergrund sind die übrigen hervorstechenden Inhalte seiner Briefe zu sehen.

Zunächst fällt ein Bündel von Merkmalen ins Auge, das sich unter der Bezeichnung *Aktive Problemlösung* zusammenfassen lässt. Es besteht aus den Inhaltskategorien *Lagebeurteilung* (LAGE; 32,1 %), *Lösungsversuche durch Planen und Kontrollhandlungen* (LÖSG; 33,9 %), *Rettungsmaßnahmen* (RETTG; 33,0 %) und *Erteilen von Anweisungen* (ANWEI; 43,8 %). Bei dieser Merkmalskonfiguration handelt es sich um den Versuch, die drohende Gefahr abzuwenden - zunächst durch eine Analyse der Lage, dann durch die Planung geeigneter Maßnahmen und schließlich durch deren Ausführung. Letzteres kann wegen der Inhaftierung nur durch schriftliche Anweisungen mittels Kassiber erfolgen.

In etwa einem Drittel der Briefe des Grafen Moltke finden sich Einschätzungen des Prozessverlaufs, der Chancen für einen günstigen Ausgang sowohl unter formal-juristischem als auch unter politischem Aspekt, aber auch Beurteilungen der militärischen Gesamtlage. Auch der Inhalt der Anklageschrift ist Gegenstand der *Lagebeurteilung.*

„Schwierig ist die Häufung der drei Fälle, ...[...] Diese Beurteilung macht den Fall also eigentlich hoffnungslos, ..." (Brief vom 30. September 1944).

„Zeitlich rechne ich so: ..." (Brief vom 30. September 1944).

„So war der Gesamttenor der Unterhaltung auf baldige Tötung abgestellt, wie ja selbstverständlich war" (Brief vom 19. Oktober 1944).

„Nun, das muss ich abwarten, es ist eben ein unfaires Spiel, aber das habe ich ja immer gewusst: [...]" (Brief vom 9. November 1944).

„Die Kriegslage ist mal wieder labil und kann uns mindestens als Argument helfen, je später wir drankommen" (Brief vom 28. November 1944).

„..., die Anklageschrift ist ein Wunder, denn der Angriff liegt vollkommen falsch. [...]; eigentlich ist bei mir auch die Möglichkeit des Hochverrats bereits aufgegeben und es bleibt nur Defaitismus" (Brief vom 5. Dezember 1944).

„..., er hielte den Fall für sehr schlecht. [...] Daher rechnet er mit Todesurteil" (Brief vom 9. Dezember 1944).

„..., eben höre ich, dass wir heute in einer Woche Termin haben sollen" (Brief vom 12. Dezember 1944).

„Wenn man mich heute fragte, wie ich den Prozess beurteile, so würde ich ohne Einschränkung sagen: Todesurteil. Nicht wahr, dabei müssen wir bleiben" (Brief vom 30. Dezember 1944).

Lösungsversuche durch Planen und Kontrollhandlungen überschneiden sich in hohem Maße mit *Rettungsmaßnahmen*; die erstere Kategorie wurde deduktiv aus der Fachliteratur entnommen, letztere wurde induktiv aus dem Analysematerial abgeleitet. Es handelt sich um Ideen und Pläne des Grafen Moltke zu seiner Rettung, die oft in konkrete Handlungsanweisungen an seine Ehefrau mündeten. Dies betraf die Gestaltung der Verteidigungsschrift, die Wahl des Verteidigers, die Verteidigungsstrategie, Instruktionen für den Verteidiger, die Formulierung des Gnadengesuchs, die Kontaktaufnahme mit Personen, von denen man sich einen günstigen Einfluss auf das Urteil versprach (z.B. den Reichsführer SS H. Himmler) und allgemein das Einholen von Informationen.

„Jetzt wäre es mir am wichtigsten, meine eigene Verteidigungslinie klar zu bekommen" (Brief vom 8. Oktober 1944).

„Der Kampf ging um die Gnadensache. [...] Ich will das auseinandersetzen, weil wir versuchen müssen, es zu reparieren" (Brief vom 14. November 1944).

[als über SS, Ersatzheer oder OKW zu streuende Idee] „...: Wenn ihr den Mann schon nicht zu Zuchthaus begnadigen wollt, dann begnadigt ihn doch zu einem Himmelfahrtskommando, ..." (Brief vom 10. Dezember 1944).

„Deswegen ist aber Zeit wichtig und jeder Tag, den wir gewinnen, kostbar. Deswegen müssen wir wenigstens einen Versuch machen, aus meinem Ischias Kapital zu schlagen" (Brief vom 30. Dezember 1944).

„..., gibt es ein Todesurteil, dann muss aber sofort etwas geschehen, vor allem muss dann aus [dem Verteidiger] Hercher herausgequetscht werden, was für Gnadenchancen die Verhandlung geboten haben mag" (Brief vom 7. Januar 1945).

„Das Aufheben ohne Begnadigen lässt sich begründen mit dem Hinweis auf eine nach dem Siege doch zu erwartende Amnestie, und dann könnte sich ja ergeben, dass man solche Leute doch noch brauchen kann" (Brief vom 21. Januar 1945).

Die Planung und Durchführung von Rettungsmaßnahmen erstreckte sich auf den gesamten Zeitraum der Inhaftierung, d.h. sie hielt auch nach dem Todesurteil und bis wenige Tage vor seiner Vollstreckung an.

Das Erteilen von *Anweisungen* ist die logische Fortsetzung der Planung von Rettungsmaßnahmen. Im Rahmen seiner eingeschränkten Handlungsmöglichkeiten war dies die einzige Form der aktiven Problemlösung für den Grafen Moltke, und er machte intensiv Gebrauch davon. Nach ALLTAG ist die Inhaltskategorie ANWEI die häufigste Kategorie in den Briefen des Grafen.

Es lassen sich zwei Arten von Anweisungen unterscheiden. Zum einen gibt er seiner Ehefrau Instruktionen, die seine Verteidigung, das Gnadengesuch und die Beeinflussung vermeintlich nützlicher Persönlichkeiten in der Justiz und der Spitze des Staates betreffen.

„Du musst vor allem deswegen gut über die Sache nachdenken, damit Du merkst, wenn Fehler gemacht werden. [...] Du solltest Dir die verschiedenen Anregungen immer rausschreiben, damit Du sie auf einem Zettel zusammen hast" (Brief vom 4. November 1944).

„Haltet Pfuel da draußen: der ist dumm und geschwätzig und zerstört alles, was er anfasst" (Brief vom 9. November 1944).

„Mach morgen ein ganz neues Gesuch mit Dix und besprich mit ihm genau, wie es vorgelegt werden soll. ..." (Brief vom 14. November 1944).

„Mach doch mit Dix für nächste Woche einen Termin aus; ..." (Brief vom 29. November 1944).

Eine zweite Art von Instruktionen bezieht sich auf die Situation der Gräfin als Ehefrau eines vom Tod bedrohten Hochverräters, als Mutter der gemeinsamen Söhne und als Verantwortliche für das Gut Kreisau mit den dort lebenden Menschen. Diese Anweisungen enthielten konkrete Maßnahmen, z.B. bezüglich der Bewirtschaftung des Gutes, im übrigen aber bestanden sie aus allgemeinen Hinweisen und Ermunterungen auch für die Zeit nach seinem Tod.

„Lass Dir nur von allen Menschen in allen Dingen helfen und sei nicht zurückhaltend" (Brief vom 30. September 1944).

„Bewahre Dich ganz und unzerbrochen, auch wenn ich nicht mehr da bin. [...] Freue Dich an Deinen Söhnchen, bewahre sie und sei ihnen und anderen ein Segen" (Brief vom 6. Oktober 1944).

„Lass solchen Gedanken keinen Raum, sie sind falsch und können Dich schrecklich belasten. [...] Lass Dich keinesfalls quälen, und wenn es Dich quält, dann lass Dir sofort von Poelchau helfen" (Brief vom 14. Oktober 1944).

„Bleib still zu Hause oder bei Poelchau's; [...] Lass Dich nicht zerstreuen an jenem Tag [der Verhandlung] und sause nicht in der Weltgeschichte herum, ..." (Brief vom 19. November 1944).

„Richte Dich jedenfalls so ein, dass kein Unglück geschieht, wenn Du verhaftet werden solltest" (Brief vom 16. Dezember 1944).

Ein weiteres Bündel von Merkmalen, die inhaltlich in einer Beziehung zueinander stehen und in den Briefen Helmuth v. Moltkes einen vergleichsweise großen Raum einnehmen, kann man mit *Verantwortung für den Partner* überschreiben. Es besteht aus den induktiv gewonnenen Inhaltskategorien *Partnerbeziehung* (BEZIE; 36,6 %) und *Fürsorge* (SORGE; 34,8 %). Von der Sache her gehört auch Trösten (TROST; 12,5 %) hierher, wenngleich dieses Merkmal nicht zu den stärker ausgeprägten Inhalten gehört.

Die Bindung Helmuth von Moltkes an seine Ehefrau Freya war außerordentlich eng und sicher. Der alles umfassende Rahmen war eine starke seelisch-geistige Übereinstimmung, „ein [einziger] Schöpfungsgedanke", der das Paar als Einheit fasste. Die Allegorie des Tragens, der zufolge er sie in sich tragen werde auf seinem letzten Gang und noch darüber hinaus, veranschaulicht dies. Fast noch eindrucksvoller in diesem Sinne ist der Traum des Grafen von den Siamesischen Zwillingen:

„Ich kam zur Hinrichtung nach Plötzensee, und da sagte der Henker: ‚Wie soll ich denn den linken alleine hinrichten, ohne den rechten, das geht ja nicht.' Und als man mich ansah, da warst Du an meiner rechten Seite angewachsen, wie die Siamesischen Zwillinge, sodass eine Hinrichtung unmöglich war. Es war sehr lieb und ich wurde ganz wach" (Brief vom 26. Oktober 1944).

Konkrete Ausformungen dieser äußerst engen und sicheren Bindung sind Vertrauen sowie das Gefühl der Nähe und Zusammengehörigkeit. Hinzu kommen ferner eine hohe Wertschätzung und Dankbarkeit dafür, dass es diese Frau überhaupt gibt und dass er in einer solchen Verbindung mit ihr leben kann. Man beachte die Wir-Form in einigen dieser Briefe.

„Mit Dir, mein Herz, bin ich sehr viel fester, tiefer und dauerhafter verbunden, als ich es je geträumt habe" (Brief vom 1. Oktober 1944).

„..., dass die letzten Monate, [...], eigentlich die Zeit innigster Zusammengehörigkeit gewesen ist. [...] Jedenfalls ist das ein merkwürdiges und sehr befriedigendes Ergebnis dieses Unglücks" (Brief vom 6. Oktober 1944).

„..., für wie vieles ich Dir zu Dank verpflichtet bin, wie vieles Du getan und getragen hast, ohne es zu wissen" (Brief vom 17. Oktober 1944).

„Mein Herz, das hast Du uns errungen mit viel Mühe und Sorgen und ohne irgendeine Unterstützung durch Deinen Wirt" (Brief vom 1. November 1944).

„..., aber wir sind heute mehr verheiratet als je in den vergangenen 13 Jahren, und so kann ich Dir meine Schmerzen nicht ersparen" (Brief vom 15. November 1944).

„Es kommt mir manchmal vor, als seiest Du mein Herz, das ganz groß und ruhig weiterschlägt, was immer geschieht, [...]" (Brief vom 26. November 1944).

„Und derweil arbeitet mein armes Herz unentwegt für seinen Wirt, immerzu, immerzu, mit der Gewissheit, dass es nichts nutzt, und dem Gefühl, dass man trotzdem alles tun muss" (Brief vom 7. Dezember 1944).

„Mein Herz, über unsere letzten Briefpaare muss ich wahrlich lachen, denn wir haben uns immer ganz genau das Gleiche geschrieben. [...] Da sieht man, wie einig wir sind" (Brief vom 3. Januar 1945).

„Wir haben eben nur ein Herz und einen Blutkreislauf und sind eben ein Schöpfungsgedanke. Das zeigt er uns aufs Freundlichste immer wieder in neuen Zeichen" (Brief vom 4. Januar 1945).

„Nur wir zusammen sind ein Mensch. Wir sind, [...], ein Schöpfungsgedanke" (Brief vom 11. Januar 1945).

„Mein Lieber, wir gehören so eng, so vollkommen zueinander, das ich mir gar nicht vorstellen kann, dass Du mich nicht immer in Dir finden wirst, wie ich auch sicher bin, Dich mitzunehmen, wenn ich abberufen werde" (Brief vom 17. Januar 1945).

Unter den besonderen Lebensumständen, in denen sich das Ehepaar von Moltke seit der Inhaftierung des Grafen im Gefängnis Tegel befindet, stellt die ausgeprägte *Fürsorge für den Partner* eine situationsspezifische Variante der Partnerbeziehung dar. In seinen Briefen äußert er Anteilnahme an ihrem alltäglichen Befinden (z.B. Erkältung, Monatsblutung), mehr noch aber Empathie für die große Belastung, der die Gräfin ausgesetzt ist.

„..., denn solche Unternehmungen wie die, mit denen Du Dich beschäftigst, sind strapaziös und für die Seele manchmal recht unangenehm" (Brief vom 12. November 1944).

„..., wie anstrengend das alles für Dich, mein Armer, ist. Das geht nun schon 2½ Monate so, und ich denke mit Schrecken daran, wie es Dir gehen mag, wenn nun das Wahrscheinliche eintritt und ich umgebracht werde" (Brief vom 16. Dezember 1944).

„... und kann mich Deiner Trauer liebevoller widmen, als es in den letzten Briefen war, [...] Ja, mein Herz, es ist traurig, dass ich umgebracht werde, und zwar viel, viel trauriger für Dich als für mich" (Brief vom 13. Januar 1945).

„Es ist eben alles für Dich viel schlimmer als für mich. Lass es Dich nur nicht anfechten" (Brief vom 16. Januar 1945).

Mit Aufmunterungen und dem Ausdruck von Zuversicht, auch unter Bezugnahme auf Glaubensinhalte, kümmerte er sich um sie.

„Mein Herz, binde das Seil, an dem Du über den Strom steuerst, an die Pflöcke ‚Dank' hinter Dir und ‚Glaube' vor Dir, so wirst Du schon irgendwie über den Strom kommen" (Brief vom 13. November 1944).

„Welch´ ein Jahr für meinen Pim, und wie gut hat er es überstanden. Der Herr erhalte Dich in seiner Gnade, damit Du alles, was noch kommt, auch in dem Gefühl überstehst, dass Du in seinem Schoße liegst" (Brief vom 19. November 1944).

„Ich kann Dir nur eins sagen: Wenn Du das Gefühl absoluter Geborgenheit erhältst, wenn der Herr es Dir schenkt, was Du ohne diese Zeit und ihren Abschluss nicht hättest, so hinterlasse ich Dir einen nicht konfiszierbaren Schatz, demgegenüber selbst mein Leben nicht wiegt" (Brief vom 10. Januar 1945).

„Meine zweite Hauptsorge ist aber mein Pim. [...] Jetzt muss ich mich bemühen, meinem Pim Stärke zu spenden, so gut ich das kann; ...[...] Pfleg´ Dich nur" (Brief vom 18. Januar 1945).

Der Sorge um ihr Befinden im Falle seiner Tötung noch vor Weihnachten stand die allgemeine Versicherung gegenüber, sich keine Sorgen um sie zu machen.

„Ich denke viel darüber nach, wie es Dir und den Söhnchen nach meinem Tode gehen wird. Wie Ihr leben werdet. Eigentlich mache ich mir gar keine Sorgen darüber" (Brief vom 7. Dezember 1944).

„..., ich bin riesig besorgt um Dein Weihnachten, aber ich kann´s nicht ändern" (Brief vom 11. Dezember 1944).

Wiederholt brachte der Graf sein Vertrauen in ihre Kompetenz zur Bewältigung der gegenwärtigen Lage und der absehbaren Zukunft zum Ausdruck.

„Die materiellen Konsequenzen haben wir eingehend erörtert. Du wirst Dich da schon irgendwie durchwinden, und setzt sich ein anderer nach Kreisau, so wirst Du das auch meistern. Lass Dich nur von nichts anfechten" (Brief vom 11. Januar 1945).

Indem er ihre Hoffnung auf seine Rettung dämpfte, wollte er einem umso stärkeren Zusammenbruch nach seiner Hinrichtung vorbeugen. Ratschläge zur Handhabung lebenspraktischer Fragen wie die der Flucht nach Westen, das Gut Kreisau oder die Kinder betreffend gehören ebenso hierher wie Hinweise für die Zeit ihres Trauerns, die sich mit der Inhaltskategorie *Anweisungen* überschneiden. Ferner versuchte er, Gewissensbisse bei seiner Ehefrau vorzubeugen. Nicht zuletzt zeigt sich die Fürsorglichkeit des Grafen darin, dass er seiner Ehefrau freie Hand für ihre spätere Lebensführung einschließlich aller Entscheidungen bezüglich des Gutes Kreisau einräumte („Die tote Hand darf nicht regieren").

„..., so befasst sich mein Kopf doch immer mit Deinem künftigen Leben. [...] Du musst aber diesen Tiefpunkt durchwandern und den Schmerz ertragen" (Brief vom 10. Oktober 1944).

„Pfleg´ Dich, mein Herz, diese merkwürdigen Zeiten können jeden Augenblick große Anforderungen an Dich stellen" (Brief vom 4. November 1944).

„Mach´ Dir nur keine Hoffnungen, mein Herz" (Brief vom 7. Dezember 1944).

„Solltest Du etwa diesen Brief nach meinem Tod bekommen und nicht in Berlin sein, so denke nicht, ich sei darüber traurig gewesen, dass Du nicht hier bist. Darüber sind wir doch beide durch die Lehre der letzten 3½ Monate erhaben geworden" (Brief vom 23. Januar 1945).

Spielten bei der Fürsorge für seine Ehefrau Beruhigungen, die Versicherung des Zutrauens in ihre Fähigkeit zur Daseinsbewältigung und konkrete Ratschläge eine Rolle, so standen beim *Trösten* Mitgefühl und Anteilnahme in Verbindung mit Aufmunterung im Vordergrund. Helmuth von Moltke versuchte, seiner Ehefrau eine Zukunftsperspektive zu eröffnen.

„..., welch ein reiches Leben liegt hinter uns, welch ein reiches Leben vor Dir" (Brief vom 12. Oktober 1944).

„Wenn ich denn sterben muss, so hoffe ich, dass ich Dir durch diese 9 Monate neu geboren werde und nun bei Dir bleiben kann als Dein ausschließliches - auf Erden - Besitztum, an das kein anderer Mensch Ansprüche stellt" (Brief vom 17. Oktober 1944).

„Lass Dich nur von allem nicht anfechten. Wenn Du bewusst Deinen Wirt drangegeben hast, dann solltest Du gegen alles andere eigentlich gefeit sein, scheint mir" (Brief vom 3. Januar 1945).

„Es gibt für Dich keinen irdischen Trost für meinen Tod. Das, was man da sagen kann, hält alles im Ernste nicht stand und kommt letzten Endes darauf hinaus: Es vergisst sich. Und das gerade soll es nicht, denn es soll ja Frucht tragen" (Brief vom 13. Januar 1945).

„Getrost und freudig ist das Motto für diese Aufgaben; freudig auch dann, wenn ich gehenkt werde" (Brief vom 15. Januar 1945).

„Mein Lieber, um mich brauchst Du Dir wahrlich keine Sorgen zu machen. Ich glaube, dass ich jetzt so sterbefertig bin, [...]" (Brief vom 17. Januar 1945).

Zusammengenommen bilden *Fürsorge* und *Trösten* mit einer Auftretenshäufigkeit von 47,3 % die häufigste Inhaltskategorie – sieht man einmal von alltäglichen Belangen (58,0 %) ab. Der Ausdruck von Fürsorglichkeit nimmt somit weit größeren Raum in den Abschiedsbriefen des Grafen Moltke ein als seine Sterbegewissheit, sein Glaube und sein Interesse an Rettungsmaßnahmen.

3.1.2 Seltene und fehlende Inhalte

Das Bild des Grafen Moltke als Sterbender ohne körperliche Erkrankung wird erst vollständig, wenn den dominierenden Inhalten seines Denkens und Fühlens jene Inhalte gegenübergestellt werden, die in seinen Briefen *nicht* vorkommen. Dabei handelt es sich zum einen um Merkmale, die aufgrund der einschlägigen Fachliteratur oder des gesunden Menschenverstandes zu erwarten sind. Zum anderen geht es um Merkmale, die sich aus einer Auswahl der Briefe beider Partner ergaben und somit einen Vergleich der Eheleute ermöglichen. Als Kriterium für „selten" wurde eine Auftretenshäufigkeit von weniger als 5 % festgelegt.

Mit seiner Überstellung in das Gefängnis Tegel begann für Helmuth v. Moltke eine Zeit andauernder Bedrohung seines Lebens. Die Verhandlung vor dem VGH konnte kurzfristig anberaumt werden, ein Todesurteil war sehr wahrscheinlich, und die Vollstreckung erfolgte üblicherweise gleich im Anschluss. Es handelt sich offensichtlich um eine Situation starker psychischer Belastung (Stress), und es ist naheliegend, dass der Graf darauf mit Bewältigungsstrategien reagierte, wie sie aus der psychologischen Forschung zu Stress und Stressbewältigung (Coping) bekannt sind. Tatsächlich gibt es so gut wie keine *dysfunktionalen bzw. unzweckmäßigen Bewältigungsstrategien* in den Briefen des Grafen. Der Rückschritt in ein kindliches Entwicklungsstadium (Regression), etwa in Form magischen Denkens und des Glaubens an Wunder, Rationalisierung bzw. Intellektualisierung, Selbsttäuschung und das Unterdrücken bedrohlicher Gedanken - all dies kommt in seinen Briefen gar nicht oder in einer Häufigkeit von weniger als einem Prozent vor (siehe Tabelle 3-1 in Anhang 2). Aus der Sicht des distanzierten Betrachters, der nicht nur das Ende der Geschichte des Ehepaares von Moltke kennt, sondern auch den historischen Kontext aus zeitlichem Abstand sieht, mögen einzelne Überlegungen zur Verteidigungsstrategie als Intellektualisierung, andere Details der Lagebeurteilung wie Selbsttäuschung erscheinen. Bei Berücksichtigung der Situation, in der sich Graf Moltke befand, dürfte dies aber innerhalb einer Bandbreite liegen, die noch nicht als unzweckmäßige bzw. hinderliche Stressbewältigung anzusehen ist.

Im Unterschied dazu lassen sich funktionale bzw. zweckmäßige Reaktionsformen der Belastungsbewältigung nachweisen, wenngleich mit einem geringen Anteil. *Ablenkung* und Humor kommen in den Briefen mit einer Häufigkeit um die 5 Prozent vor (siehe ABLENK und HUMOR in Tabelle 3-1 des Anhangs 2). Beispiele für erstere sind:

> „..., in den beiden Büchern lesen [...]" (Brief vom 21. November 1944).

> „..., abwechselnd Advents- und Weihnachtslieder gelesen, gesungen oder gepfiffen und nur die Kerze angeschaut [...]" (Brief vom 17. Dezember 1944).

Darüber hinaus kann man aber auch die intensive Beschäftigung des Grafen Moltke mit der Bibel und entsprechende Gespräche mit Pfarrer Poelchau als mehr oder weniger absichtsvoll eingesetzte Ablenkung von der ständigen Bedrohung des eigenen Lebens ansehen.

Die positive Wirkung von *Humor* in Situationen starker psychischer Anspannung besteht darin, eine innere Distanz zu der Bedrohung oder der bereits eingetretenen Schädigung zu schaffen. Wer die Situation mit Humor betrachtet, steht über dem (drohenden) Unheil, er vermag es sich gewissermaßen auf Abstand zu halten, und dies macht die Situation erträglicher. Eine – vermutlich erfundene – Anekdote aus der Zeit der Französischen Revolution illustriert dies. Zwei Adelige stehen in der Schlange vor der Guillotine. In wenigen Minuten werden ihre Köpfe in den Korb fallen. Da wendet sich der vordere der beiden um und fragt auf den Scharfrichter deutend: „Was gibt man so einem Mann?" Hier wird ein völlig anderer, unter den obwaltenden Umständen grotesk anmutender und zugleich überraschender Bezugsrahmen eingeführt, nämlich derjenige der Frage des Trinkgeldes für eine Dienstleistung. Der tatsächlich hilflose Todeskandidat, für den Fragen der Etikette objektiv belanglos geworden sind, inszeniert sich selbst als derjenige, der durch die Bezugnahme auf die gewohnte Verhaltensweise Überlegenheit erlangt.

In den Briefen Helmuth v. Moltkes an seine Ehefrau kommen *Humor* und Selbstironie vor, jedoch in geringer Häufigkeit.

„Und wieviel Honig hast Du dies Jahr im Ganzen geerntet. Gab man den Toten früher eine Wegzehrung von Honig mit, so kann ich mich ja mit der Kenntnis Deiner Ernte begnügen [...]" (Brief vom 24. Oktober 1944).

„... ja wahrlich ein Brief für Herrn Freisler" (Brief vom 31. Dezember 1944).

Unter dem 3. Januar 1945 nimmt der Graf Bezug auf die Trauformel „bis dass der Tod uns scheide". Der eindrucksvollste Ausweis von Humor aber ist „[d]as Wettrennen zwischen dem Schwein und mir" (S. 240). Die Gräfin hatte berichtet, dass in Kreisau ein Schwein zur Schlachtung anstehe, es aus bestimmten Gründen aber noch nicht dazu gekommen sei. Der Graf setzte dies in Beziehung zu seiner eigenen Lage und fasste es als Wettrennen, bei dem sich herausstellen werde, wer zuerst sein Leben verliere. Man beachte die makabere Pointe, dass der Sieger des Wettrennens derjenige Teilnehmer ist, der als erster stirbt. Hier handelt es sich im wahrsten Sinne des Wortes um Galgenhumor.

Zu den generell zweckmäßigen Strategien der Stressbewältigung zählt auch *soziale Unterstützung*. Nun sind die Möglichkeiten zum Austausch mit Bezugspersonen und Schicksalsgenossen unter den Bedingungen der Haft naturgemäß stark eingeschränkt. Kurze Wortwechsel mit anderen Häftlingen dürften beim Hofgang möglich gewesen sein. Was blieb, war der heimliche Briefwechsel unter Lebensgefahr für die Gräfin und Pfarrer Poelchau, den Überbringer der Kassiber. Helmuth v. Moltke hat also soziale Unterstützung durch seine wichtigste Bezugsperson gesucht und erhalten. Wie die Briefe der Gräfin zeigen (siehe Abschnitt 3.2), hat objektiv intensive soziale Unterstützung sowohl in ihrer instrumentellen Dimension (Kassiber, Nahrungsmittel, Kleidung, Ausführen von Anweisungen) als auch in emotionaler Hinsicht (Trösten und Bestärkung im Glauben durch die Ehefrau und Poelchau) stattgefunden. Im Erleben des Grafen kommt dies allerdings nur wenig zum Ausdruck. Mit 4,5 % Auftretenshäufigkeit zählt soziale Unterstützung zu den seltenen Inhaltskategorien (SOZUNT, siehe Tabelle 3-1 in Anhang 2).

„[...] Dein Brief war eine Stärkung und Erquickung sondergleichen" (Brief vom 1. Oktober 1944).

„Welch ein Segen für uns Poelchau ist. [...] Du weißt hoffentlich, dass er mir ständig etwas Nachschub bringt, und wirst es ihm ersetzen. [...] Glücklich war ich auch über Mantel und Wäsche, aber noch viel mehr über das Gefühl, dass Du mit mir unter einem Dach nur 100 m entfernt seist" (Brief vom 6. Oktober 1944).

„Poelchau hat mir dieses gesagt: Kein subjektives Mittel kann helfen. Wir müssen wissen, und wenn es nur mit dem Verstand ist, dass wir objektiv durch die Taufe Gottes Kinder geworden sind, dass objektiv Christus für uns gestorben ist und dass das so ist, auch wenn wir es nicht fühlen, wenn uns die subjektive Gegenwart dieser Erkenntnis abgeht, ja wenn wir sie leugnen" (Brief vom 14. November 1944).

„Mein Lieber, mir ist vor allem wichtig, dass an dem oder den Verhandlungstagen Du und Ulla und alle, die es können und wollen, für mich bitten. Ich möchte, wie immer es ausgeht, das Gefühl haben, während dieser Stunden fest umgeben zu sein; das ist mir ganz unglaublich wichtig, denn es hängt so unendlich viel davon ab, dass ich nicht schwach werde, und zwar nicht nur für mich" (Brief vom 14. Dezember 1944).

Zu jenen Merkmalen, die man als unbefangener Betrachter in den Abschiedsbriefen eines Todeskandidaten erwarten würde, zählt der Ausdruck von *Gedanken und Gefühlen speziell mit Blick auf das bevorstehende Ende des eigenen Lebens*. Indirekt wird diese Erwartung durch das Schwanken zwischen einem Festhalten am eigenen Leben und dem Loslassen des eigenen Lebens, das in Abschnitt 3.1.1 dargestellt wird, bestätigt. Wenngleich Helmuth v. Moltke dies nicht ausdrücklich so benennt, dürfte dieses Hin und Her von heftigen Gefühlsschwankungen begleitet gewesen sein; der Graf spricht einerseits von innerer Ruhe und andererseits von der „Hölle".

Abgesehen davon kommen Gedanken und Gefühle, die sich auf seinen absehbaren baldigen Tod beziehen, sich in ihrer Qualität jedoch deutlich von Sterbegewissheit unterscheiden, in den Briefen des Grafen Moltke erstaunlich wenig vor. Immerhin äußert er in unbestimmter Form Müdigkeit, Schwäche, Zweifel am Glauben und auch Angst in einer Häufigkeit, die im mittleren Bereich zwischen selten und häufig liegt (siehe SCHWÄ in Tabelle 3-1 des Anhangs 2).

„[...], gestern hatte ich einen Tag schwerer Anfechtungen" (Brief vom 12. Oktober 1944).

„Mein Lieber, heute Nacht habe ich furchtbar mit dem Satan gerungen, [...]" (Brief vom 14. November 1944).

„Eins habe ich gelernt: Die Hölle ist tiefer, als man glaubt, und wenn ich heute wieder daraus hervorkommen sollte, dann kann der nächste Sturz vielleicht noch tiefer werden. [...] Diese Stunden sind so, dass ich mich nach dem Henker sehne, [...]" (Brief vom 14. November 1944).

„[...], und da kam eine kleine Angstpanik über das Gnadengesuch" (Brief vom 15. November 1944).

„Ich habe ja doch Angst vor dem Termin. Das kann ich gar nicht leugnen. Immer wenn ich Nachrichten bekomme, dass es nun jeden Tag kommen kann, dann schrecke ich ein wenig auf" (Brief vom 5. Dezember 1944).

„Mein Herz, bleierne Müdigkeit hat mich jetzt um ¼4 überfallen, [...] Das ständige Hoch drei Tage lang [während der Verhandlung] hat mich eben erschöpft, [...]" (Brief vom 12. Januar 1945).

„Heute früh war ich ganz zufrieden, aber nach Tisch kam eine graue Welle, [...]" (Brief vom 17. Januar 1945).

Der Graf drückte sich meist bildhaft aus, und wenn er die Gefühle beim Namen nannte, verwendete er Abschwächungen bzw. Verniedlichungen („kleine Angstpanik"; „schrecke ich ein wenig auf"). Man darf vermuten, dass dies mit Rücksicht auf die Adressatin seiner Briefe geschah; er wollte seine Ehefrau nicht über Gebühr beunruhigen. Die metaphorische Ausdrucksweise lässt aber zwischen den Zeilen erkennen, wie stark er unter seinem Schicksal litt.

Ähnlich verhält es sich mit der *Angst vor dem eigenen Tod*, die in einer mittleren Häufigkeit in den Briefen des Grafen Moltke genannt wird und damit weit hinter den dominierenden Inhalten zurückbleibt (siehe AnET in Tabelle 3-1 des Anhangs 2). Genau genommen handelt es sich um die Angst vor dem Verlust des eigenen Lebens, das wiederum im wesentlichen seine Ehefrau und seine Söhne umfasst.

Die Äußerungen über seine Angst vor dem Tod sind uneinheitlich. In einigen Briefen wird sie ausdrücklich verneint.

„Ich habe keine Furcht vor dem Tod [...]" (Brief vom 1. Oktober 1944).

„Ich hatte mir immer eingebildet, man fühle das nur als Schreck, dass man sich sagt: Nun geht die Sonne das letzte Mal für Dich unter, nun geht die Uhr nur noch 2 Mal bis 12, nun gehst Du das letzte Mal zu Bett. Von all dem ist keine Rede" (Brief vom 10. Januar 1945).

„Nein, ich beschäftige mich garnicht mit dem lieben Gott oder mit meinem Tod" (Brief vom 11. Januar 1945).

„Ich bin, so glaube ich, über jene Stadien, in denen ich plötzlich eine Panik bekomme, längst hinaus und hoffe, dass der Herr mich nicht wieder da hinein stoßen wird" (Brief vom 13. Januar 1945).

„Als ich nach der Urteilsverkündung den Saal verließ, dachte ich ja, es ginge nach Plötzensee, und war ganz heiter darüber und unbeschwert. Im Augenblick, so glaube ich, ist es so, dass es mir ganz gleichgültig - [...] - sein würde, wenn die Tür aufginge und ich abgeholt würde" (Brief vom 14. Januar 1945).

„Vor dem Gang nach Plötzensee scheue ich mich nicht; die größere Gefahr ist der Zeitablauf bis zu einer Entscheidung" (Brief vom 15. Januar 1945).

In anderen Briefen gibt es deutliche Äußerungen von Angst vor dem eigenen Tod.

[rückblickend] „Dann lässt er mich in unerhörter Tiefe den Abschiedsschmerz und die Todesfurcht und die Höllenangst erleben" (Brief vom 11. Januar 1945).

„..., wenn mir der Gang nach Plötzensee nun noch von der animalischen Angst befreit würde oder wenn ich überhaupt am Leben bliebe" (Brief vom 12. Januar 1945).

Zwei Tage vor seiner Hinrichtung schilderte Graf Moltke „eine große Spannung", ohne dies weiter auszuführen.

„Auch meine Nerven sind ganz friedlich. Leider beobachte ich mich selbst ständig, um zu sehen, ob mich bestimmte Dinge nervös machen, und das ist schlecht. Ich vermag es aber nicht abzustellen. Es ist eben doch eine große Spannung, wenn man jede Minute von 8 Uhr früh bis 6 Uhr abends zur Hinrichtung abgeholt werden kann, und solange man es so gut hat wie ich, muss man noch zufrieden sein" (Brief vom 21. Januar 1945).

Die Angst vor dem eigenen Tod ist etwas anderes als die *Angst vor dem eigenen Sterben*. Bei einem unheilbar Kranken ist dies der Gedanke an die letzte Phase des Sterbeprozesses, vielleicht auch an den oben erwähnten „Sprung". Im Falle des Grafen Moltke ist es die Angst vor dem Ablauf der gewaltsamen Tötung durch Erhängen. Es ist bemerkenswert, dass dieser besondere Aspekt in den Briefen des Grafen kaum angesprochen wird; mit 2,7 % gehört er zu den seltenen Inhalten, obgleich er doch zu den größten Befürchtungen Anlass geben sollte. In den Briefen kommt dies folgendermaßen zum Ausdruck:

„..., und ich habe animalische Angst vor dem Sterben, [...]" (Brief vom 1. Oktober 1944).

„Plötzlich war ich dann ganz allein mit meiner Angst, ich werde gehenkt werden - [...]" (Brief vom 14. November 1944).

„Wenn er [Gott] mir nur noch die kreatürliche Angst vorm Sterben nähme, [...]" (Brief vom 12. Dezember 1944).

Diese Äußerungen sind unverblümt und entsprechend deutlich. Es kann als sicher gelten, dass Graf Moltke sich seines qualvollen Endes bewusst war. Anders als bei Exekutionen durch Erhängen, bei denen der Betroffene durch eine Falltür stürzt und sogleich tot ist, wurde in Plötzensee nämlich auf Anweisung Hitlers ein langsames Erdrosseln praktiziert. W. Bruhns (2005) führt dazu in ihrem Buch *Meines Vaters Land. Geschichte einer deutschen Familie* aus: „Der Tod durch den Strang bedeutet nicht Genickbruch, jedenfalls nicht hier. Helmuth Graf Moltke hat seinen Mitgefangenen beim Rundgang zugeraunt: ‚Macht euch darauf gefasst, es dauert 20 Minuten'" (S. 381). Es wäre daher nachvollziehbar, wenn die Aussicht eines qualvollen Verendens so starke Angst ausgelöst hätte, dass der Graf dies nicht einmal vor sich selbst niederschreiben und schon gar nicht mit seiner Ehefrau besprechen konnte.

So gut wie gar nicht erkennbar in den Abschiedsbriefen des Grafen Moltke ist das *antizipierende Trauern um den Verlust des eigenen Lebens*. Der Ausdruck des Schmerzes, das eigene Leben, das erst zur Hälfte gelebt ist, nicht fortsetzen zu können und damit auch die eigene Zukunft aufgeben zu müssen, findet sich lediglich in einem Brief.

> „..., war heute früh der Abschiedsschmerz mal wieder groß" (Brief vom 30. November 1944).

In Phasenlehren des Sterbens, die auf unsystematischen klinischen Beobachtungen beruhen, wird die Abfolge von Verleugnung/Negation, Wut/Zorn/Auflehnung, Verhandeln mit Gott oder dem Schicksal, Depression und schließlich Akzeptieren der ausweglosen Situation genannt. Dies bezieht sich auf Personen, die an den Folgen einer Krankheit sterben. Sind diese Reaktionen – ungeachtet ihrer Abfolge – auch in Helmuth v. Moltkes Briefen anzutreffen? Wie die Tabelle in Anhang 2 zeigt, ist dies nicht der Fall. Keine dieser deduktiv abgeleiteten Inhaltskategorien ist in den Briefen erkennbar, und auch die allgemeiner gefasste Kategorie *Aggression, verbal* (z.B. Beschimpfungen des Gerichtspräsidenten Freisler) kommt nicht vor – weder in direkten Äußerungen der Aggression noch in Form von Berichten darüber, dass er seiner Wut mündlich Ausdruck verliehen habe. Aus psychologischer Sicht erspart sich Graf Moltke den Kraftaufwand, den die Aufrechterhaltung einer feindselig-aggressiven Haltung bedeutet.

Die Phasenlehre des Sterbens nach E. Kübler-Ross postuliert als letzte Phase das *Akzeptieren des nahe bevorstehenden Lebensendes*. Eine solche Zustimmung gibt es auch in den Briefen des Grafen Moltke, wenngleich in geringer Häufigkeit (siehe AkET in Tabelle 3-1 des Anhangs 2).

> „Aber in Gottes Willen wollen wir uns nicht nur ergeben, sondern freudig ‚Ja' dazu sagen" (Brief vom 23. November 1944).

> „Was nun kommt, steht in Gottes Händen, und aus diesen wollen wir es freudig und getrost annehmen, auch wenn es mein Tod vielleicht schon in wenigen Tagen sein soll" (Brief vom 31. Dezember 1944).

> „Mein Herz, mein Leben ist vollendet, und ich kann von mir sagen: Er starb alt und lebenssatt" (Brief vom 11. Januar 1945).

In den beiden ersten Zitaten wird das baldige Ende des Lebens nicht direkt bejaht, sondern indirekt als Ausdruck göttlichen Willens. Die Wir-Form weist darauf hin, dass der Schreiber dies gleichsam normativ, im Sinne einer Empfehlung oder gar Vorschrift kundtut. Offenbar soll die Gräfin zu einer solcherart akzeptierenden Haltung angeregt werden. Das dritte Zitat kann man als Ausdruck von Gelassenheit aufgrund einer positiven Lebensbilanz und entsprechender Zufriedenheit interpretieren. Es klingt, als wolle er sagen: Die

Geschichte meines Lebens hat – wenn auch gezwungenermaßen beschleunigt – ihren Abschluss gefunden; nun kann das Buch getrost zugeklappt werden.

Diese Form des Akzeptierens des eigenen Todes ähnelt dem vermeidungsorientierten Bejahen des unheilbar Kranken im Endstadium. Nach einer Zeit inneren Ringens fügt dieser sich schließlich in sein unausweichliches Schicksal. Damit gibt er den inneren Kampf auf und benötigt folglich auch keine psychische Energie mehr dafür. Insofern einem Suizidalen ähnlich, sieht der Moribunde in der Beendigung seines Lebens den Ausweg aus körperlichem und seelischem Leiden. Helmuth v. Moltke litt nicht körperlich. Aber auch er sah sich mit einem unausweichlichen Schicksal konfrontiert. Ihm schien es am zweckmäßigsten, das, was nicht zu verhindern sein würde, nicht nur passiv zu erdulden, sondern aktiv zu bejahen. Mit Hilfe seines Glaubens erzeugte er diese Haltung ganz bewusst bei sich selbst.

> „Ich bin ganz bereit und entschlossen, mich Gottes Führung nicht nur gezwungen, sondern willig und freudig anzuvertrauen ...“ (Brief vom 23. Januar 1945).

Man beachte, dass dies kein annäherungsorientiertes Akzeptieren ist, welches das Lebensende als Beginn einer anderen, glücklicheren Form der Existenz („Danach“) begrüßt. Ferner kann auch ein neutrales Akzeptieren, für das der Tod der Lauf der Welt und Teil einer natürlichen Ordnung ist, ausgeschlossen werden. Wenn Helmuth v. Moltke seinen Tod akzeptierte, so kostete ihn dies schon Überwindung. Unter den gegebenen Umständen erschien es ihm zweckmäßig, und folglich bemühte er sich darum.

Schließlich zählen zu jenen Merkmalen, die in Helmuth v. Moltkes Abschiedsbriefen selten vorkommen, auch *Bewertungen*. Zwar gibt es Deutungen objektiver Sachverhalte oder zu erwartender Ereignisse in einem vorteilhaften Sinne, in Anbetracht des hohen Bedarfs an positiven Illusionen sind sie jedoch selten (siehe BEWERT in Tabelle 3-1 des Anhangs 2). Beispiele für Bagatellisierungen sind:

> „Die unglückliche Aussage vom 29.9. muss eben genommen werden. Bei den unendlich vielen Hürden, an denen ich wahrscheinlich hängen bleibe, kommt es auf eine mehr auch nicht an“ (Brief vom 2. November 1944).

> „Nun, das [die ‚Unannehmlichkeit des Vorgangs‘] ist letzten Endes doch ein äußerlicher Vorgang, und irgendwie werde ich mit dem schon fertig und nicht nur, weil ich muss. Das Problem des Todes ist doch in der tiefen Sphäre nur eine Frage des Glaubens“ (Brief vom 10. November 1944).

Bemerkenswert an dem zweiten Zitat ist die Art und Weise, wie die langsame und qualvolle Tötung als „Unannehmlichkeit des Vorgangs“ umschrieben und im übrigen als „äußerlicher Vorgang“ verharmlost wird. Dies steht in scharfem Gegensatz zu anderen Äußerungen des Grafen zu diesem Thema.

Andere Bewertungen haben den Charakter der Beruhigung – seiner selbst und seiner Ehefrau.

„Meist ist ja das Übel, wenn es ein Mal da ist, viel weniger schlimm als die Vorstellung, die man davon hatte. Wenn ich mit ruhiger Seele und mit Gottvertrauen dahin komme, wird das schon gehen" (Brief vom 5. Dezember 1944).

„Nein, mein Herz, ich kann mich über das Jahr [1944] nicht beklagen, [...]" (Brief vom 31. Dezember 1944).

Der Tenor ist hier: Es wird schon nicht so schlimm werden, ich werde es ertragen können. Auch der Glaube bietet die Möglichkeit für Deutungen.

„Alles bekommt nachträglich einen Sinn, der verborgen war. ..., mein Leben ist vollendet. [...] Der Auftrag, für den mich Gott gemacht hat, ist erfüllt" (Brief vom 11. Januar 1945).

Aus der Begleitung Sterbender wird häufig ein geschärftes *Bewusstsein für die noch verfügbare Zeit* berichtet. Auch in den Briefen des Grafen Moltke ist das Wissen um die knappe und immer knapper werdende Zeit erkennbar. Dies betrifft einerseits das Leben mit seiner Ehefrau.

„Aber ich sehe mein Stundenglas auslaufen und denke: Rede mit ihm [F.], derweil Du noch kannst" (Brief vom 11. Dezember 1944).

„[...], dass noch ein Mal drei volle Wochen geschenkt sind, [...]" (Brief vom 14. Dezember 1944).

Es betrifft andererseits die Möglichkeiten einer Rettung. Im November/Dezember 1944 trägt dazu auch das Vorrücken der Alliierten im Westen bei, das eine vage Hoffnung auf Rettung nährt.

„Ich habe zuviel Angst, kostbare Zeit zu verpassen. Jede Stunde ist wertvoll, und ich muss sie nutzen, ..." (Brief vom 22. November 1944).

„Das primäre menschliche Gefühl ist, dass Zeit kostbar sein kann, denn die Feinde wollen ganz offenbar jetzt durch und werden alles daran setzen" (Brief vom 28. November 1944).

Überlegungen zur Angemessenheit der Anklage und des zu erwartenden Strafmaßes stellt Graf Moltke so gut wie nicht an (siehe BEWERT in Tabelle 3-1 des Anhangs 2). Wo sie auftreten, stehen sie in enger Beziehung zu Sinnfindung bzw. Sinngebung.

„Nur ginge ich eben lieber in den Tod, wenn es auch formal für meine eigenen Gedanken wäre" (Brief vom 1. Oktober 1944).

„Letzten Endes entspricht diese Zuspitzung auf das kirchliche Gebiet dem inneren Sachverhalt [...]. Das hat den ungeheueren Vorteil, dass wir nun für etwas umgebracht werden, was wir *a.* getan haben und was *b.* sich lohnt" (Brief vom 10. Januar 1945).

Eine *positive Bewertung seines Lebens*, das vor allem das gemeinsame Leben mit seiner Ehefrau ist, nahm Helmuth v. Moltke nur an einer Stelle vor:

„Warum soll ich eigentlich - [...] - auch nur noch einen Tag leben: Ich habe mehr wahres Glück und vor allem Liebe genossen als irgendjemand, den ich sonst kenne" (Brief vom 28. Oktober 1944).

Die Dankbarkeit ihr gegenüber, die in diesen Worten zum Ausdruck kommt, ist ein Wesenselement der Beziehung zwischen den Eheleuten (siehe Abschnitt 3.1.1).

3.1.3 Weitere bedeutsame Inhalte: Hoffnung und Hoffnungslosigkeit, Zukunftsperspektive, Sinngebung, Glücksgefühl

Hierher gehört der Ausdruck von Gedanken und Gefühlen, die in den Briefen des Grafen Moltke weder besonders häufig (mehr als 20 %) noch ausgesprochen selten (weniger als 5 %) anzutreffen sind, die aber gleichwohl für das Verständnis seines Erlebens und Verhaltens als Sterbender im psychologischen Sinne von Bedeutung sind. Es bedarf keiner Erläuterung, dass Hoffnung bzw. Hoffnungslosigkeit zu jenen Inhalten gehört, die man bei einem Todeskandidaten erwartet. In der Tat findet sich *Hoffnungslosigkeit* in Form einer rationalen, sachlichen Analyse der eigenen Situation mit dem Ergebnis ihrer Ausweglosigkeit in 11,6 % der Briefe des Grafen (HOFF-, siehe Tabelle 3-1 in Anhang 2). Dabei handelt es sich nicht um ein unbestimmtes Gefühl der Niedergeschlagenheit, sondern um die vernunftbestimmte Einschätzung der eigenen Lage.

„Wie dünn alle diese Machinationen sind! Im Grunde ist es eben aussichtslos" (Brief vom 21. Oktober 1944).

„[...], dass es menschlich gesprochen keine Chance gibt" (Brief vom 31. Oktober 1944).

„Über den Daumen gepeilt, muss ich gehängt werden" (Brief vom 28. November 1944).

„[...] mit menschlichen Augen [...] unverändert kein Land zu erblicken, [...]" (Brief vom 10. Dezember 1944).

„[...] Erwägungen über den Termin und seine völlige Aussichtslosigkeit [...]" (Brief vom 17. Dezember 1944).

„[...], dass mir nach aller menschlichen Erkenntnis der Galgen absolut sicher ist, dass daher alles Machen und Treiben und Rennen zu keiner menschlichen Hoffnung berechtigt" (Brief vom 18. Dezember 1944).

„Deswegen scheint mir eben auch alles, was in der Gnadensache geschieht, aussichtslos" (Brief vom 21. Januar 1945).

Die Betonung der „menschlichen" Einschätzung erfolgt in Abgrenzung zum Glauben an die übermenschliche Macht Gottes. Die Bezugnahme auf diese metaphysische Sphäre ist denn auch eine Quelle der *Hoffnung* (8,0 % Auftretenshäufigkeit; siehe HOFF+ in Tabelle 3-1 des Anhangs 2), die um eine realistische („menschliche") Erwägung von Rettungsmöglichkeiten ergänzt wird.

„[...], so scheint mir, dass dort eben eine ganz kleine Chance liegt, [...]" (Brief vom 19. Oktober 1944).

„Es gibt nur eine Hoffnung und das ist die auf den Herrn" (Brief vom 9. Dezember 1944).

„[...], so bietet das eine Chance, denn es heißt, dass Freisler uns anhören wird" (Brief vom 13. Dezember 1944).

„[...], zum ersten Mal selbst menschlich gesprochen eine Chance bietet" (Brief vom 27. Dezember 1944).

„[...] und dass [der Verteidiger] Hercher eben nicht mehr einen Zwang zum Todesurteil sieht. [...] ..., dass das Todesurteil nicht mehr mit so absolut erscheinender Sicherheit prognostiziert wird" (Brief vom 6. Januar 1945).

In enger sachlicher Beziehung zu Hoffnung steht die *Zukunftsperspektive*, die zu 11,6 % in den Briefen vertreten ist (siehe Tabelle 3-1 in Anhang 2). Für Helmuth v. Moltke als Sterbenden beinhaltet sie Gedanken an die Zeit nach seinem Tod, an seine Ehefrau, an die Kinder und an das Schicksal Deutschlands.

„Mein liebes Herz, welch´ eine Zeit! Was für Frucht wird sie bringen. Werden wir etwas erworben haben, was es denen, die nach uns kommen werden, vor allem unserem Söhnchen, leichter macht zu erkennen, neue Untiefen zu messen und neue Höhen zu erklimmen?" (Brief vom 14. Oktober 1944).

„Wenn ich auf diese Jahre zurücksehe, so finde ich, das das Bild des Sämannes das Richtigste ist. Die Körner sind weit gestreut, und ich bin gewiss, dass sie eines Tages aufgehen werden, [...]" (Brief vom 28. Oktober 1944).

„Was werden nur die Söhnchen eines Tages zu diesen Dingen sagen? Werden sie solche Probleme verstehen? [...] Ich denke manchmal, ob unsere Söhnchen eines Tages diese Briefe lesen werden und sie verstehen?" (Brief vom 13. Dezember 1944).

„Wenn diese Zeit vorbei ist, wenn einmal wieder wirklicher Frieden eingezogen ist, was wird man dann zu solchen Erwägungen sagen. Wird man sie verstehen? Wird man glauben, dass das extreme Lagen waren, die die Menschen hysterisch machten, wird man begreifen können, dass der Mensch, dieses wunderliche Tier, sich selbst an das Hingerichtet-Werden gewöhnen kann?" (Brief vom 2. Januar 1945).

„Dass ich die Hoffnung habe, dass die Söhnchen eines Tages diesen Brief verstehen werden, ist klar; [...]" (Brief vom 11. Januar 1945).

Allgemein ist das Suchen und Finden von Sinn für Menschen am Ende ihres Lebens von eminenter Bedeutung. Beim hochbetagten Menschen stellt sich der Prozess der Sinngebung mit Blick auf das eigene (gelebte) Leben, d.h auf die eigene Vergangenheit, von selbst ein. Beim Menschen in mittleren und jungen Jahren kann er durch eine unheilbare Krankheit vorzeitig angeregt werden. Auch bei dem im psychologischen Sinne sterbenden Helmuth v. Moltke findet *Sinngebung* in einem nennenswerten Ausmaß statt (15,2 %; siehe SINN in Tabelle 3-1 des Anhangs 2). Sie besteht in der Deutung der Haft und der Aussicht des baldigen Todes als Bereicherung und Beitrag zur Persönlichkeitsentwicklung, der Einordnung der eigenen Rolle im Rahmen des Widerstands, in einem weltanschaulichen Vermächtnis sowie vor allem darin, sein Auftreten vor dem VGH und die Auseinandersetzung mit dem Vorsitzenden Freisler als Aufgabe und als Höhepunkt seines Lebens zu sehen. Einen weiteren Aspekt von Sinnhaftigkeit bilden Glaubensinhalte.

„Du wirst diese Wochen in Dir tragen, als eine Engelwache und als einen Brunnen, etwas, das Dich behütet, und etwas, aus dem Du schöpfen kannst, [...]" (Brief vom 14. Oktober 1944).

„[...], dass über allem Vergänglichem drei Dinge bleiben, Glaube, Hoffnung, Liebe. Das ist das große Trio, und warum sollte nicht Dein sonst nichtsnutziger Ehewirt das bescheidene Werkzeug sein, das Gott gesandt hat, um Dich das zu lehren?" (Brief vom 10. November 1944).

„Wenn der Herr mich in 10 oder 14 Tagen zu sich ruft, so ist für jeden leicht zu sehen, dass es zu meinem Besten sein kann und selbst vom menschlichen Standpunkt sehr wahrscheinlich ist" (Brief vom 13. November 1944).

„[...], aber ich denke nun eben ein Mal daran, wie man aus unserem Tod, [...], wenigstens Kapital schlagen kann, [...]" (Brief vom 7. Dezember 1944).

„[...]; das ist mir ganz unglaublich wichtig, denn es hängt so unendlich viel davon ab, dass ich nicht schwach werde, und zwar nicht nur für mich" (Brief vom 14. Dezember 1944).

„Ich habe drei Tage in diesem Jahr gehabt, die mir schwerer waren, als mir je etwas gewesen ist, [...]. Aber ich habe doch nachher immer gesehen, dass es nur der Preis war, der für das Überwinden einer neuen Stufe gezahlt werden musste, [...]" (Brief vom 31. Dezember 1944).

„[...]: Es ist besser, von Hitler gehängt zu werden, als von einer Bombe zu sterben. Das hat doch noch mehr Sinn" (Brief vom 1. Januar 1945).

[mit Bezug auf die Verhandlung] „[...], denn es war eine Art Dialog - ein geistiger zwischen Freisler und mir, denn Worte konnte ich nicht viele machen -, bei dem wir uns beide durch und durch erkannten. [...] Freisler ist jedenfalls der erste National-sozialist, der begriffen hat, wer ich bin, [...]" (Brief vom 11. Januar 1945).

„Denk mal, wie wunderbar Gott dies sein unwürdiges Gefäß bereitet hat: [...] ..., son-dern als Christ und als garnichts anderes. [...] Für welch eine gewaltige Aufgabe ist Dein Wirt ausersehen gewesen: All die viele Arbeit, die der Herrgott mit ihm gehabt hat, die unendlichen Umwege, die verschrobenen Zickzackkurse, die finden plötzlich in einer Stunde am 10. Januar 1945 ihre Erklärung. Alles bekommt nachträglich ei-nen Sinn, der verborgen war" (Brief vom 11. Januar 1945).

„Der Auftrag, für den mich Gott gemacht hat, ist erfüllt" (Brief vom 11. Januar 1945).

Zu den Gefühlen, die man in einer Situation wie derjenigen des Grafen Moltke auf den ersten Blick nicht erwarten würde, zählt Glücklichsein. Gleichwohl kommt ein *Glücksgefühl* in 7,1 % seiner Briefe vor (siehe GLÜCK in Tabelle 3-1 des Anhangs 2). Zu einem Großteil wird es gespeist aus der Beziehung zu seiner Ehefrau, es scheint sich aber auch spontan ohne erkennbaren Anlass einzustellen. Glaubensinhalte spielen keine Rolle.

„[...], welch ein glücklicher Tag [der 13. Hochzeitstag] für uns, ein Glück, eine Gnade, die nichts zerstören kann" (Brief vom 17. Oktober 1944).

„Mein liebes Herz, voller Glück denke ich des morgigen Tages. Wie schön, Dich zu sehen. Ob es das letzte Mal ist, ist ja gleichgültig" (Brief vom 12. November 1944).

„Ich habe noch ein Stündchen hier im Dunkeln gesessen und nur voller Glück und Dankbarkeit an unsere gemeinsamen Reichtümer gedacht" (Brief vom 29. November 1944).

„Weißt Du, worüber ich u.a. besonders glücklich bin? Dass jetzt die Sonne scheint und ich nachmittags immer so ein bis 2 Stunden ohne elektrisches Licht sitzen kann" (Brief vom 27. Dezember 1944).

„[...], was immer mich ‚drüben' erwarten mag, ich bin doch sehr dankbar, diese Tage und damit Euer ganzes Weihnachten noch miterlebt zu haben. Das ist ein großer Schatz, den ich im Schatzhause verwahre. Ich habe hier so schön Zeit, mich ganz bewusst zu freuen, [...]" (Brief vom 29. Dezember 1944).

„Ob ich wohl ein wenig überkandidelt bin, denn ich kann nicht leugnen, dass ich mich in geradezu gehobener Stimmung befinde" (Brief vom 10. Januar 1945).

3.1.4 Modell des Sterbens Helmuth von Moltkes

Die inhaltsanalytischen Ergebnisse der vorangehenden Abschnitte zeigen, dass, sieht man von alltäglichen Belangen ab, das Erleben Helmuth v. Moltkes in hohem Maße von Sterbegewissheit bestimmt war. Trotz einer gewissen Hoffnung im „übermenschlichen" Sinne stand ihm sein baldiges gewaltsames Ende deutlich vor Augen. In dieser Situation existenzieller Bedrohung schöpfte er Kraft und innere Sicherheit aus seinem Glauben sowie aus der außerordentlich intensiven Beziehung zu seiner Ehefrau. Herausragende Bedeutung hat das ständige Bemühen, einen Zustand der Sterbebereitschaft aufrechtzuerhalten, ohne in Resignation zu verfallen. Der Graf schwankt hin und her: vom Loslassen des eigenen Lebens zu einem erneuten Festhalten daran, auf das wiederum eine Abwendung folgte etc. Es war das Bestreben, einen Mittelweg zwischen Lebenswillen und Sterbebereitschaft zu finden, und dies erwies sich als äußerst anstrengend. Noch mehr aber war Helmuth v. Moltke von der Verantwortung für seine Ehefrau bestimmt, die in fürsorglichen und tröstenden Worten ihren Ausdruck fand. Angst vor dem Sterben und Trauer um den bevorstehenden Verlust des eigenen Lebens klingen nur vereinzelt an, so dass sie quantitativ keine Rolle spielen. Man darf annehmen, dass der Graf sie nicht offen bzw. deutlich äußern wollte, um das Befinden der Gräfin dadurch nicht zusätzlich zu beeinträchtigen. Denn dies hätte auch auf ihn selbst zurückgewirkt und von ihm größere Anstrengungen bei ihrer Beruhigung und Tröstung verlangt. Was Stressbewältigung betrifft, sind dysfunktionale Strategien gemäß konventioneller Copingforschung gar nicht und funktionale Strategien selten anzutreffen, sieht man von religiösem Coping als (unabsichtlich eingesetzter) Strategie der Belastungsbewältigung ab. Ausgehend von seinen brieflichen Äußerungen scheint Helmuth v. Moltke auch nicht zu heftigen Gefühlsausbrüchen („venting"; „Dampf ablassen") geneigt zu haben, was allgemein als unzweckmäßige Strategie der Stressbewältigung angesehen wird. Schließlich kommen auch Bewertungen etwa des eigenen bisherigen Lebens oder der Frage der Gerechtigkeit des eigenen Schicksals im allgemeinen oder des zu erwartenden Urteils im besonderen kaum vor. Stattdessen nahm Graf Moltke in einem nennenswerten Umfang Deutungen vor, die es ihm ermöglichten, seiner Situation einen Sinn zu verleihen.

Setzt man die wesentlichen Elemente des Erlebens und Verhaltens des Grafen Moltke, wie sie sich aus der Inhaltsanalyse seiner Briefe ergeben haben, unter dem Gesichtspunkt der Anpassung an eine vitale Bedrohung in eine funktionale Beziehung zueinander, ergibt sich die Anordnung der Abbildung 3-1. Ausgangspunkt dieses Modells ist die *Bedrohung.* Objektiv gegeben (Inhaftierung in Tegel im Vorfeld des Prozesses vor dem VGH, wahrscheinliche Anklage wegen Hochverrats mit erwartbarem Todesurteil), schlug sie sich in *Sterbegewissheit* nieder, die während des gesamten Zeitraums der Korrespondenz bestehen blieb. Diese subjektive Gewissheit, nur noch kurze Zeit am Leben zu sein, setzte nun einerseits aktionale und andererseits intrapsychische *Strategien der Stressbewältigung* in Gang. Was erstere betrifft, stellte sich Graf Moltke drei Aufgaben. Erstens setzte er vor der Verhandlung alles daran, das Todesurteil abzuwenden, danach strebte er die Aufschiebung der

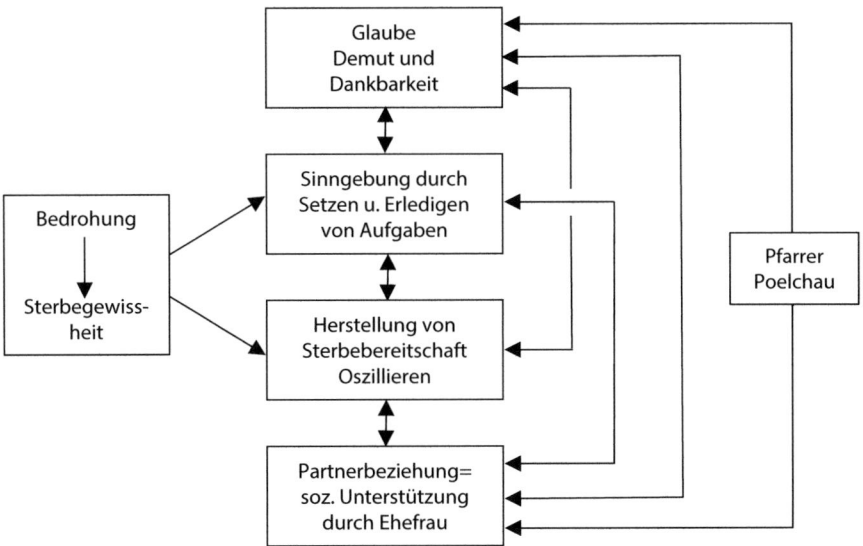

Abbildung 3-1: Modell des Sterbens von Helmuth von Moltke.

Vollstreckung und die Aufhebung des Urteils durch Umwandlung oder Begnadigung an. Zweitens ging es ihm darum, während der Verhandlung in einem geistigen Machtkampf mit dem Vorsitzenden Freisler zu bestehen. Man könnte sagen, Graf Moltke sah sich vor einer Prüfung, und er wollte ein Durchfallen um jeden Preis verhindern. Drittens ging es um die mentale Ausrichtung seiner Ehefrau auf sein Sterben im psychologischen Sinne und auf die Zeit nach seinem Tod. Diese emotionale und instrumentelle Unterstützung erfolgte in überaus liebevoller Weise, zugleich aber auch mit großer Wahrhaftigkeit.

Die Erledigung dieser Aufgaben erforderte konkretes Handeln insofern, als Gedanken schriftlich niedergelegt werden mussten. Durch ihre Planung und die Entwicklung entsprechender Ideen war sie darüber hinaus indirektes Handeln, denn Denken kann man mit Freud auch als Probehandeln bezeichnen. Mit dem Schaffen dieser Aufgaben und ihrer Erledigung gab Helmuth v. Moltke seiner Zeit in Erwartung der Hinrichtung einen Sinn.

Hinzu gesellte sich eine vierte Aufgabe, die ausschließlich sein Innenleben betraf. Sie bestand in der bewusst vorgenommenen Einregulierung der eigenen Befindlichkeit auf den „Absprung" und stellt sich somit als intrapsychische Anpassungsleistung dar. Ziel des Grafen war es, in den Minuten vor der Hinrichtung nicht physisch und psychisch zu kollabieren. Indem er anstrebte, an der Hinrichtungsstätte innerlich und äußerlich Gelassenheit zu bewahren, bemühte er sich auch um die Voraussetzung dafür, Haltung zu zeigen. Diese Selbstregulation des Befindens kann man als zusätzlichen sinnstiftenden Inhalt ansehen.

Die Bewältigung der Situation existenzieller Bedrohung sowohl durch aktionale als auch durch intrapsychische Strategien wurde durch drei Umstände begünstigt: seinen Glauben, seine Haltung der Demut und die Partnerbeziehung, wobei auch diese beiden Faktoren in wechselseitiger Beziehung zueinander stehen. Der tief verwurzelte christliche *Glaube* des Grafen verschaffte ihm Sicherheit und Vertrauen in die Richtigkeit seiner Entscheidungen.

Auch beim Loslassen des eigenen Lebens und der Herstellung von Sterbebereitschaft spielte der Glaube die entscheidende Rolle. Seine Demut und Dankbarkeit haben einen starken religiösen Bezug. Als Persönlichkeitseigenschaften verhalfen sie Helmuth v. Moltke zu innerer Ruhe und trugen zu einer realistischen Einschätzung seiner Lage bei. Die *Beziehung zu seiner Ehefrau* war von absolutem Vertrauen und einer taktvollen Offenheit bestimmt. Die Gräfin war sein verlängerter Arm nach draußen, in das Leben außerhalb der Gefängnismauern, und von ihr erfuhr er Unterstützung bei der Regulation seines Befindens im Sinne von Sterbebereitschaft. Dabei erwies sich der Glaube als starkes Bindeglied und unerschütterliches gemeinsames Fundament. Der dritte vorteilhafte Einflussfaktor war Pfarrer *Poelchau*, der nicht nur die Verbindung zwischen den Eheleuten ermöglichte, sondern jedem von ihnen auch geistlichen Beistand spendete.

Bei Abbildung 3-1 handelt es sich um ein Modell, nicht hingegen um eine Theorie. Das Modell stellt nach sachlogischen Gesichtspunkten Beziehungen zwischen den konstituierenden Elementen her und beschreibt somit den Merkmalsbereich. Es enthält jedoch keine Annahmen, die im Sinne von „surplus meaning" zur Erklärung dieser Elemente und ihres Zusammenwirkens notwendig sind und zu deren Bestätigung es weiterer Erkenntnisgewinnung bedarf.

Aus der Sicht des wissenschaftlich orientierten Psychologen, der menschliches Erleben und Verhalten ausschließlich unter funktionalem Aspekt, d.h. nach seiner Zweckmäßigkeit für die Anpassung an äußere und innere Bedingungen, bewertet, verhielt sich Helmuth v. Moltke sehr vorteilhaft; unter den gegebenen Umständen machte er alles richtig. In der Auseinandersetzung mit seinem baldigen qualvollen Lebensende verfiel er nicht in Apathie, Resignation, Selbstbemitleidung oder Selbstbeschuldigung. Er starrte nicht wie das sprichwörtliche Kaninchen auf die Schlange. Vielmehr fand er Aufgaben, an deren Erfüllung er arbeiten konnte. Indem er dies tat, lenkte er sich von seiner aussichtslosen Lage ab, erfuhr die Befriedigung einer sinnvollen Tätigkeit und gab seinen Tagen eine Struktur, die stabilisierend wirkte. Dies fügt sich nur mäßig in das Muster gängiger Strategien der Stressbewältigung, läuft aber gleichwohl auf eine äußerst zweckmäßige Copingstrategie hinaus. Dies gilt auch für die Herstellung von Sterbebereitschaft im Wege der Selbstmanipulation. Da die objektiven Umstände (die Haft, die Verhandlung, das Urteil und seine Vollstreckung) von Graf Moltke gar nicht oder allenfalls sehr wenig beeinflusst werden können, stellt die Herstellung von Sterbebereitschaft bzw. von Akzeptanz des eigenen Sterbens und des eigenen Todes eine Maßnahme der sekundären Kontrolle dar (vgl. McCoy, Pyszczynski, Solomon & Greenberg, 2000; Rothbaum, Weisz & Snyder, 1982). Diese Form des existentiellen Copings besteht nach Wong (2008) darin, das Unabänderliche zu akzeptieren und im Leiden einen Sinn zu erkennen. Sekundäre Kontrolle (siehe Heckhausen & Schulz, 1995), die auch als „akkommodierte Bewältigung" (Brandstädter & Rothermund, 2002) oder als „kognitive Anpassung" (Taylor & Amor, 1996) umschrieben wird, erzeugt das Bewusstsein, wenigstens sich selbst gegenüber Herr der Lage zu sein.

Sinngebung erweist sich als die zentrale Strategie der Bedrohungsbewältigung. Die oben skizzierten vier Aufgaben verliehen Helmuth v. Moltkes Leben im Angesicht seines baldigen Todes einen Sinn in mehrfacher Hinsicht. Nachgeordnete Inhalte der Sinngebung sind die Erfüllung von Gottes Wille sowie das Bewusstsein eines weltanschaulichen Vermächtnisses, das im Bild vom glücklichen Sämann zum Ausdruck kommt. Indem er seinem Leben als Sterbender einen Sinn zu geben vermochte, erhielt auch der Verlust dieses Lebens einen Sinn, sein Tod wurde zu einem „guten" Tod (siehe Abschnitt 2.1). Prinzipiell in gleicher Weise sehen das die Soziologen Berger und Luckmann bei ihrer Analyse symbolischer Sinnwelten: „Erst der legitime Sinn des Todes stellt dem Menschen ein Rezept für den ‚wirklichen' und ‚richtigen' Tod aus. Ein solches Rezept kann sogar wirksam bleiben, wenn der Tod vor der Tür steht. Es kann den Menschen vermögen, ‚wirklich' und ‚richtig' zu sterben" (Berger & Luckmann, 2013, S. 109).

Das Oszillieren von Lebenswille zu Sterbebereitschaft und wieder zu Lebenswille und erneuter Sterbebereitschaft beanspruchte einen Großteil der psychischen Kraft des Grafen Moltke während seiner Haftzeit. Wie stark seine Bindung an das Leben mindestens zeitweise war, zeigt seine Verteidigungsstrategie, die man als Lavieren (vulgo: „Eiern") bezeichnen kann. Er versuchte nämlich, sich mit allen möglichen und unmöglichen fadenscheinigen Argumenten aus der Affäre zu ziehen. Die Alternative wäre gewesen, die Sache beim Namen zu nennen, als verloren anzusehen und einen Konfrontationskurs zu fahren. Dies gilt auch für die Rettungsversuche im Wege eines Gnadengesuchs.

Man kann nur mutmaßen, dass die Ursachen für dieses zweckmäßige Anpassungsverhalten unter Bedingungen extremer Bedrohung in bestimmten Persönlichkeitsmerkmalen (Eigenschaften oder Dispositionen) des Grafen Moltke liegt. Seine Briefe liefern keine Hinweise darauf – mit einer Ausnahme: sein Glaube. Aus psychologischer Sicht ist es ein glücklicher Umstand, dass der Graf sich auf seinen Glauben stützen und ihn im Austausch mit Pfarrer Poelchau und seiner Ehefrau noch zu vertiefen vermag. Diese Einschätzung wird nicht dadurch eingeschränkt, dass man das Vertrauen auf Gott und seine Führung vom psychologischen Standpunkt aus als die Herstellung einer positiven Illusion auffassen kann. Im Wege der Selbstmanipulation fügte der Graf der Ebene des Kreatürlichen diejenige des Göttlichen hinzu. Während erstere mit Schwäche, Verzagtheit und Angst verbunden ist, vermittelt letztere Stärke, Halt und Zuversicht. Entscheidend ist, dass dieses Anpassungsverhalten erfolgreich in dem Sinne war, dass Helmuth v. Moltke seine Funktionsfähigkeit als selbstbestimmtes, kompetentes Individuum bewahrt hat. Man könnte auch sagen: Sein Glaube hat ihm zu Würde im Angesicht des Galgens verholfen.

Die Briefe des Grafen Moltke während der Zeit seiner Inhaftierung im Gefängnis Tegel lassen eine ausgeprägte Fähigkeit zur Introspektion erkennen. In Verbindung mit einem differenzierten sprachlichen Ausdrucksvermögen gewähren sie einen guten Einblick in seine Gefühls- und Gedankenwelt während dieser Zeit. Insgesamt und als Antwort auf Fragestellung (1) aus Abschnitt 1.2 entsteht aus den Briefen an seine Ehefrau das Bild eines Sterbenden im psychologischen Sinne, der von Natur aus über zweckmäßige Strategien der Stressbewältigung verfügt und diese in einer Situation anhaltender vitaler Bedrohung einzusetzen versteht, und der überdies durch seinen Glauben und seine Partnerbeziehung Sicherheit zu gewinnen vermag. Einige Äußerungen in der Zeit zwischen dem Urteilsspruch und der Hinrichtung zeigen, dass dies tatsächlich zu Sterbebereitschaft und einer gewissen Gelassenheit geführt hat und insofern erfolgreich war. Ob sie ihn auch auf seinem letzten Gang begleitet haben, vermag niemand zu sagen.

3.1.5 Verlauf des Sterbeprozesses

Helmuth v. Moltke kann aus psychologischer Sicht als Sterbender bezeichnet werden, obwohl er körperlich gesund und unversehrt war. Wie in Abschnitt 3.1.4 gezeigt wird, bestand bei ihm sowohl Sterbegewissheit als auch das ausgeprägte Bedürfnis, Sterbebereitschaft zu erlangen. In diesem Abschnitt geht es darum, den Verlauf dieses psychischen Anpassungsprozesses darzustellen.

Der Beobachtungszeitraum von knapp vier Monaten weist eine Struktur auf, aus der sich mit Blick auf das Erleben und Verhalten der beiden Protagonisten eine Dynamik ergibt, die der Situation eines somatisch Erkrankten und seiner engsten Bezugsperson vergleichbar ist. *Phase I* erstreckt sich von der Einlieferung des Grafen Moltke in das Gefängnis Tegel am Donnerstag, dem 28. September 1944, bis Sylvester 1944 (40.–53. KW). Während dieser langen Zeit bestand für den Grafen und die Gräfin Ungewissheit bezüglich der Anklage, des Verhandlungstermins – und naturgemäß auch mit Blick auf das Urteil. Diese Phase ist vergleichbar mit der Situation eines Menschen, der beunruhigende Symptome bei sich bemerkt hat und nun auf einen Termin für diagnostische Untersuchungen wartet. *Phase II* dauerte vom Neujahrstag 1945, einem Montag, bis zum Todesurteil am Donnerstag, dem 11. Januar (1.–2. KW). Dem entspricht beim Patienten und seinen nächsten Angehörigen die Mitteilung seiner infausten Prognose. Der Verlust des Lebens ist gewiss, der Zeitpunkt aber bleibt vorerst unbestimmt. *Phase III* währte vom 12. Januar bis zur Hinrichtung am Mittwoch, dem 24. Januar (3.–4. KW). Beim körperlich unheilbar Kranken erfolgt in dieser Phase keine kurative Behandlung mehr, sondern die Linderung von Beschwerden und insgesamt die Vorbereitung auf das Ableben, etwa in einer Hospizeinrichtung.

Innerhalb dieses Gesamtzeitraums verdienen die letzten sechs Wochen, untergliedert in drei Intervalle zu jeweils zwei Wochen, wegen der ihnen innewohnenden Dynamik besondere Beachtung. Die 52. und 53. KW beinhalten Weihnachten und das Jahresende – beides Ereignisse von besonderer gefühlsmäßiger Valenz. Es liegt nahe, in dem Bewusstsein, das Weihnachtsfest voraussichtlich zum letzten Mal zu erleben und wenigstens in Gedanken bei Frau und Kindern zu sein, die Wirkung eines Katalysators für die Auseinandersetzung mit dem eigenen Lebensende zu sehen. Die Tage um den Jahreswechsel sind für viele Menschen ein Anlass, auf das abgelaufene Jahr zurückzublicken und sodann den Blick auf das kommende Jahr zu richten. Letzteres dürfte mit Hoffen und Bangen verbunden gewesen sein. In den ersten beiden Wochen des Jahres 1945 stellten die Vorbereitung auf den Gerichtstermin und dann die Verhandlung vor dem VGH selbst besondere Anforderungen in kognitiver und emotionaler Hinsicht an Helmuth v. Moltke. In den folgenden (und letzten) 12 Tagen bestanden diese Anforderungen nicht mehr. Es herrschte Gewissheit bezüglich des tödlichen Ausgangs, allerdings war der Zeitpunkt ungewiss; jeder neue Tag konnte der letzte sein. Bei diesen drei Intervallen von jeweils zwei Wochen handelt es sich um eine Art „heiße Phase" im langen Sterben des Grafen Moltke. Die Zeit davor, die sechs Intervalle von jeweils zwei Wochen ausmacht, kann als Grundlinie („base line") zum Vergleich herangezogen werden.

Die folgende Darstellung beschränkt sich auf eine Auswahl solcher Merkmale in den Briefen des Grafen Moltke, die als konstitutiv für das Sterben eines Menschen im psychologischen Sinne angesehen werden können. Die induktiv abgeleitete Kategorie *Sterbegewiss-*

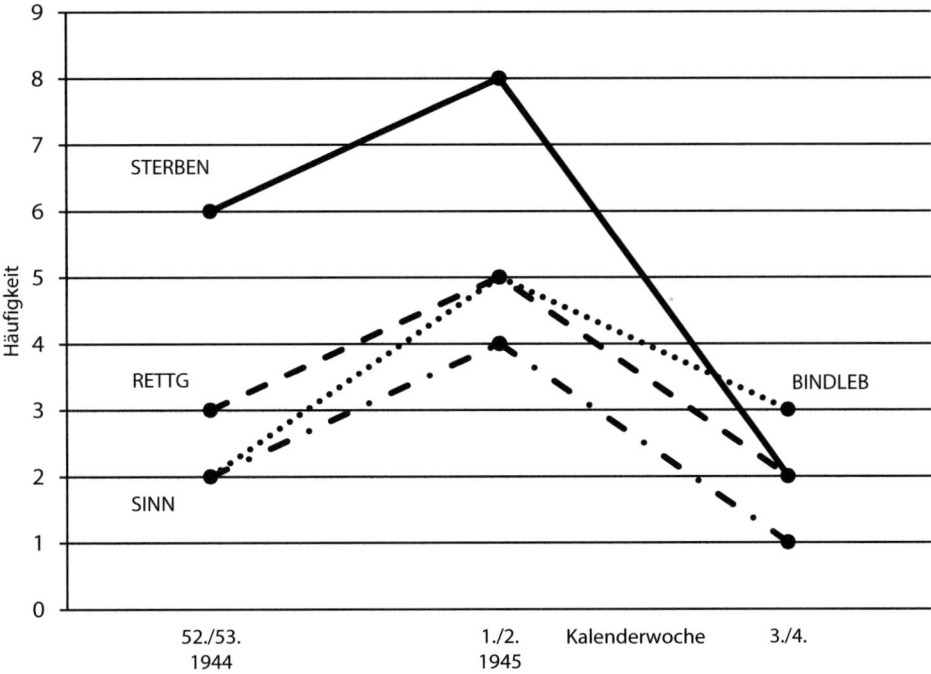

Abbildung 3-2: Verlauf des Sterbeprozesses Helmuth von Moltkes während der letzten sechs Wochen. *Anmerkung:* STERBEN = Sterbegewissheit; RETTG = Rettungsmaßnahmen, aktional; BINDLEB = Festhalten am Leben / Loslassen des Lebens; SINN = Sinnfindung / Sinngebung.

heit (siehe STERBEN in Tabelle 3-2 des Anhangs 2) ist während des gesamten Analysezeitraums vorhanden. Von der 40. bis einschließlich 51. KW tritt Sterbegewissheit recht gleichmäßig auf mit drei bis vier Erwähnungen pro Intervall; in der dritten und vierten Woche des Aufenthalts im Gefängnis Tegel finden sich fünf Erwähnungen von Sterbegewissheit. Mit Beginn der sogenannten heißen Phase (Weihnachten und Jahresende) steigt ihre Zahl auf sechs an und erreicht in den ersten beiden Wochen des Jahres 1945 mit acht Erwähnungen ihren Höhepunkt. Danach fällt sie deutlich auf zwei ab, und während der 12 Tage bis zur Hinrichtung ist Sterbegewissheit so selten zu beobachten wie nie während des gesamten Zeitraums. Dieser Verlauf ist in Abbildung 3-2 graphisch dargestellt.

Das *Schwanken zwischen dem Festhalten am Leben und dem Loslassen des eigenen Lebens*, das auf die Erlangung von *Sterbebereitschaft* hinausläuft (siehe BINDLEB in Tabelle 3-2 des Anhangs 2), ist zu Beginn der Haftzeit in Tegel so schwach ausgeprägt wie später nie mehr. Man kann dies als Ausdruck der vor allem gefühlsmäßigen Anpassung an die neue Lage interpretieren. Helmuth v. Moltke brauchte erst einmal zwei Wochen, um die Bedeutung seiner Situation im vollem Umfang zu erfassen und für sich selbst die Herstellung von Sterbebereitschaft als erstrebenswertes Ziel zu bestimmen. In den folgenden 10 Wochen tritt das Merkmal dann einigermaßen gleichmäßig mit einer Variationsweite zwischen 3 und 6 Erwähnungen pro Intervall auf. Nach einem zweiten Tiefpunkt während der letzten beiden Wochen des Jahres 1944 erfolgte in Erwartung der Verhandlung und gleich nach dem Urteilsspruch (1./2. KW) ein Anstieg auf 5, gefolgt von einem Rückgang auf 3 in der Zeit bis zur Hinrichtung (siehe Abbildung 3-2). Es hat also den Anschein, als sei die selbst gesetzte Aufgabe der Erlangung von Sterbebereitschaft für Helmuth v. Moltke in den letzten 12 Tagen seines Lebens von geringer Bedeutung gewesen, weil sie bereits erfüllt war. In der Tat schreibt er am 17. Januar, sieben Tage vor seinem Tod, er sei jetzt „sterbefertig" (S. 305). Auch das folgende Zitat aus dem Brief vom 23. Januar 1945, dem Tag vor seiner Hinrichtung, kann als der Ausdruck von Sterbebereitschaft verstanden werden:

> „Mir geht es gut, mein Herz. Ich bin nicht unruhig oder friedlos. Nein, kein Bisschen. Ich bin ganz bereit und entschlossen, mich Gottes Führung nicht nur gezwungen, sondern willig und freudig anzuvertrauen und zu wissen, dass er unser, auch Dein, meines Liebsten, Bestes will" (Brief vom 23. Januar 1945).

Und auch dieses Zitat kann als Beleg angeführt werden:

> „In einem Liede - 208,4 - heißt es: ‚denn der ist zum Sterben fertig, der sich lebend zu Dir hält.' Genau so fühle ich mich" (Brief vom 11. Januar 1945).

Das Loslassen des eigenen Lebens und die damit verbundene Sterbebereitschaft stehen in enger sachlicher Beziehung zum *Akzeptieren des eigenen Todes*; man könnte „Akzeptanz" als Oberbegriff für diese Merkmale verwenden. In seinem letzten Brief bringt Helmuth v. Moltke die Bejahung seines Todes, eingebettet in sein Gottvertrauen, zum Ausdruck:

> „Ich bin ganz bereit und entschlossen, mich Gottes Führung nicht nur gezwungen, sondern willig und freudig anzuvertrauen..." (Brief vom 23. Januar 1945).

Sinnfindung ist für die Anpassung an die Aussicht des baldigen Lebensendes grundsätzlich von Bedeutung. In den Briefen des Grafen Moltke ist dieses induktiv gewonnene Merkmal im gesamten Beobachtungszeitraum vorhanden, wenngleich in geringer Häufigkeit (siehe SINN in Tabelle 3-2 des Anhangs 2). Von der Einlieferung in Tegel bis zur 51. KW schwankt die Anzahl der Äußerungen bezüglich Sinnfindung und Sinngebung zwischen 0 und 4, ohne dass Gründe für ihr Fehlen im ersten und fünften Intervall des Beobachtungszeitraums erkennbar wären. In der Weihnachtswoche und vor dem Jahreswechsel (52./53. KW) gibt es lediglich zwei Äußerungen der Sinnfindung. In der Woche vor der Verhandlung und in der Woche des Prozesses erfolgt ein Anstieg auf ein (erneutes) Maximum mit 4 diesbezüglichen Äußerungen. Während der anschließenden 12 Tage bis zur Hinrichtung zeigt sich ein Rückgang auf nur 2 Äußerungen der Sinngebung. Abbildung 3-2 veranschaulicht, dass mit dem Prozess und dem Todesurteil eine kurzfristige Intensivierung der Sinngebung erfolgte.

Sinngebung kann in Situationen existenzieller Bedrohung innere Ruhe und Geborgenheit vermitteln. Die induktiv abgeleitete Kategorie *Wohlbefinden aus Sicherheit* findet sich in allen Briefen Helmuth v. Moltkes in wechselnder Ausprägung (siehe SICHER in Tabelle 3-2 des Anhangs 2). Während des gesamten Beobachtungszeitraums schwankt die Auftretenshäufigkeit zwischen 1 und 5, wobei das Maximum 5 in jenes Intervall fällt, in dem das Todesurteil gesprochen wurde. In der Zeit höchster Anspannung äußerte Graf Moltke also am häufigsten Wohlbefinden aus Sicherheit. Der Verlauf dieses Merkmals während der drei letzten Intervalle entspricht somit demjenigen der Sinngebung.

Als Gegenpol zum Wohlbefinden aus Sicherheit kann man den *Ausdruck von Schwäche* betrachten. Die Äußerung eigener Schwäche, Erschöpfung, Niedergeschlagenheit kommt in den Briefen Helmuth v. Moltkes eher selten vor (Variationsweite 0–3; siehe SCHWÄ in Tabelle 3-2 des Anhangs 2). Gerade in den kritischen drei Intervallen mit der Verhandlung und dem Todesurteil als Kulminationspunkt gibt es jeweils lediglich einen Brief in dieser Kategorie. Im Prinzip Ähnliches gilt für die *Angst vor dem eigenen Tod.* Wenn der Graf darauf zu sprechen kam, verneinte er sie. Während er Anfang Dezember ein Mal von der „animalischen Angst" (Brief vom 12. Januar 1945) schrieb, gibt es in seinem vorletzten Brief lediglich den Hinweis auf „eine große Spannung, wenn man jede Minute von 8 Uhr früh bis 6 Uhr abends zur Hinrichtung abgeholt werden kann, ..." (Brief vom 21. Januar 1945). Und Hinweise auf *Angst vor dem eigenen Sterben,* also vor dem gewaltsamen Tötungsvorgang, sind äußerst selten und kommen während des kritischen Zeitraums der letzten sechs Wochen gar nicht vor.

Schließlich ist das Sterben des Grafen Moltke dadurch gekennzeichnet, dass *Rettungsmaßnahmen* während des gesamten Beobachtungszeitraums von ihm erwogen, geplant und im Rahmen des Möglichen in die Tat umgesetzt werden. Diesbezügliche Äußerungen sind vom zweiten (42./43. KW) bis zum vorletzten Intervall (1./2. KW) relativ häufig (Schwankungsbreite 3–6; siehe RETTG in Tabelle 3-2 des Anhangs 2). Erst in den 12 Tagen zwischen Urteilsspruch und Vollstreckung nimmt ihre Zahl ab. Hierin dürfte die Einsicht in die Aussichtslosigkeit weiterer Rettungsmaßnahmen zum Ausdruck kommen. Dieses Bild wird durch die deduktiv eingeführte Kategorie *Problemlösung* bestätigt. Von November bis Mitte Dezember nahmen entsprechende Aktivitäten, die große Ähnlichkeit mit Rettungsmaßnahmen haben, zeitweise größeren Raum ein, unterlagen aber auch starker Schwankung (Variationsweite 4–10; siehe LÖSG in Tabelle 3-2 des Anhangs 2). Auffallend ist auch hier das häufigere Auftreten dieses Merkmals in jenem Intervall, in das der Prozess und die Urteilsverkündung fallen, und der deutliche Rückgang in der Zeit danach (siehe Abbildung 3-2).

Die qualitative Analyse des langen Sterbens des Helmuth v. Moltke, wie es in seinen Briefen zum Ausdruck kommt, lässt einen prägnanten Verlauf erkennen. Für die Entwicklung von Sterbegewissheit, für das Ringen um Sterbebereitschaft und für die Suche nach Sinn lassen sich zwei große Phasen von grundsätzlich unterschiedlicher Bedeutung abgrenzen. Während der zweieinhalb Monate der Inhaftierung im Zustand der Ungewissheit bezüglich der Einzelheiten der Anklage und des Verhandlungstermins kommen diese psychischen Anpassungsleistungen mit Schwankungen in einer mittleren Intensität zum Ausdruck. Der Anpassungsprozess köchelte gewissermaßen auf kleiner oder allenfalls mittlerer Flamme. Dies ist die erste, ausgedehnte Phase der Vorbereitung. Die zweite vergleichsweise kurze Phase von knapp sechs Wochen beginnt mit einer Beruhigung in der Zeit um Weihnachten 1944 und das Jahresende; Sterbegewissheit, Sterbebereitschaft und Sinnfindung

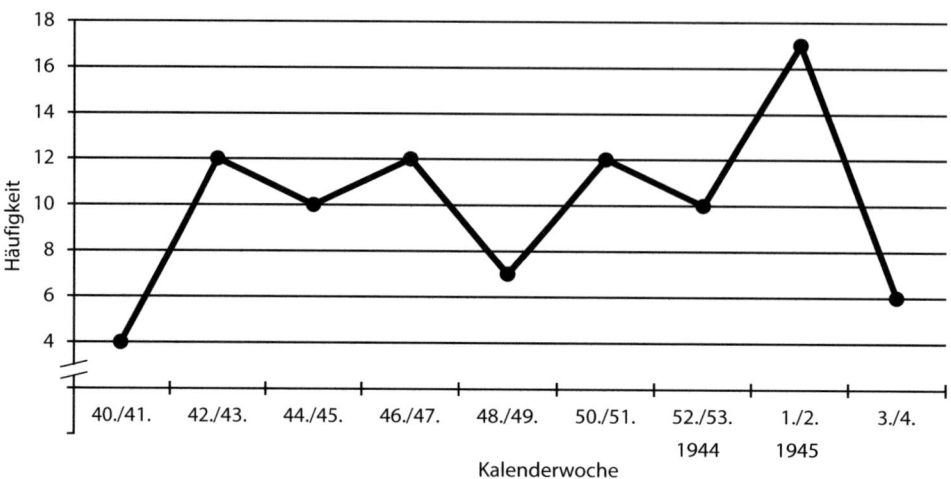

Abbildung 3-3: Verlauf des Sterbens von Helmuth von Moltke.
Anmerkung: Zusammenfassung von STERBEN = Sterbegewissheit, BINDLEB = Festhalten am Leben / Loslassen des Lebens und SINN = Sinnfindung / Sinngebung.

kommen hier vergleichsweise selten vor. In den folgenden beiden Wochen der intensiven Vorbereitung auf die Verhandlung und der Verhandlung selbst setzte eine gesteigerte Beschäftigung mit dem eigenen Lebensende ein, die mit der Gewissheit, die sich aus dem Todesurteil ergibt, abrupt nachließ. In den ersten beiden Wochen des Jahres 1945 ist also, ausgelöst durch die zu erwartende und dann auch erfolgende Entscheidung über Leben und Tod, ein – um das Bild des Topfes auf dem Herd aufzugreifen – jähes Aufkochen erfolgt. Nachdem der Bewältigungsprozess in Phase I bereits seit längerem vorbereitet war, führte die Intensivierung in Phase II zum Abschluss. Aus der Sicht des Grafen Moltke war das Ziel der Erlangung von Sterbebereitschaft rechtzeitig erreicht, die Aufgabe war erledigt. Nun gab es nichts mehr zu tun als zu warten.

In Abbildung 3-3 ist dieser Sterbeverlauf graphisch dargestellt, wobei die Auftretenshäufigkeiten der Merkmale *Sterbegewissheit, Sterbebereitschaft* als Ergebnis der Loslösung vom eigenen Leben und *Sinnfindung* zusammengefasst sind. Aus funktionaler Sicht kann man diesen psychischen Anpassungs- bzw. Bewältigungsprozess als erfolgreich bezeichnen. Unter den gegebenen Umständen der Unmöglichkeit, die objektive Bedrohung durch eigenes Handeln zu beseitigen, hat Helmuth v. Moltke es vermocht, sich in einen Zustand relativer Gelassenheit und innerer Ruhe zu versetzen; er hat keinen inneren Kampf mit Gott, dem Schicksal, den Machthabern des Regimes geführt, der ohnehin aussichtslos gewesen wäre. Diese Einschätzung wird durch die häufige Erwähnung von Wohlbefinden aus dem Gefühl einer inneren Sicherheit gerade in den zwei Wochen vor und während der Entscheidung gestützt. Darüber hinaus hatte er auch alle anderen Ziele rechtzeitig erreicht. Seine Mission unter diesen besonderen Lebensumständen war erfüllt. Mit „Sterbegewissheit" und „soziale und persönliche Vorbereitungen" enthält das Sterben des Helmuth v. Moltke zwei der fünf Merkmale des „guten Sterbens", die Kellehear (1990) aus Gesprächen mit Krebspatienten identifiziert hat. Auch Streckeisen (2001, S. 99, 155) sieht das bewusste Sterben im Rahmen eines kontinuierlichen Prozesses als Kennzeichen guten Sterbens. Unter formalem Gesichtspunkt handelt es sich beim Sterben des Grafen Moltke um die Verbindung eines langsam-schwankenden („lingering trajectory" in Phase I) mit einem erwartbar raschen Verlauf („expected quick trajectory" in Phase II; siehe Glaser & Strauss, 1968).

Das geringe Vorkommen von Äußerungen der Schwäche und der Angst fügt sich einerseits in das Bild der gelungenen Anpassung angesichts existenzieller Bedrohung, ihre Seltenheit weckt andererseits aber auch Zweifel an der Aufrichtigkeit des Grafen. Tatsächlich gibt es ja einige Hinweise auf Augenblicke starker Angst. Man wird dieser Wortkargheit wohl am ehesten gerecht werden, wenn man das Zusammenwirken zweier Faktoren annimmt. Helmuth v. Moltke hatte einen Zustand inneren Friedens erreicht; er haderte nicht mit seinem Schicksal, und er klammert sich nicht an sein Leben. Er befand sich somit nicht in großer seelischer Not, die nach schriftlichem Ausdruck gegenüber seiner engsten Vertrauten drängte. Dies machte ihm rücksichtvolle Äußerungen, die auch im Verschweigen beunruhigender Inhalte bestehen konnten, leicht. Helmuth v. Moltke dürfte sich bewusst gewesen sein, dass eine Beunruhigung der Gräfin beeinträchtigend auf sein Befinden zurückgewirkt hätte. Ob er Angst und Verzweiflung mündlich gegenüber Pfarrer Poelchau geäußert hat, ist nicht bekannt.

Vergleicht man den Verlauf des Sterbens bei Helmuth v. Moltke mit gängigen Phasenlehren, die sich auf körperlich kranke Menschen beziehen, ergibt sich nur geringe Übereinstimmung. Von den fünf Phasen, die Kübler-Ross (1973) postuliert hat, ist allenfalls eine in den Briefen des Grafen erkennbar. Er negiert die Bedrohung seines Lebens nicht, sondern er spricht sie vom ersten Tag an offen an; er lehnt sich nicht wutentbrannt gegen die Aussicht seines baldigen Todes auf; er verhandelt nicht mit dem Schicksal oder mit Gott, sondern fügt sich demütig in dessen Ratschluss; und er versinkt nicht in Depression. Einzig Zustimmung ist nachweisbar, allerdings von einer anderen Qualität als es die resignative Einwilligung des körperlich und psychisch erschöpften Patienten kurz vor seinem Ende ist. Im dreiphasigen Modell von Pattison (1977) könnte allenfalls die lange Phase eines Hin- und-Her-Schwankens („chronic living-dying phase") Ähnlichkeit mit dem Oszillieren zwischen Bindung an das eigene Leben und dem Loslassen des eigenen Lebens haben, in den Briefen kommt aber nicht die Auseinandersetzung mit all den Befürchtungen zum Ausdruck, die Pattison ihr zuschreibt. Eine akute Krise mit Angst und Verzweiflung zu Beginn und eine terminale Phase der Erschöpfung gibt es ohnehin nicht – letztere allein wegen der geistigen und körperlichen Vitalität des Grafen nicht. Schließlich sind auch Weismans (1972) drei Phasen nicht auf Helmuth v. Moltkes Sterben anwendbar, denn er gibt weder Negation und Selbsttäuschung (Phase I) noch psycho-physische Erschöpfung (Phase III) zu erkennen. Auch die lange mittlere Phase des „Halbwissens", vom Autor „middle knowledge" genannt, entspricht in keiner Weise dem Bewältigungsmodus des Grafen. Denn von Anfang an spricht er die große Wahrscheinlichkeit seiner Hinrichtung unverblümt an.

Zusammenfassend zeigt sich, dass der Verlauf des Sterbeprozesses Helmuth v. Moltkes allenfalls grob mit gängigen Phasenmodellen in Einklang zu bringen ist. In Übereinstimmung mit der Befundlage der Sterbeforschung (siehe Schulz & Schlarb, 1991) zeigt sich vielmehr eine Vielfalt von negativen und positiven emotionalen Reaktionen, die nicht in einer bestimmten Reihenfolge ablaufen. Dies gilt auch für das integrierte dreiphasige zirkuläre

Modell des Sterbens (Wittkowski, 2004), das eine längere Zeit der Anpassung an die Aussicht des baldigen eigenen Todes als dritte Phase vorsieht, in der vielfältige Gedanken und Gefühle in wechselnder Abfolge zirkulieren und somit mehrfach vorkommen. Eine solche Rotation des kognitiven und emotionalen Anpassungsprozesses mit häufig wiederkehrenden Inhalten und Gefühlen scheint bei Helmuth v. Moltke stattgefunden zu haben. Gleichwohl vermittelt die Analyse seiner Briefe nicht den Eindruck, der Graf sei mit der Bearbeitung seiner selbst gesetzten Aufgabe, Sterbebereitschaft zu erlangen, nicht von der Stelle gekommen. Im Gegenteil verfolgte er sein Ziel beharrlich fortschreitend – hinsichtlich der groben Abschnitte eher linear, im Kleinen eher zirkulär.

3.2 Freya von Moltke als seine Sterbebegleiterin

In diesem Abschnitt geht es um die psychische Verfassung der Gräfin Moltke als engste Bezugsperson ihres im verhaltenswissenschaftlichen Sinne sterbenden Ehemannes. Das Augenmerk richtet sich auf die Person der Ehefrau als Helferin bzw. Sterbebegleiterin und klammert den Vorgang der Sterbebegleitung aus. In abstrakter Form haben wir es mit einem Reiz-Reaktionsschema zu tun. Das Wissen um die Bedrohung ihres Ehemannes sowie die indirekte schriftliche und die direkte persönliche Interaktion mit ihm lösen bei Freya v. Moltke bestimmte Reaktionen aus. Diese Reaktionsformen sind Gegenstand dieses Abschnitts. Das Verhalten der Gräfin als Begleiterin ihres sterbenden Ehemannes wird in Abschnitt 3.3 dargestellt.

Die Auswahl der Inhalte, die im vorliegenden Abschnitt behandelt werden, ist von dieser Blickrichtung bestimmt. Es geht um die Helferin, nicht um das Helfen. Dabei ist zu berücksichtigen, dass diese Unterscheidung in gewissen Grenzen willkürlich ist. Das Analysematerial besteht aus den Briefen der Gräfin an ihren Ehemann. Der Ausdruck ihres Erlebens, etwa des Gefühls der Geborgenheit, ist zugleich eine Botschaft an ihn und als solche Bestandteil ihrer Sterbebegleitung. Gleichwohl erscheint es nicht zuletzt mit Blick auf die internationale Fachliteratur (z.B. Papadatou, 2009) sinnvoll, diese beiden Aspekte gesondert zu behandeln.

3.2.1 Lagebeurteilung, Glaube, Empfangen sozialer Unterstützung, Zukunftsperspektive, Glücksgefühl, Wohlbefinden aus Sicherheit

Ausgangspunkt der Darstellung ist die Art und Weise, wie Freya v. Moltke die Situation des Grafen wahrnimmt. *Lagebeurteilung* ist die häufigste Inhaltskategorie in ihren Briefen (36,9 %; siehe LAGE in Tabelle 3-3 des Anhangs 2). Sie enthält Informationen und Einschätzungen zum (mutmaßlichen) Fortgang des Verfahrens, zu einzelnen Protagonisten sowie zu den Aussichten für einen günstigen Verlauf sowohl unter formal-juristischem und politischem Aspekt als auch mit Blick auf die militärische Lage.

„Ich sprach Müller Freitag eine halbe Stunde. [...] Er versprach mir, Dich noch einmal zu sprechen, aber dass er Dich umbringen lassen will, ist keine Frage" (Brief vom 8./9. Oktober 1944).

„Der sagte gleich, Dix käme [als Verteidiger] nicht in Frage, sondern nur 7 Namen. Von denen dürfte ich einen aussuchen, den würde er dann als Offizialanwalt zuordnen" (Brief vom 8. November 1944).

„Er [Freisler] ist ein gefährlich sprunghafter Mann, aber ein Mensch ist er auch irgendwo, wenn auch einer, der ständig Theater spielt und dazu phänomenal klug sein soll. [...] So war es [das Gespräch mit Freisler] nicht unangenehm, aber gänzlich ohne Erfolg" (Brief vom 16. November 1944).

„Ganz sicher scheint es nicht zu sein, dass sie noch vor Weihnachten mit euch fertig werden. [...] Diese Woche wird es wohl mit Sicherheit nicht mehr sein" (Brief vom 11. Dezember 1944).

„Kurz, mein Herz, dieser ‚mächtige' Mann hat ein sehr tiefes persönliches Ressentiment gegen Dich" (Brief vom 19. Januar 1945).

„Abschrift des Gnadengesuches der Familie liegt bei ihnen [im Reichsjustizministerium], was auch Prost und Franke bekommt. [...] Daher habe ich auch das Gefühl, dass keines meiner (Deiner) kleinen Argumente etwas ausrichten kann" (Brief vom 23. Januar 1945).

Diese Äußerungen zeigen eine nüchterne Einschätzung der Lage ohne Verharmlosungen oder Beschönigungen, aber auch ohne Dramatisierung. Die Gräfin ist sich des Ernstes der Lage vollkommen bewusst.

Dem entspricht ausgeprägte *Sterbegewissheit*. Die Kategorie STERBEN zählt zu den häufigsten Inhalten in den Briefen der Gräfin Moltke (30,8 %; siehe Tabelle 3-3 des Anhangs 2). Sie war sich bewusst, dass das Leben ihres Ehemannes und damit auch ihr gemeinsames Leben zu Ende ging. Dazu gehörte auch das Bewusstsein, ihn auf diesem Weg nicht nur passiv zu begleiten, sondern auf den Abschied aktiv vorzubereiten. Zugleich gab sie einen Rest von Hoffnung zu erkennen.

„[...], aber mein, unser Leben, mein Herzensjäm, das ist nun zu Ende" (Brief vom 29. September 1944).

„Ich habe gestern nur von Deinem Tod geschrieben und heute immer an Dein Leben gedacht. Den ganzen Tag! Denke ich aber an Dein Leben und hoffe, dann kann ich nicht helfen, unsere Herzen auf den Tod vorzubereiten" (Brief vom 12. Oktober 1944).

„Gestern hat mich die Aussicht auf Deinen Tod wieder ganz fest vereinnahmt. Es ist absolut nötig, dass wir sie nicht verlieren. Das sehen zu können und doch nicht zu verzweifeln, sondern die Dankbarkeit zu fühlen und die starke Liebe, das ist unsere

Kunst. Vor Dir steht der Tod, vor mir das einsame Leben, in dem unsere Liebe lebendig bleiben muss (Brief vom 24./25. Oktober 1944).

„Ist es nicht seltsam, dass auch ich seit gestern wieder Deinen Tod für das viel wahrscheinlichere halte! Ganz deutlich fühlbar hat es gestern angefangen, sodass ich das Bedürfnis in mir fand, Dich zu dieser Einstellung auch wieder aufzurufen, denn es ist ohne Frage eine Gnade, so bewusst sterben und so bewusst Abschied nehmen zu können, und wir dürfen, mein Liebster, diese Möglichkeit, es beide fest zu sehen und zu leben, uns nicht durch Hoffen entgleiten lassen, [...]" (Brief vom 26. Oktober 1944).

„[...], aber da wir nun noch ein bisschen Zeit haben, so ist Dein Tod gleich wieder in die Ferne gerückt, nicht weil ich viel Hoffnung habe, sondern weil eben noch etwas Zeit ist [...]" (Brief vom 20. Dezember 1944).

„In mir war es all die Tage allzu unbesorgt. Das habe ich nicht gerne. Ich habe an Deinen Tod gar nicht gedacht; ich war nicht imstande, ihn zu fassen, ich hatte in mir eine kaum bis zum Bewusstsein stoßende Sicherheit, dass Du leben wirst; es war nicht bewusstes Hoffen, keineswegs, aber diese merkwürdige Sicherheit. [...] Es fehlt dann das so wichtige Wachen; [...]" (Brief vom 26./29. Dezember 1944).

„Ich realisiere trotz allem die Möglichkeit noch nicht, dass heute Dienstag [2. Jan. ´45] ist und Du in einer Woche schon tot sein kannst. Ich glaube ganz deutlich nicht, dass es so ist" (Brief vom 2. Januar 1945).

„[...], vielleicht *ist* dieser Brief der letzte, den ich je an Dich schreibe, [...]" (Brief vom 6./7. Januar 1945).

„Das alles deutet aber zu sehr auf Deinen Tod: den sollen wir für möglich halten, aber wir brauchen nicht fest an ihn zu glauben" (Brief vom 6./7. Januar 1945).

Freya v. Moltke erscheint hier als eine Ehefrau mit Sterbegewissheit und mit dem selbst gesetzten Anspruch der aktiven Sterbebegleiterin. Aber so sehr sie sich auch darum bemüht, vermag sie nicht 24 Stunden am Tag Sterbegewissheit und die Bereitschaft zum Loslassen aufrecht zu erhalten. Ferner wird erkennbar, wie schwierig es für sie ist, den bevorstehenden Abschied gedanklich *und* gefühlsmäßig zu erfassen.

Die Wahrnehmung der Situation wird abgerundet durch *Hoffnungslosigkeit* (HOFF-, 6,2 %; siehe Tabelle 3-3 in Anhang 2), die allerdings eher selten vorkommt. Sie ist Ausdruck der realistisch-skeptischen Beurteilung der Aussichten auf eine Rettung insgesamt wie auch mit Blick auf einzelne gezielte Maßnahmen der Einflussnahme.

„Ich glaube ja kaum, dass es noch einmal gelingen wird, aber ich bemühe mich natürlich darum. Alle Wege scheinen aber fest verrammelt zu sein" (Brief vom 29. September 1944).

„Ohne Hoffnung und mit vielen tröstlichen Wahrheiten gestärkt gehe ich müde in mein Bett" (Brief vom 15./16. November 1944).

„[...]: Unsere Augen können keine Rettung aus Deiner Lage ringsum erspähen, nirgends sehe ich ein Fünkchen, es sei denn, der Reichsführer selbst tut was, und auch das halte ich für unwahrscheinlich. Nein, ich sehe nichts" (Brief vom 23. Januar 1945).

Die psychische Ausgangslage der Gräfin Moltke als Sterbebegleiterin ihres Mannes war also diejenige einer existenziellen Bedrohung in zweifacher Hinsicht. Zum einen drohte der Verlust ihres Ehemannes und vermutlich wichtigsten Bezugsperson. Sie sah sich vor der Notwendigkeit, den womöglich wichtigsten Teil ihres Lebensinhaltes aufgeben zu müssen. Zum anderen drohte der Verlust ihres gemeinsamen Lebens. In dieser zweiten Hinsicht war Freya v. Moltke Beteiligte beim Sterben ihres gemeinsamen Lebens und somit Mit-Sterbende. Unausgesprochen stellten sich ihr damit zwei Aufgaben: Die stützende Begleitung ihres Ehemannes einerseits, die Bewältigung des eigenen Mit-Sterbens andererseits.

In dieser Situation reagierte die Gräfin in einer Weise, die in ihrer Gesamtheit wie auch hinsichtlich einzelner Komponenten als psychologisch zweckmäßig bezeichnet werden muss. Ihre Reaktionsformen waren insofern zweckmäßig, als sie in einer Situation weitgehender objektiver Hilflosigkeit emotional stützend wirkten und ihre ohnehin eingeschränkte Handlungsfähigkeit aufrechterhielten. An erster Stelle ist hier ihr ausgeprägter *christlicher Glaube* zu nennen (33,8 %; siehe GLAUBE in Tabelle 3-3 des Anhangs 2). Sie fühlte sich geborgen in Gottes Hand und setzte unbegrenztes Vertrauen in die göttliche Fürsorge. Die Beschäftigung mit der Bibel diente ihr als Mittel zur Bewältigung der andauernden psychischen Belastung. Darüber hinaus hatte die Erörterung von Glaubensfragen mit ihrem Ehemann wie auch mit Pfarrer Poelchau die Funktion, ihr christliches Weltbild zu bestätigen und kann daher als Form sozialer Validierung angesehen werden, die subjektive Sicherheit vermittelte.

„Mein Herz, ich mache mir keinerlei Vorstellungen über das Leben nach dem Tode. Sie wären doch falsch, aber es ist uns ja genug offenbart und unser Gefühl ist stark und klar, also glaube ich, glaube dankbar und werde immer mehr und tiefer sehen und glauben" (Brief vom 29. September 1944).

„Ich weiß es alles nicht, aber ich weiß so fest, dass wir zusammen in Gottes Hand sind, dass daraus alles richtig für uns erwachsen wird" (Brief vom 4. Oktober 1944).

„Ich brauche dazu Gottes Hilfe, mein Jäm, und Du musst bei ihm für mich bitten" (Brief vom 11. Oktober 1944).

„Es gilt nur die Bereitschaft zu nehmen, was uns Gott beschieden hat. Möge er uns beiden, uns die Kraft geben, die wir brauchen, möge er uns klein und sich in uns groß machen, dann geht das alles" (Brief vom 26. Oktober 1944).

„Er [Gott] ist wirklich bei uns. Er hat uns, mir jedenfalls, auch geholfen, dass es so schön sein konnte [bei der Begegnung]" (Brief vom 11. November 1944).

„Fraglos ist es eine große, die große Gnade, aber ich glaube, dass Gott sie wirklich gern schenkt. Er will doch viel lieber Gnade schenken als nicht Gnade schenken. Er liebt uns ja, oder besser, er ist ja in der Liebe. Er will uns gewiss nicht verlassen" (Brief vom 24. November 1944).

„So durfte ich den letzten Tag dieses Jahres schön, dankbar friedvoll beginnen - mit Dir und fest in Gottes Hand" (Brief vom 30./31. Dezember 1944).

„Darum ging es mir so gut, weil uns das ja alles so deutlich geworden ist dank Gottes Fügung, aber nun habe ich es auch gelebt in diesen 3 Tagen. [...] So wie ich lebe, lebe ich ihm und für Dich. Anderes soll ich nicht" (Brief vom 13. Januar 1945).

„Unter der Verantwortung leide ich deshalb nicht, weil ich viel zu fest von der Richtigkeit der göttlichen Fügung überzeugt bin, [...]" (Brief vom 17./18. Januar 1945).

„Wie gut wir doch aufgehoben sind beim lieben Gott, wie wenig uns eigentlich dann geschehen kann, [...]" (Brief vom 23. Januar 1945).

Beachtenswert ist, dass Freya v. Moltke ihren Ehemann um Unterstützung bei der Vertiefung ihres Glaubens bat (z.B. im Brief vom 11. Oktober 1944). Hier wird der Übergang von der isolierten Sicht auf die Helferin zur partnerschaftlichen Interaktion als Sterbebegleiterin deutlich. Glaube stellt sich hier nicht allein als intrapsychischer Vorgang der Person Freya v. Moltke dar, sondern auch als Austausch zwischen zwei Personen, die beide jeweils Gebende und Nehmende sind.

Der Glaube der Gräfin Moltke findet seinen Ausdruck hauptsächlich in *Demut und Dankbarkeit*. Mit einer Auftretenshäufigkeit von 24,6 % gehört die induktiv gewonnene Kategorie DEMUT zu den häufigen Inhalten in ihren Briefen (siehe Tabelle 3-3 in Anhang 2). Demut bezieht sich explizit oder implizit auf Gott. Dankbarkeit richtet sich ebenfalls an Gott, aber auch an den Grafen.

„Ich verstehe auch, wie Du zum Tode stehst, und bin aus tiefster Seele dankbar, dass das, was Dich so sehr bedrängt hat am Montag, von Dir genommen wurde. Wie muss es Dich gequält haben. Ja, auch ich habe danken gelernt, und auch ich habe gelernt zu sagen, ‚Dein Wille geschehe'" (Brief vom 4. Oktober 1944).

„Ich bin voll tiefster Dankbarkeit für den Inhalt dieser Wochen. Ja, wir sind sehr beschenkt worden, sehr reich und sehr wunderbar, und dass wir es zusammen geschenkt bekommen haben, bedeutet solch ein Glück" (Brief vom 11. Oktober 1944).

„Im Grunde ist das schönste, das diese Wochen uns geschenkt haben, unsere gemeinsame Vorbereitung auf Deinen Tod, mein Geliebter. Das ist das große Geschenk" (Brief vom 12. November 1944).

„[...], dass ich noch sagen muss, wie dankbar ich bin, dass Du mir so genau von Dir berichtet hast. Ich verstehe auch sehr gut, was Deine arme Seele leiden muss und warum, und wenn Du es beschreibst, so bin ich nichts anderes als sehr froh, dass ich daran teilnehmen darf" (Brief vom 21. November 1944).

„Welcher Reichtum ist uns geschenkt, mein liebster Jäm, und welch eine Gnade, das in seiner ganzen schönen Fülle empfinden zu dürfen" (Brief vom 26. November 1944).

„Obwohl wir dieses Jahr [zu Sylvester] nicht nah beieinander sind, werde ich Dir vielleicht in Wirklichkeit näher sein denn je. Ist das nicht ein Wunder! Ach, mein Jäm, wie dankbar müssen wir wirklich sein" (Brief vom 15. Dezember 1944).

„Ja, ausgesprochen glücklich und dankbar bin ich wieder aufgewacht: Der ganze Reichtum meines, unseres Lebens war mir gleich ganz bewusst, Deine Nähe und unsere große Geborgenheit" (Brief vom 30./31. Dezember 1944).

„[...], und so werde ich nun auch Deinen Tod erleben, wenn er kommt, und das alles nur dank seiner Güte und Hilfe und Gnade, die er mir schenkt, ohne dass ich selbst darum bitte" (Brief vom 13. Januar 1945).

In einer Situation, in der es nur zu begreiflich wäre, entweder zu resignieren und in Passivität zu erstarren oder aber in Wut gegen ein ungerechtes Schicksal aufzubegehren, äußerte Freya v. Moltke Demut und Dankbarkeit. Trotz – oder möglicherweise gerade wegen? – der räumlichen Trennung und der ständigen Gefahr der Entdeckung der Kassiber empfand sie eine Intensivierung des gemeinsamen Lebens und eine kaum noch steigerbare Nähe. Das gemeinsame Leben unter diesen extrem restriktiven und bedrohlichen Umständen erschien ihr kostbar, als „Geschenk" und als „Reichtum". Offenbar handelt es sich um positive Deutungen, Konstruktionen mit dem Effekt, dass die Situation ihre Bedrohlichkeit verliert und folglich auch keine Angst aufkommt.

Flankierend zu diesen intrapsychischen Formen der Belastungsbewältigung nahm Freya v. Moltke *soziale Unterstützung* in Anspruch (20,0 % Auftretenshäufigkeit; siehe SOZUNT in Tabelle 3-3 des Anhangs 2). Sie suchte und empfing Zuspruch, Ermunterung, Versicherungen der Solidarität und des moralischen Beistands. Die Anzahl unterstützender Personen war freilich gering und beschränkte sich im wesentlichen auf das Ehepaar Poelchau und die Bewohner des Gutes Kreisau, darunter auch die beiden Söhne.

„[...], und außerdem umgeben sie mich beide [Poelchau und seine Frau] mit Liebe, Freundschaft und Fürsorge. Ich möchte am liebsten immerzu hier sitzen" (Brief vom 8./9. Oktober 1944).

„Mein Herz, wenn ich mir klarmache, dass Du mir in solcher Stärke jetzt beistehst, dass Du mich, was auch kommt, für unseren künftigen Weg ausrüstest, dass von Dir auf mich Kraft und Ruhe und Zuversicht strömt, [...]" (Brief vom 9. November 1944).

„Sie [die Söhne] sind dann auch so überströmend zärtlich mit mir, wollen beide nicht von mir lassen, und das ist sehr wohltuend für mich und eine große Verwöhnung" (Brief vom 20. November 1944).

„Wie wäre das alles ohne die Freunde! [...] Ich bin nur dankbar und ganz darein ergeben, dass man solche Freundschaft nur hinnehmen und ganz nie vergelten kann" (Brief vom 26. November 1944).

Man beachte, dass die Gräfin laut Brief vom 9. November 1944 Unterstützung von ihrem Ehemann erhielt. Hier kommt deutlich zum Ausdruck, dass sie unterstützende Äußerungen des Grafen als solche wahrnimmt und schätzt.

Ein weiterer Inhalt, der im Kontext funktionaler Reaktionsformen relevant ist, ist *Hoffnung*. Diese deduktiv eingeführte Kategorie liegt mit einer Auftretenshäufigkeit von 12,3 % im Bereich zwischen den häufigen und den seltenen Inhalten (siehe HOFF+ in Tabelle 3-3 des Anhangs 2). Die Kategorie umfasst drei Aspekte: (a) Hoffnung auf eine Rettung von Helmuths Leben durch Freispruch, Begnadigung oder Aufschub der Hinrichtung bis nach dem (absehbaren) Ende des Krieges; (b) Hoffnung auf einen Zeitgewinn zunächst im Vorfeld der Verhandlung mit Blick auf die Terminierung, nach dem Urteil mit Blick auf die Vollstreckung, nachdem diese nicht unmittelbar im Anschluss an das Urteil erfolgt ist; (c) Hoffnung auf die Güte Gottes, welche für den Grafen die Hinrichtung und für die Gräfin den Schmerz des Verlusts erträglich gestalten werde.

„[...], ich hoffe weiter und halte Deine Rettung für möglich, [...]" (Brief vom 13. Oktober 1944).

„[...], und doch spinne ich zu gerne an den dünnen Fäden und hoffe zu gerne" (Brief vom 24./25. Oktober 1944).

„Ich möchte hoffen, weil ich es zu schön finde, mit Dir zu leben, und ein bisschen dürfen wir auch hoffen, weil wir kämpfen wollen - wie gern" (Brief vom 9. November 1944).

„[...], bemerke ich einmal wieder, wie sehr der Hoffnungspegel wieder wider allen anderen Willen, ganz hinter meinem Rücken, gestiegen ist" (Brief vom 8. Dezember 1944).

„So betrete ich mit Dir 1945 voller Hoffnung, nicht voller konkreter Hoffnung, aber mit einem nicht zu definierenden glück- und dankvollen Gefühl der Zuversicht, das von Deinem vielleicht so nahen Tod gar nichts weiß" (Brief vom 30./31. Dezember 1944).

Hier wird ein spontanes, von vernunftbestimmten Erwägungen unabhängiges Hoffen erkennbar, das möglicherweise auch von dem Bedürfnis bestimmt ist, die Illusion einer Rettung nicht gänzlich aufzugeben.

Schließlich fügt sich das Merkmal *Zukunftsperspektive* in den Kontext stützender intrapsychischer Reaktionsformen ein, das mit 7,7 % Auftretenshäufigkeit zu den selteneren Inhalten gehört (siehe ZUP in Tabelle 3-3 des Anhangs 2). Die Gedanken richten sich hier auf die Zeit nach dem Tod des Grafen und betreffen zum einen das Schicksal Deutschlands und zum anderen die Entwicklung der beiden Söhne nach dem Ende des Nationalsozialismus.

„Ich werde leben müssen und das wird schwer sein, aber es wird gehen, denn ich werde Dich weiter lieben dürfen. [...] Die 15 Jahre, das war unser Leben; was jetzt kommt, das wird ein Leben für die Söhnchen, für andere Menschen, für Dinge, ich weiß noch nicht für was, [...]" (Brief vom 29. September 1944).

„Die Söhnchen werden schon richtig werden. Ich werde C.chen sagen, Du seiest an Krankheit gestorben; wenn er größer ist, dann mehr. Solange es geht, werde ich an Kreisau oder Berghaus kleben, [...]" (Brief vom 29. September 1944).

„[...], und ich habe mich oft gefragt, ob das nicht ein großes Manko bei uns ist und für unsere Kinder gefährlich werden könnte. Sicher ist die Aufgabe der Zukunft, die Überwertung der Technik zu überwinden, [...]" (Brief vom 8. November 1944).

„Deinen Haftbefehl und die ev. Benachrichtigung von Deinem Tode lasse ich mir in russisch übersetzen. Das kann mir vielleicht mal nützen" (Brief vom 13. Januar 1945).

„Was wird nun kommen? und wie? Wenn wir Front werden, müssen wir doch weg. Welche Entschlüsse!" (Brief vom 23. Januare 1945).

Aus motivationspsychologischer Sicht schaffen derartige Überlegungen eine innere Spannung, die Selbstmitleid und Resignation verhindert, ohne die Realität zu verkennen.

Neben funktionalen psychischen Reaktionsformen im Angesicht des Todes ihres Ehemannes findet sich in den Briefen der Gräfin Moltke ein relativ starker Ausdruck positiver Gefühle. Auf den ersten Blick überraschend, nimmt das *Gefühl der Beglückung* ohne oder mit religiösem Bezug einen breiten Raum ein (27,7 %; siehe GLÜCK in Tabelle 3-3 des Anhangs 2). Nimmt man das inhaltlich nahe stehende Merkmal *Erfüllung* hinzu (7.7 %; siehe ERFÜLL in Anhang 2), ergibt sich für die gemeinsame Inhaltskategorie „Glück und Erfüllung" Rangplatz zwei in der Auftretenshäufigkeit nach der Kategorie „Lagebeurteilung".

Wenn Freya v. Moltke in ihren Briefen ein *Glücksgefühl* zum Ausdruck bringt, so bezieht sich dies auf innige Gemeinsamkeit, große Übereinstimmung im Denken und Fühlen sowie auf intensive Nähe während der Begegnungen im Rahmen der Besuchstermine, aber auch in Abwesenheit, d.h. bei räumlicher Distanz. Die Zeit seit der Überstellung des Grafen in das Gefängnis Tegel erschien ihr als der Höhepunkt des gemeinsamen Lebens. Dem entsprechend war auch Dankbarkeit für Gottes Gnade an ihrem Glücksgefühl beteiligt. Vereinzelt schilderte sie auch ein spontanes, ohne erkennbaren Anlass auftretendes und daher unerklärbares Glücksgefühl.

„Mein Herz, ich habe ja nun Dein Briefchen vom 6. schon wieder in der Hand und bin voller Glück darüber. [...] Ja, ich bin Dir sehr nah, und daher finde ich ja auch diese Zeit in vielem schön, so schön wie nie eine zuvor. Ich bin Dir so intensiv nah" (Brief vom 8./9. Oktober 1944).

„Mitten in quälenden Gedanken kann mich diese Gewissheit [dass wir Gottes Kinder sind] in diesen Tagen mit einem wahren Glücksgefühl überkommen" (Brief vom 11. Oktober 1944).

„Mein Herz, das ist alles nicht leicht gut und richtig zu leben, und doch ist es erstaunlich, dass ich es in vielem als hohes Glück empfinde" (Brief vom 24./25. Oktober 1944).

„Welches Glück! Ich bin überhaupt seit vielen Tagen schon so guter Stimmung und kann sie nur ganz vorübergehend unterdrücken. Ich bin nicht von eigentlichen Hoffnungen erfüllt, aber ich bin aus unerklärlichem Grunde ganz unbelastet. Ich frage mich immer wieder, wie das kommt und ob ich eigentlich leichtfertig bin, ich kann es aber nicht unterdrücken, [...]" (Brief vom 6./7. November 1944).

„Mein liebes Herz, es war ein solches Glück, ein solches reines Glück, Dich zu sehen [beim Besuchstermin]. Ach, mein Jäm, wie schön war es. [...] Du sahst so wohl, so gut, so richtig aus, so wie Du aussehen musst, ganz wie mein Jäm, ganz wie immer" (Brief vom 14. November 1944).

„Ach ja, vorher wollte ich noch sagen, dass ich Dich aber auf allen meinen Spaziergängen ständig sehr fest und gut in mir herumgetragen habe. Es sah sehr friedlich und schön in mir aus. Ich war mit Dir ganz beschäftigt und hatte die schöne und starke Gewissheit unserer Untrennbarkeit. Das ist ein herrlich beglückendes Gefühl!" (Brief vom 25. November 1944).

„Mein Herz, wie gut haben wir es noch immer, wie nah sind wir einander. Wie schön ist das!" (Brief vom 8. Dezember 1944).

„Ich war ganz selig, richtig beglückt über Eugens und Deinen Ausflug zum Lichtbad. Hoffentlich bleibt es nun dabei! Wie hoch erfreulich. Was ist das überhaupt noch für ein herrliches gemeinsames Leben! Wie könnte das sein!" (Brief vom 15. Januar 1945).

Diese Auszüge dienen als Belege für einen wichtigen Aspekt der inneren Welt der Gräfin Moltke als Sterbebegleiterin ihres Ehemannes. Da es sich nicht um Tagebuchaufzeichnungen zum eigenen Gebrauch, sondern um Mitteilungen an ihn handelt, haben sie zugleich die Funktion der Sterbebegleitung, und dessen dürfte sich die Verfasserin bewusst gewesen sein. Wieder einmal wird hier die Schwierigkeit deutlich, die psychische Verfassung der Begleiterin, um die es in diesem Abschnitt geht, vom Vorgang des Begleitens zu trennen.

In der induktiv abgeleiteten Kategorie *Erfüllung* verleiht Freya v. Moltke ihrer überwältigenden Liebe beim Gedanken an ihren Ehemann Ausdruck. Nach Art einer quasi-erotischen seelisch-geistigen Interaktion wurde ein gemeinsamer Höhepunkt angestrebt.

„So hatte ich, während ich sang und auf mein zufrieden stotterndes C.chen herunter sah, einen von den beglückenden Augenblicken, in denen ich alles das, was wir beide als Gnade erfahren haben, in seiner ganzen Größe, Wärme und Fähigkeit, uns ganz zu erfüllen, empfand" (Brief vom 21. November 1944).

„Mein Jäm, ich liebe Dich schon in all den Jahren mit aller mir zur Verfügung stehenden Kraft. Vielleicht hat sich, ja, das hat er!, der Inhalt meiner Liebe, ihrer Möglichkeiten und ihr Ziel in diesen kostbaren Wochen geändert, nicht aber ihre Intensität. Ach, mein Jäm, es ist so schön, so lieben zu dürfen" (Brief vom 24. November 1944).

„Es waren wieder sehr schöne Tage bei Dir, sehr kostbare. [...] Ich fühle mich gesegnet für unser künftiges gemeinsames Leben: sehr reich fühle ich mich" (Brief vom 29. November 1944).

„Mein Lieber, ich habe Dich lieb von ganzer Seele, ganzem Herzen, ganzem Gemüte. Wie glücklich hast Du mich mit Deinem ‚Schöpfungsgedanken' gemacht" (Brief vom 20. Dezember 1944).

„Liebe, Liebe, Liebe, mein Herzensjäm; immer bleibe ich Dein P. Ich trug Dich so fest bei mir. Das war sehr schön zu fühlen" (Brief vom 23. Januar 1945).

Zu den stark ausgeprägten positiven Gefühlen zählt ferner *Wohlbefinden aus Sicherheit* (23,1 %; siehe SICHER in Tabelle 3-3 des Anhangs 2). Es sind die Geborgenheit und die innere Ruhe, die sich einerseits aus dem Glauben ergaben und andererseits durch die innige Beziehung zum Grafen sowie durch seinen Zuspruch bewirkt wurden.

„Aber im Grunde, mein Geliebter, sind wir beide ruhig und stark und einig, und so kann ich sagen: Es geht mir gut" (Brief vom 4. Oktober 1944).

„Mit dem Anblick dessen, was vor uns liegt, mein Geliebter, überwältigt mich auch immer das Gefühl unserer Geborgenheit. Diese Sicherheit ist ein unwägbarer Schatz" (Brief vom 1. November 1944).

„Mir geht es wirklich gut, und ich fühle mich glücklich und so fest mit Dir verbunden, dass ich einher gehe wie Eine, die gut und glücklich und sorglos verheiratet ist. Wie ist das nur möglich mit solchen Aussichten!" (Brief vom 1. November 1944).

„Mein Jäm, ja, wir sind eins, und Gott will nicht, dass der Tod uns trennt. Ich weiß es fest und werde es über allen Kummer, allen Schmerz und alle Tränen hinweg durch mein ganzes Leben bis an sein Ende tragen dürfen. So bin ich manchmal wirklich getrost und freudig und weiß, was zählt und was nicht zählt, kenne die Pole vor und hinter mir" (Brief vom 14. November 1944).

„Mein Herz, wie geborgen und sicher ich mich bei und mit Dir fühle, das wird mir nur manchmal so recht klar, weil ich es meistens mit Selbstverständlichkeit hinnehme. Ich bin ganz fest bei Dir aufgehoben" (Brief vom 24. November 1944).

„Ganz nah fühle ich mich Dir, aber auf eine selbstverständliche, natürliche, unaufregende, zukunftssichere Art. Ganz ruhig ist alles und ganz geborgen mit Dir, aber nicht so, als stände mein ganzes Leben in wenigen Tagen auf dem Spiel" (Brief vom 3. Januar 1945).

„Mein Liebster, müde bin ich, aber meiner Seele geht es gut. Es war alles heute gar nicht sonderlich ermunternd, aber ich bin ganz befriedigt und ruhig hindurchgeschifft - keine Leistung von mir, Du weißt ja, wer einem so etwas verschafft" (Brief vom 17. Januar 1945).

„Aber ich bin nicht verzweifelt darüber, ich bin ganz sicher und ganz nah bei Dir untergebracht und hoffe und bitte, dass es so bleiben kann, und bald hört auch die Aktivität auf, weil nichts mehr zu unternehmen ist, und dann geht unsere Sache einen Weg, auf den wir keinen Einfluss mehr haben, und sicher den Weg, den Gott will" (Brief vom 17. Januar 1945).

Angesichts der Situation des Ehepaares v. Moltke verwundert es nicht, dass sich bei Freya v. Moltke auch *antizipatorisches Trauern* in nennenswertem Ausmaß einstellt (20,0 %; siehe Trauer in Tabelle 3-3 des Anhangs 2). Diese sowohl induktiv als auch deduktiv begründete Inhaltskategorie bezeichnet die gedankliche Vorwegnahme des Verlusts ihres Ehemannes und des Abschieds von ihm. Sie enthält ferner die Beschäftigung mit der Zeit nach dem Tod des Grafen und überschneidet sich insofern mit *Zukunftsperspektive*. Schließlich gehört auch die Erwartung einer fortdauernden engen Bindung über den Tod hinaus hierher.

„Es wird schwer sein, es richtig zu machen, aber dass Dein Geist in dem, was ich entscheide, lebendig bleiben muss, weil er zu mir gehört, weil er ein Teil von mir ist, das ist sicher" (Brief vom 8./9. Oktober 1944).

„Ach, mein Herz, ich werde mich immer, immer an Deiner Seite über die Felder gehen sehen. Wo war meine Hand, wo wollte sie immer hin, wie schön war das. Aber ich mag nicht nur in die Vergangenheit sehen, ich will Dich lieben, mein Herz, ich will Dich immer weiter lieben dürfen, auch wenn ich alleine bleiben muss" (Brief vom 8./9. Oktober 1944).

„Ich weiß schon lange, dass der Schmerz um Dich, wenn Du mir genommen werden solltest, mein kostbares Gut sein wird, und gerade dann werde ich Gott bitten, dass er ihn mich zu meinem Nutzen auskosten lässt, mich darin leben lässt" (Brief vom 11. Oktober 1944).

„Ach, Jäm, hilf mir, wenn ich allein bleiben muss. Ich muss richtig, richtig alleine bleiben, um Dich zu behalten" (Brief vom 26. Oktober 1944).

„Bewusst und dankbar sollte ich mich von Deiner Nähe trennen, Schritt vor Schritt, ach Gott, es ist entsetzlich schwer, [...]" (Brief vom 11./12. Januar 1945).

„Der Unterschied ist eben wirklich nicht groß zwischen dem Leben vor und dem Leben nach dem Tod, und auch der Schritt, der uns so riesig dünkt, ist klein und so viel selbstverständlicher, als wir es glauben. Jetzt lebst Du noch bei mir, und eines Tages wirst Du eben plötzlich nicht mehr auch bei mir, sondern nur in mir, anders weiterleben, [...]" (Brief vom 13. Januar 1945).

„Von nun an wird von mir kein Brief mehr der Letzte sein, denn alle letzten Briefe habe ich schon geschrieben, [...]" (Brief vom 13. Januar 1945).

Die Gräfin gab ihrem Abschiedsschmerz einen Sinn. Sie sah ihre zukünftige Aufgabe darin, die einzigartige Beziehung zu ihrem dann verstorbenen Ehemann für den Rest ihres Lebens zu bewahren. Das Mittel, mit dem sie dies erreichen wollte, sah sie in selbst gewählter Einsamkeit, d.h. im Verzicht auf eine neue Verbindung. Dies steht in deutlichem Gegensatz zu der heute vorherrschenden Ideologie der Schmerzvermeidung.

Näheren Aufschluss über die Art und Weise, in der Gräfin Moltke antizipierend den Verlust ihres Ehemannes betrauerte, liefert die Inhaltskategorie *Festhalten am gemeinsamen Leben versus Aufgeben des gemeinsamen Lebens*. Mit 16,9 % Auftretenshäufigkeit zählt dieses induktiv gewonnene Merkmal zwar nicht zu den häufigsten Kategorien, in Verbindung mit der deduktiv eingeführten Kategorie *Fluktuation* überschreitet es jedoch die gewählte Schwelle für häufige Inhalte (siehe BINDLEB und FLUKT in Tabelle 3-3 des Anhangs 2). Dieses Merkmal bezeichnet das äußerst anstrengende Schwanken zwischen der Hinwendung zum gemeinsamen Leben und der Abwendung von ihm. In einer Art Pendelbewegung sieht Freya v. Moltke sich zwischen den Polen „Hoffnung auf Rettung" und „Resignation" hin und her treiben. Dabei versucht sie, eine realistische mittlere Position zu finden und aufrecht zu erhalten. Beispiele für BINDLEB sind:

„Wenn ich auch weiß, dass das der richtige Ort für unsere Herzen ist, so war es mir eben doch nicht gelungen, mein Herz dort zu halten, und der Sturz tut dann jedesmal wieder weh. [...] So werde ich kommen, mein Jäm, so kann ich mich schrecklich freuen. Komm Du auch so [zum Besuchstermin] und lass den Tod nicht zu uns herein. Da hat er noch nichts zu suchen" (Brief vom 12. November 1944).

„Es ist nun so, dass in dieser Welt die Hochs und die Tiefs sich ablösen. Solange wir darinnen sind, können wir daraus so wenig heraus wie aus der Zeit" (Brief vom 15./16. November 1944).

„Mein Jäm, ich liebe Dich, ich liebe Dich, so sehr ich vermag, und möchte Dich behalten. [...] Heute Nacht darf ich aber noch an Dich schreiben: Schlaf gut, mein Herz, und ich umarme Dich. Das ist schon schön" (Brief vom 26. November 1944).

„Es ist die alte, schwere Kunst, ihn [den „Hoffnungspegel"] auf richtiger Höhe zu halten" (Brief vom 8. Dezember 1944).

„In mir war es all die Tage allzu unbesorgt. Das habe ich nicht gerne. Ich habe an Deinen Tod gar nicht gedacht; ich war nicht imstande, ihn zu fassen, ich hatte in mir eine kaum bis zum Bewusstsein stoßende Sicherheit, dass Du leben wirst; es war nicht bewusstes Hoffen, keineswegs, aber diese merkwürdige Sicherheit. [...] Es fehlt dann das so wichtige Wachen; [...]" (Brief vom 26. Dezember 1944).

„Bewusst und dankbar sollte ich mich von Deiner Nähe trennen, Schritt vor Schritt, ach Gott, es ist entsetzlich schwer, und wenn es schon im Frieden und mit Gott geschah, wenn, wenn, wenn - es ist doch sehr schwer zu ertragen, trotz aller Hilfe und allem Trost und aller Liebe und aller Güte. [...] Nun darf ich noch einmal um Dich kämpfen, noch einmal ein Aufschub, den wir nutzen können. P. glaubt nicht, dass es zu etwas führen wird, und es ist anstrengend für Dich, wieder neu zu beginnen, aber ich bin dankbar und glücklich, dass ich wieder anfangen kann" (Brief vom 11. Januar 1945).

„Der Tag war nicht sonderlich angenehm: Wie Du schon so oft gesagt hast, bin ich dem Auf und Ab des Hoffens und Aufgebens so preisgegeben, und in diesem letzten Stadium ist das am anstrengendsten" (Brief vom 15. Januar 1945).

Beispiele für Fluktuation sind:

„Ich habe gestern nur von Deinem Tod geschrieben und heute immer an Dein Leben gedacht. Den ganzen Tag! Denke ich aber an Dein Leben und hoffe, dann kann ich nicht helfen, unsere Herzen auf den Tod vorzubereiten. Ein Tag ist es so und der nächste so" (Brief vom 12. Oktober 1944).

„Das viele Tun hatte mich doch mit Hoffnung erfüllt, und dann erschien mir das Tun nicht gelungen, die Eindrücke deprimierten mich, ich fand es unwürdig, und ich hatte dann plötzlich keine Hoffnung mehr" (Brief vom 12. November 1944).

3.2.2 Seltene und fehlende Inhalte

In den Briefen Freya v. Moltkes finden sich so gut wie keine Hinweise auf dysfunktionale psychische Reaktionsformen. Obwohl das Leben ihres Ehemannes und damit das gemeinsame Leben des Paares bedroht war, fehlen Anhaltspunkte für Erlebensweisen, die üblicherweise ein situationsangemessenes Denken und Fühlen beeinträchtigen. Zwar brachte die Gräfin ihre starke psychische Belastung zum Ausdruck, wenn sie mit Blick auf die zurückliegende Verhandlung vor dem VGH schrieb: „Es waren furchtbar anstrengende Tage, ..." (Brief vom 11. Januar 1945), und sie äußerte in unbestimmter Weise Schwäche, Erschöpfung, Zweifel am Glauben und auch Angst (siehe SCHWÄ in Tabelle 3-3 des Anhangs 2). Die folgenden Auszüge illustrieren dies.

„Sehr behaglich fühle ich mich trotzdem nicht, und bei schwachem Körper - keine Krankheit, nur Schwächung - ist die arme Seele sehr viel mehr den Gefahren [des Wetters] ausgeliefert als sonst. [...] An solchen Tagen sieht mein Leben ohne Dich an meiner Seite entsetzlich trostlos aus, und ich sehe mich schwach gegenüber der Aufgabe, es weiter mit Dir zu leben, [...]" (Brief vom 16. November 1944).

„Kurz, ich habe Angst, aber vielleicht fällt mir noch was besseres ein und sie gibt sich" (Brief vom 8. Dezember 1944).

„Im übrigen finde ich wie Du alles, was mit der Nähe des Termins zusammenhängt, sehr beängstigend und traurig, aber mein Herz, dann müssen wir uns tragen lassen und glauben und wissen, dass wir nicht allein sind" (Brief vom 8. Dezember 1944).

„Es ist schon eine besonders anstrengende Woche, die vor Weihnachten. Wie wird das alles gehen, mein Jäm! Dieses ist kein Verzweiflungssatz, es ist nur ein Seufzer. Es wird alles schon irgendwie gehen" (Brief vom 11. Dezember 1944).

„[...], anstatt eines langen, schönen Briefes bekommst Du nur ein paar Worte, weil ich gestern nach meinem unbeschreiblichen Glück über die weitere Atempause vollkommen in Kopfschmerz-Lethargie versank, aber so komplett wie schon lange nicht mehr" (Brief vom 15. Dezember 1944).

„Ach, mein Jäm, heute war ich mir meiner ganzen tiefen, großen Schwäche so bewusst, meiner Armseligkeit, meiner Kleinheit" (Brief vom 11./12. Januar 1945).

„Aber als ich am Donnerstag Mittag trotz allem ganz am Rande meiner Kräfte war - [...]" (Brief vom 13. Januar 1945).

„Da wurde ich dann ganz klein und arm und auch so zerschlagen, so armselig, wie ich mein Lebtag nicht gewesen bin, so nichtig, ja so erbärmlich - [...]" (Brief vom 13. Januar 1945).

Gleichwohl kommt die deduktiv gewonnene Kategorie *Psychische Belastung* mit 1,5 % Auftretenshäufigkeit selten vor (siehe STRESS in Tabelle 3-3 des Anhangs 2), und auch die unbestimmte Äußerung eigener Schwäche von 13,8 % Auftretenshäufigkeit kann angesichts der objektiv bestehenden Bedrohung als gering beurteilt werden. Bemerkenswert ist, dass alle Aspekte der *Angst*, die sich deduktiv einerseits aus Erfahrungen im Umgang mit Sterbenden und andererseits aus der Forschung über Einstellungen zu Sterben und Tod ableiten lassen und größtenteils empirisch begründet sind, in den Briefen der Gräfin Moltke fehlen. So äußerte sie weder Angst vor dem Verlust ihres Ehemannes und dem dann folgenden „einsamen Leben" noch Angst vor dem Leiden des Sterbenden noch Angst vor dem Schmerz der Trauer, und auch Angst vor eigenem Versagen als Begleiterin und guter Kameradin ist nicht erkennbar. In enger inhaltlicher Beziehung zu Versagensangst steht *Unzufriedenheit bzw. Selbstkritik*. Auch dieses induktiv abgeleitete Merkmal ist mit 4,6 % Auftretenshäufigkeit schwach ausgeprägt (siehe UNZUF in Tabelle 3-3 des Anhangs 2). Offensichtlich machte Freya v. Moltke sich das Leben durch Unzufriedenheit mit ihrem Verhalten gegenüber ihrem Ehemann und durch Leiden an der (vermeintlich) eigenen Unzulänglichkeit nicht zusätzlich schwer.

Insgesamt zeigt sich, dass Gräfin Moltke von der Bedrohungssituation durchaus belastet wurde, dass sie aber nicht mit stellvertretendem Leiden, mit Hilflosigkeit/Verzweiflung oder mit Resignation/Depression reagierte – Reaktionsformen, die in der Forschung zur Bewältigung psychischer Belastung als unzweckmäßig angesehen werden. Bemerkenswert ist, dass Phasen des Sterbens oder Trauerns, die aus der Begleitung Sterbender und Trauernder von Kübler-Ross, Weisman und anderen entwickelt wurden, in den vorliegenden Briefen weder in Gänze noch in einzelnen Komponenten (z.B. Wut/Zorn/Auflehnung, Verleugnen, Akzeptieren) vorkommen. Was speziell das *Akzeptieren* des Todes ihres Ehemannes betrifft, so finden sich lediglich zwei Aussagen, die in diesem Sinne aufgefasst werden können (siehe auch AKZEPT in Tabelle 3-3 des Anhangs 2).

„Ich werde leben müssen [ohne Dich] und das wird schwer sein, aber es wird gehen, denn ich werde Dich weiter lieben dürfen" (Brief vom 29. September 1944).

„[...], fühle mein Herz offen und bereit für alles, was uns bevorsteht, ..." (Brief vom 20. Dezember 1944).

Darin scheint weder ein freudiges noch ein resigniertes Einwilligen in den bevorstehenden Verlust zum Ausdruck zu kommen,

Schließlich ist auch die Erfahrung persönlicher Bereicherung, wie sie von ehrenamtlichen Betreuerinnen in der Hospizarbeit berichtet wird, mit 3,1 % in den Briefen der Gräfin Moltke kaum vertreten (siehe BEREICH in Tabelle 3-3 des Anhangs 2). Wenn Bereicherung erkennbar wird, entspringt sie im wesentlichen der Beziehung zum Partner und weniger der teilnehmenden Erfahrung des Sterbens, wie diese Auszüge zeigen:

„[...], wie viel werde ich, wenn Du nicht mehr lebst, Schönes und Beglückendes zu denken haben!" (Brief vom 29. September 1944).

„Ich möchte auch die schwarzen Stunden immer weiter mit Dir teilen, da ich doch auch so viel Herrliches mit Dir erleben darf" (Brief vom 24. November 1944).

3.2.3 Modell für Freya von Moltke als Sterbebegleiterin ihres Ehemannes

Die inhaltsanalytische Auswertung der Briefe Freya v. Moltkes, bei der das Augenmerk auf ihrer psychischen Verfassung als Ehefrau und Helferin ihres im verhaltenswissenschaftlichen Sinne sterbenden Ehemannes liegt, ergibt aus der funktionalen Sicht der Psychologie ein sehr positives Bild. Als übergreifende Bewältigungsstrategien treten intrapsychisches bzw. emotionszentriertes Coping, proaktives (d.h. antizipierendes, zukunftsorientiertes) Coping sowie positive Emotionen hervor. Da eine nachhaltige Abschwächung oder gar Beseitigung der Bedrohung aufgrund der Umstände nicht möglich ist, sind dies zweckmäßige psychische Bewältigungsformen.

Denkbar wäre es, dass die Gräfin angesichts einer Situation, die sie selbst und der Graf als „nach menschlichem Ermessen hoffnungslos" ansahen, in Verzweiflung und Resignation verfallen wäre. Ferner wäre es denkbar, dass sie aus Empathie so stark vom Leiden ihres Ehemannes in Mitleidenschaft gezogen worden wäre, dass sie kaum mehr handlungsfähig gewesen wäre. Belastung aufgrund von Mitgefühl („compassion stress"), sekundäre traumatische Belastung (Figley, 1995) und stellvertretende Traumatisierung (Pearlman &

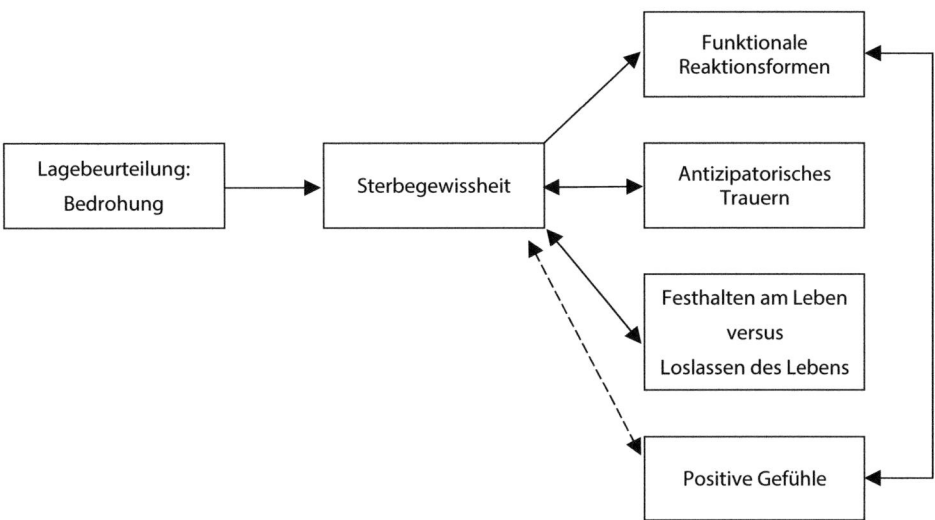

Abbildung 3-4: Modell für Freya von Moltke als Sterbebegleiterin.

Saakvitne, 1995) wurden bei ehrenamtlichen und professionellen Betreuungspersonen Sterbender beobachtet (siehe Papadatou, 2009, Kapitel 5). All dies ist bei Gräfin Moltke nicht erkennbar. Auch unzweckmäßige Überlegungen bezüglich der (vermeintlichen) Ungerechtigkeit des Schicksals bzw. des Lebens fehlen in ihren Briefen.

Setzt man die wesentlichen Merkmale, die sich für die Erlebensweise der Gräfin Moltke als Helferin ihres sterbenden Ehemannes aus ihren Briefen herauskristallisiert haben, in eine funktionale Beziehung zueinander, so ergibt sich das in Abbildung 3-4 dargestellte Modell. Allgemeiner Bezugsrahmen ist ein Reiz-Reaktionsschema. Freya v. Moltke beurteilt die Situation ihres Ehemannes als äußerst bedrohlich; sie macht sich keine Illusion, dass der Graf der Hinrichtung entgehen könnte. Aus dieser realistischen Einschätzung resultiert ihr Bewusstsein, bei ihm handele es sich um einen Sterbenden. Ihre Sterbegewissheit wird vom Grafen nicht nur geteilt, sondern ausdrücklich bestätigt. Sie bildet so etwas wie die gemeinsame Geschäftsgrundlage des Paares in dieser Situation existentieller Bedrohung und aus psychologischer Sicht die Reizkonfiguration.

Als Reaktion auf diesen Stimulus stellen sich funktionale Bewältigungsstrategien ein. Dies sind in erster Linie der Glaube an die Güte und die Gnade Gottes sowie eine Haltung der Demut und Dankbarkeit. Bei letzterer werden Glück und Erfolg im Sinne externaler Kontrollüberzeugung in äußeren Umständen oder als Wirkung einer höheren Macht gedeutet. Da das Anspruchsniveau (das Soll) niedrig angesetzt wird, ergibt sich beim Vergleich mit dem Haben leicht ein positiver Saldo. Man kann dies als habituelle Strategie bezeichnen, Zufriedenheit mit den eigenen Lebensumständen insbesondere im Rückblick zu erzeugen. Diese zweckmäßigen Bewältigungsstrategien werden durch die Inanspruchnahme sozialer Unterstützung von seiten des Ehepaares Poelchau ergänzt, das der Gräfin auch die Möglichkeit der Übernachtung bot und ihr somit anstrengende Fahrten und den Aufenthalt in einer fremden Umgebung ersparte. Wie sehr sich die Gräfin dessen bewusst war, zeigt ihr Ausruf: „Wie wäre das alles ohne die Freunde! [...] Ich bin nur dankbar und ganz darein ergeben, dass man solche Freundschaft nur hinnehmen und ganz nie vergelten kann" (Brief vom 26. November 1944).

Diese günstigen Reaktionsformen bewirken ein positives Gefühl, nämlich Wohlbefinden aus Sicherheit. Eingehüllt in den wärmenden Mantel göttlichen Schutzes und gestärkt durch Freunde, fühlte Freya v. Moltke sich trotz objektiver Bedrohung geborgen. Ein weiteres positives Gefühl ist Erfülltsein und Glück. Seine Herkunft lässt sich zum Teil aus der Haltung der Demut und Dankbarkeit erklären. Da sie keinerlei Anspruch auf ein „gutes" oder „schönes" Leben zu haben glaubte, fiel ihre Bilanz sowohl im Rückblick als auch in der aktuellen Situation überaus vorteilhaft aus. Diese Bewertung mag durch die Sterbegewissheit noch gesteigert worden sein. Die Bedrohungssituation scheint bei beiden Partnern zu einer Intensivierung aller Empfindungen beigetragen zu haben. Derartiges ist auch anderen Menschen schon widerfahren. In den Kriegsbriefen von Studenten, die im Ersten Weltkrieg gefallen sind, finden sich immer wieder Schilderungen des besonders intensiven Erlebens, beispielsweise eines Sonnenaufgangs (Witkop, 1928). Und es drängt sich die Sichtweise Freuds (1915/1948) auf: „Dies unser Verhältnis zum Tode hat aber eine starke Wirkung auf unser Leben. Das Leben verarmt, es verliert an Interesse, wenn der höchste Einsatz in den Lebensspielen, eben das Leben selbst, nicht gewagt werden darf" (S. 343). Selbstverständlich handelt es sich bei der Situation des Ehepaares v. Moltke nicht um ein Wagnis in dem Sinne, dass man freiwillig ein großes Risiko für Leib und Leben eingegangen wäre. Aber durch den Zwang äußerer Umstände steht das einzelne wie das gemeinsame Leben nun einmal auf dem Spiel – für das Ehepaar Moltke im Prinzip nicht anders als für den Soldaten im Schützengraben vor Verdun. Einen Hinweis darauf, dass die Gräfin dies ähnlich empfunden hat, bietet der folgende Auszug aus ihrem Brief vom 17./18. Oktober 1944, der in die Inhaltskategorie „Sinnfindung/Sinngebung" fällt: „Ja, ich habe immer gefunden, dass ich bereit sein müsste, Dich zu opfern, weil das Leben des Menschen seinen wahren Wert erst bekommt, wenn man es einzusetzen bereit ist. Das ist etwas, was wir wohl doch erst in den letzten 10 Jahren gelernt haben" (S. 74).

Der wiederholte Ausdruck von Glück und Erfüllung in den Briefen Freya v. Moltkes mag auch an eine erotische Interaktion erinnern, bei der die Partner im Gleichklang von Geben und Nehmen den gemeinsamen Höhepunkt anstreben. Was unter normalen Umständen der körperliche Kontakt bewirkt, erzeugt hier – bei räumlicher Trennung – der Austausch über den gemeinsamen Glauben. Als eine weitere Analogie kommt die der Schwangerschaft in Betracht. Sie trägt ihn (gedanklich und emotional) mit sich herum, empfindet ihn als Teil von sich und die Einheit von ihm und sich. Was im Falle der Schwangerschaft die Niederkunft ist, ist hier die Hinrichtung des Geliebten, also in beiden Fällen die unwiderrufliche körperliche Trennung.

Weitere Auswirkungen der Sterbegewissheit Freya v. Moltkes sind antizipatorisches Trauern und das Schwanken zwischen dem Festhalten am Leben des Grafen und der Ablösung von ihm. Man kann diesen oszillierenden Prozess als Bestandteil, womöglich gar als Wesensmerkmal des vorwegnehmenden Trauerns betrachten. In Abbildung 3-4 ist er wegen seiner Prägnanz als eigenständiges Merkmal aufgeführt.

Die Beziehungen, in denen die Komponenten des Modells zueinander stehen, sind unterschiedlich. Die funktionalen Reaktionsformen werden allein durch Sterbegewissheit ausgelöst; die Wirkungsrichtung ist daher einseitig. Für die übrigen Komponenten des Modells sind bidirektionale Beziehungen vorgesehen. Sterbegewissheit bewirkt antizipatorisches Trauern, und dieses wirkt auf die Sterbegewissheit zurück. Analoges gilt für Festhalten vs. Loslassen und für Positive Gefühle. Was letztere betrifft, symbolisiert der gestrichelte bidirektionale Beziehungspfeil den spekulativen Charakter, der Überlegungen zur Intensivierung des Lebensgefühls durch Sterbegewissheit innewohnt. Durch die vorliegenden Befunde gut belegbar ist hingegen die zweiseitige Beziehung zwischen funktionalen Reaktionsformen und positiven Gefühlen.

Es bleibt die Frage nach der Ursache der spezifischen Erlebensweise der Gräfin Moltke in ihrer Situation als Gefährtin ihres sterbenden Ehemannes. Wie lassen sich ihre erstaunliche Standhaftigkeit und ihre imponierende Fähigkeit zur Bewältigung dieser extrem belastenden Situation erklären? In erster Linie wird man hier an das Persönlichkeitsmerkmal „Emotionale Belastbarkeit" denken, dessen einzelne Merkmale (Symptome) von Westhoff und Liebert (2014) regelgeleitet zusammengestellt wurden. Tatsächlich finden sich in den Briefen der Gräfin Moltke vielfältige Belege für ihre Selbstsicherheit im Umgang mit anderen (z.B. ranghohen Angehörigen der SS), für Impulskontrolle und Gelassenheit (z.B. bei Problemen auf dem Gut Kreisau, bei Behinderungen im Zugverkehr), für Zufriedenheit mit sich selbst und für geringe Ängstlichkeit in Verbindung mit einer geringen Neigung zu Depression. Aus persönlichkeitspsychologischer Sicht ist Emotionale Belastbarkeit eine Eigenschaft, die zum größten Teil angeboren ist und zu einem kleineren Anteil durch Erfahrungen in der frühen Kindheit erworben wird. Ergebnis dieses Lernprozesses sind auch vorteilhafte Strategien der Stressbewältigung. Unabhängig von objektivem Erfolg bzw. Misserfolg kommen Menschen mit dieser Eigenschaft mit allen Arten von Anforderungen vergleichsweise gut zurecht, und Freya v. Moltke dürfte ein solcher Mensch gewesen sein. Hinzu gesellt sich Demut, die man als überdauerndes Persönlichkeitsmerkmal auffassen kann (Exline & Geyer, 2004; Landrum, 2011). Demut und die mit ihr verbundene Bescheidenheit und Anspruchslosigkeit tragen zur Gelassenheit des Weisen bei – zu einem „stillen Ego" im Unterschied zu einem fordernden, „lärmenden Ego" (Ardelt, 2008).

Als Fazit ergibt sich, dass in Freya v. Moltkes Briefen spezifische Erlebens- und Verhaltensweisen erkennbar sind, die zu ihrer Rolle als Sterbebegleiterin ihres Ehemannes passen. Offenbar kann man auch gegenüber einem organisch gesunden Menschen die Rolle des Sterbebegleiters einnehmen.

3.3 Sterbebegleitung als Interaktion der Ehepartner

Gegenstand des vorliegenden Abschnitts ist die betreuende Begleitung des im psychologischen Sinne sterbenden Grafen Moltke durch seine Ehefrau. Im Unterschied zu Abschnitt 3.2 geht es hier um das Helfen, nicht um die Helferin. Dem entsprechend liegt das Augenmerk auf dem *Umgang* der Gräfin mit ihrem Ehemann. Was schreibt sie ihm und wie, in welcher Tonlage, schreibt sie es? Da es sich um die Interaktion zweier Personen handelt, ist auch die Reaktion des Grafen auf die betreuenden Mitteilungen seiner Ehefrau von Bedeutung. Wie bereits am Beginn von Abschnitt 3.2 ausgeführt, gibt es auch bei der Betrachtung der Sterbebegleitung Überschneidungen mit jenen Inhaltskategorien, die zur Kennzeichnung der psychischen Verfassung der Sterbebegleiterin herangezogen werden.

3.3.1 Alltag, Lagebeurteilung, Begleitung im/beim Sterben, Fürsorge, Trösten und Getröstet-werden

Den mit Abstand größten Anteil an den schriftlichen Mitteilungen Freya v. Moltkes haben Berichte über *Vorkommnisse des Alltags* in Verbindung mit der *Versorgung* des Grafen mit Nahrungsmitteln und Gebrauchsgegenständen (ALLTAG mit 80,0 % und SACH mit 7,7 % Auftretenshäufigkeit; siehe Tabelle 3-4 in Anhang 2). Fasst man diese beiden Kategorien zusammen, so ergibt sich mit „Alltag und Versorgung" ein Inhalt, der in nahezu allen Briefen der Gräfin vorkommt. Im einzelnen beinhaltet dies ihre Lebensumstände einschließlich des Pendelns zwischen Berlin und Kreisau, die Verhältnisse auf dem Gut, die Aufenthalte bei Poelchaus, Kontakte mit Ratgebern und Repräsentanten der Justiz und der SS, Familienangelegenheiten, Fliegeralarme und Bombenangriffe sowie nicht zuletzt das Wetter.

„Gestern war ein milder zartfarbiger Herbsttag. Ich bin nach Tisch mit [dem Gutsverwalter] Zeumer rumgefahren, [...] Wir waren nicht in Wirischau, sonst überall. Wir droschen Rübensamen, der nass war, und machten Kartoffeln raus, aber wir fuhren auch nach Kr. raus, wo nicht gearbeitet wurde" (Brief vom 8./9. Oktober 1944).

„Mein Lieber, ist Dir klar, dass ich praktisch jeden Abend bei unseren Freunden sitze, schreibe, rede und mich sehr zu Hause und bei Dir fühle. Oft fahre ich erst um ½11 ab, manchmal auch ein bisschen eher, [...]" (Brief vom 13. Oktober 1944).

„Asta schrieb mir sehr lieb eine Karte zum 18., die ja für Dich mitbestimmt ist" (Brief vom 20. Oktober 1944).

„Heute nun aber war der Geburtstag [des Sohnes Caspar], und wir haben ihn in vollen Zügen genossen, es war ein großes Fest!" (Brief vom 30. Oktober 1944).

„Zeumer besuchte ich gleich am Sonnabend Nachmittag mit C.chen. [...] Die Kartoffeln sind raus und fertig" (Brief vom 20. November 1944).

„Wir feierten aber sehr schön und sehr andächtig [Weihnachten]" (Brief vom 24./25. Dezember 1944).

„Der Angriff vorgestern hat überall kleinere Störungen erzeugt [...]" (Brief vom 2. Januar 1945).

„[...], die Wäsche ist gewaschen, und das Programm ist abgewickelt, [...]" (Brief vom 4. Januar 1945).

Diese Mitteilungen mögen banal anmuten, sie sind gleichwohl ein Abbild des „wirklichen Lebens". Auch unheilbar Kranke im Endstadium sprechen mit ihren Besuchern über das Wetter, das Essen und über die freundliche oder unfreundliche Schwester. Im Fall der Inhaftierung haben derartige Berichte mehr noch als bei einem Aufenthalt in einem Krankenhaus oder einer Hospizeinrichtung die wichtige Funktion, die Verbindung „nach Draußen" aufrecht zu erhalten. Indem die Gräfin ihrem Ehemann von alltäglichen Kleinigkeiten berichtete, stellte sie eine Verbindung zu seinem früheren Leben in Freiheit her und beugte damit seinem sozialen Sterben vor. Insofern haben diese banal anmutenden Inhalte eine wichtige Funktion im Rahmen ihrer informellen Sterbebegleitung.

Die *Versorgung mit Bedarfsgütern* wird durch folgende Auszüge illustriert:

„Dann bringe ich auch einen dicken Anzug mit" (Brief vom 29. September 1944).

„Ich werde Dir den schwarzen Schal schicken, wenn es geht" (Brief vom 24. November 1944).

„Mein Lieber, heute ist Nikolaus. Er bringt auch Dir was, mein Lieber! Du findest aber vor allem 2 Bonbons von Casparchen in ein Papierchen eingewickelt, die er Dir ausdrücklich schickt" (Brief vom 6. Dezember 1944).

Neben diesen direkten Hinweisen auf die Versorgung mit Gebrauchsgütern in den Briefen Freya v. Moltkes gibt es indirekte in den Briefen des Grafen, die entweder in der Bitte um bestimmte Gegenstände oder im Dank für erhaltene Gegenstände bestehen. Aus all dem ergibt sich das Bemühen, normale Lebensverhältnisse so weit wie möglich aufrecht zu erhalten.

Auf *Lagebeurteilung* als gewichtige Inhaltskategorie in den Briefen Freya v. Moltkes wurde bereits in Abschnitt 3.2.1 eingegangen (siehe die dort aufgeführten Textauszüge). Man kann darin eine Analogie zu der Erörterung von Heilungschancen im Falle einer unheilbar kranken Person erblicken. Die nüchterne, ohne Illusionen vorgenommene Prognose des Urteilsspruchs bewirkte nicht nur Sterbegewissheit bei ihr, sondern bestätigte auch die seine. Die Herstellung und Aufrechterhaltung von Sterbegewissheit bei ihrem Ehemann ist ein zentrales Merkmal ihrer Art der Sterbebegleitung. Darüber hinaus erzeugte diese Lagebeurteilung den Bewusstheitskontext der Offenheit.

In engem Zusammenhang mit der Beurteilung der Lage steht die Frage der *Rettungsaussichten*. Auch sie nimmt in Freya v. Moltkes Briefen einen großen Raum ein (36,9 % Auftretenshäufigkeit; siehe RETTG in Tabelle 3-4 des Anhangs 2). Wie der somatisch lebensbedrohlich Erkrankte und seine Angehörigen auf ein rettendes Medikament hoffen mögen, so machten sich die Moltkes Gedanken über Maßnahmen, durch die das Schlimmste verhindert werden könnte. Dabei waren die Ausführungen der Gräfin zumeist Antworten bzw. Reaktionen auf Ideen oder Anweisungen ihres Ehemannes.

„Er [Müller] regte an, ich solle an Himmler und Hitler je einen Brief schreiben. Soll ich das? Ich setze morgen mal was auf und gehe morgen auch zu Dix" (Brief vom 8./9. Oktober 1944).

„Zu Hause machten wir das Gnadengesuch fertig, und daran tippte ich danach lange, weil ich es ohne Fehler machen musste" (Brief vom 11. November 1944).

„Deinen geplanten Brief an Himmler fand er im Plan nicht schlecht: Es kommt aber natürlich sehr auf die Form an" (Brief vom 29. November 1944).

„Sollte das Todesurteil am 2. Tag herauskommen, oder wann es herauskommt, dann werde ich sofort geschäftig. Ich verzweifele bestimmt nicht, [...]" (Brief vom 6./7. Januar 1945).

„Morgen Vormittag gehe ich mit Carl Dietrich zu Herrn Prost im Justiz-Ministerium. Damit ist meine Tätigkeit wohl auch ziemlich erschöpft" (Brief vom 17. Januar 1945).

Hier zeigt sich, in welcher Weise Freya v. Moltke, selbst Juristin, Diskussionspartnerin ihres Ehemannes und zugleich Handelnde in seinem Auftrag war. So wenig aussichtsreich die ergriffenen Maßnahmen dem heutigen Betrachter scheinen mögen, sie vermittelten dem hauptsächlich Betroffenen, dem Grafen Moltke, doch das Gefühl, dass seine wichtigste Bezugsperson ihn nicht aufgegeben hat. Man kann dies auch als das Gewähren sozialer Unterstützung auffassen: Die Versuche instrumenteller Unterstützung (z.B. durch Einwirkung auf bestimmte Personen) vermitteln den zutreffenden Eindruck des Zusammenhalts (Kognition) und werden dadurch als wohltuend erlebt (Emotion). So wohltuend Rettungsmaßnahmen und soziale Unterstützung auch sein mögen – sie haben auch eine Kehrseite, dass sie nämlich die Lösung der Bindung an das Leben und damit die Herstellung von Sterbebereitschaft erschweren. In einer im Prinzip analogen Situation befinden sich die Eltern unheilbar kranker Kinder. Sie unternehmen alles Menschenmögliche zur Rettung ihres Kindes und machen ihm Mut, verstärken damit aber zugleich ihr innerliches Festhalten an ihm. Auf soziale Unterstützung wird später in diesem Abschnitt noch ausführlicher eingegangen werden.

Die eigentliche Begleitung des im verhaltenswissenschaftlichen Sinne sterbenden Grafen Moltke äußert sich in einem Bündel von Inhalten, dessen Kategorien in einem hierarchischen Verhältnis zueinander stehen. Übergeordnet sind die induktiv abgeleitete, zugleich aber auch von vornherein deduktiv gesetzte Kategorie *Begleitung im/beim Sterben* (GELEIT, 16,9 % Auftretenshäufigkeit) sowie die deduktiv gewonnene Kategorie *Psychischer Aspekt der Sterbebegleitung* (EMOT, 18,5 %; siehe Tabelle 3-4 in Anhang 2). Beide Kategorien liegen in ihrer Auftretenshäufigkeit geringfügig unterhalb der Schwelle der häufigen Inhalte, sind aber gleichwohl in nennenswertem Umfang vertreten. Konkrete Ausgestaltungen der Begleitung im/beim Sterben wie auch ihres emotionalen Aspekts stellen die Kategorien *Fürsorge* (SORGE, 38,5 %) sowie *Trösten und Getröstet-werden* (TROST, 16,9 %) dar. Es ist offensichtlich, dass zwischen diesen vier Merkmalen Überschneidungen bestehen, die eine eindeutige Zuordnung erschweren wenn nicht gar unmöglich machen. Zusammengenommen zeigt diese Merkmalskonfiguration die Intensität und die Vielfalt der Betreuung, die Freya v. Moltke ihrem sterbenden Ehemann zuteil werden ließ. Es gilt nun, dies im Einzelnen zu betrachten.

Die übergeordnete Inhaltskategorie *Begleitung im/beim Sterben* erfasst jenen Beistand für Helmuth v. Moltke, der sich speziell auf die Aussicht richtet, dass er aller Voraussicht nach in Kürze sein Leben verlieren wird. In geringerem Umfang ist auch die Art der Hinrichtung, also das Sterben, angesprochen. Dieser Kategorie wurden auch Inhalte zugeordnet, die das Trösten, die Bindung an das eigene Leben, Fürsorge und Sterbegewissheit betreffen.

„Mein Herz, das ist ganz richtig, dass es immer schwerer für Dich wird, Dich aufs Sterben einzustellen. Das ist ja das Belastende an dieser langen Wartezeit. Das muss ja so sein. Im ersten Druck geht das viel, viel leichter. Du brauchst mir das garnicht auseinanderzusetzen, weil ich mir darüber ganz klar bin" (Brief vom 21. November 1944).

„Für Dich, mein Herz, ist der erneute Übergang zur ‚Entspannung‘ viel schwerer. Du warst bei allem Lebenswillen jetzt auch wieder so nah beim Tod und ganz vertraut mit ihm. Nun geht alles von Neuem an" (Brief vom 15./16. Dezember 1944).

„Gott gebe, dass es bei Dir auch nicht zu schwer war, dass Du nicht gepeinigt worden bist in Deiner Zelle, dass Dir es nicht zu anstrengend war, dass ich nicht wieder gezogen habe in dieses herrliche gemeinsame Leben" (Brief vom 6./7. Januar 1945).

„Das Lied hat ganz recht, dass Du zum Sterben fertig bist, wenn Du Dich lebend zu ihm hältst. Das wirst Du schon tun, und so wird es nichts besonderes sein, wenn sie Dich eines Tages holen sollten. Ich bin dann bei Dir, selbst, wenn ich gar nichts davon weiß, weil ich immer bei Dir bin" (Brief vom 13. Januar 1945).

„Du stirbst auch gar nicht schlecht, wenn Du so stirbst; es ist auch alles rund und schön, aber was sein Wille ist, das wird sich finden" (Brief vom 15. Januar 1945).

„Trotzdem frage ich, ob es Dir nicht möglich ist, die Gedanken an die mögliche Hinrichtung mit Willen und Bewusstsein auszuschalten, eben zu leben, Dein Zellenleben, das ja auch ein sehr lebendiges sein kann und bei Dir ist, Dich lebend zu ihm zu halten, aber doch nicht täglich mit dem Tod zu rechnen. Kann man das in der Zelle? Es wäre gut, wenn Du das könntest. Wenn Du dann geholt werden solltest, so hast Du noch sehr viel Zeit, wahrscheinlich zuviel, Dich auf den eigentlichen Tod einzustellen. Jetzt musst Du jedenfalls noch leben" (Brief vom 23. Januar 1945).

Das Spezifikum dieser Betreuung besteht in der Verbindung von vier Merkmalen. Erstens bestärkte Freya v. Moltke ihren Ehemann in seiner Sterbereitschaft, und sie äußerte Verständnis für die große Anstrengung, die ihm die Herstellung und Aufrechterhaltung von Sterbebereitschaft bereiteten. Zweitens äußerte sie Vertrauen in seine Kraft zur Bewältigung der Anforderungen und zeigte sich insofern zuversichtlich. Drittens setzte sie den gemeinsamen Glauben als Kraftquelle ein. Und viertens gab sie in wohldosiertem Ausmaß konkrete Empfehlungen zur psychischen Selbstregulation.

Fürsorge nimmt einen sehr großen Raum in Freya v. Moltkes Briefen ein; nach dem Alltag und der Partnerbeziehung belegt dieses Merkmal Rang 3 in der Rangreihe jener Merkmale, die sich unter dem Aspekt der Sterbebegleitung einordnen lassen. Im einzelnen umfasst Fürsorge das Kümmern um den Grafen in Form von Erkundigungen nach seinem Befinden, von Aufmunterungen und dem Ausdruck von Zuversicht und Vertrauen in seine Kompetenz zur Daseinsbewältigung. Ferner zählen Ratschläge zur Handhabung lebenspraktischer Angelegenheiten einschließlich des (antizipatorischen) Trauerns und der Angstbewältigung dazu. Nicht zuletzt beinhaltet Fürsorge auch beruhigende Hinweise für die Zeit nach dem Tod des Grafen, insbesondere das Gut Kreisau und die Söhne betreffend.

„Wie geht es Dir nun mein Herz, nach diesen Exkursen? Bist Du deprimiert oder hattest Du Dir weise keine Hoffnungen gemacht?" (Brief vom 11. November 1944).

„[...]; Deine Furcht wird nur sein, dass Dich ein Tief trifft in den Stunden, in denen Du es nicht gebrauchen kannst. Gegen diese Furcht hilft aber nur Gottvertrauen. Ich, mein Herz, kann es nicht glauben. Er kann Dich prüfen, aber nicht verlassen. [...] Leicht ist es nicht und wird es nicht sein, aber Du wirst doch siegen können, denn Gott wird Dich nicht verlassen" (Brief vom 15./16. November 1944).

„Du sollst dann [nach der Urteilsverkündung] nicht mehr an mich denken, aber ich an Dich" (Brief vom 17. November 1944).

„Ich weiß selbst nicht, ob das ein Rat ist, aber mir scheint es doch eine zu große Anstrengung, so lange warten zu müssen, obwohl es klar ist, dass wir gerne lange warten, und dass Du es Dir möglichst erleichtern und Dich entspannen solltest" (Brief vom 21. November 1944).

„Ich war voller Sorge, wie Du das so lange aushalten solltest, aber so ist es richtig angesehen, denn so ist es nicht nur der Tod, auf den Du ausgerichtet zu sein brauchst, und auch nicht nur das Leben, sondern Du bejahst die unvermeidliche Spannung zwischen den beiden Polen und nimmst sie auf Dich und lebst in ihr, so gut Du kannst. Das ist schön und tröstet mich sehr!" (Brief vom 24. November 1944).

„Wie mag es aber Dir gegangen sein! [...] Wie mag der Hexenschuss sein?" (Brief vom 25. November 1944).

„An sich, mein Jäm, lebst Du jetzt wie ein Mönch und solltest auch so leben und die Früchte eines solchen Lebens genießen. Du tust das auch, aber die Liebe Deines P. zieht Dich immer wieder in die Welt hinein. Das ist eine Erschwerung für Dich, aber ich kann es nicht ändern, denn ich weiß zu genau, dass Du gemacht bist, eine Frau zu haben, und zwar, mein Jäm, gerade mich, die Dich zwar zerstreut, die Dir aber mit ihrer großen Liebe das Leben wärmt, solange Du es hast" (Brief vom 25. November 1944).

„Mein armes Herz, wie anstrengend ist es für Dich. Da hat es Eugen leichter mit seiner absoluten Sicherheit. [...] Mein Lieber, es ist ja ganz berechtigt, dass das alles in Dir vorgeht, und Du darfst Dich nicht zu streng beurteilen. Der liebe Gott weiß ja auch, dass wir arme und schwache Leute sind, aber er ist bereit, in uns zu wohnen!" (Brief vom 9. Dezember 1944).

„Ich habe ein wenig Furcht, dass Du, mein geliebtes Herz, innerlich schon so gerüstet warst, dass Dir die Umstellung [auf das Mehr an verbleibender Zeit] Anstrengung macht" (Brief vom 15. Dezember 1944).

„Ich mache Dir nichts vor, mach Dir aber keine Sorgen um mich" (Brief vom 6./7. Januar 1945).

„Deine Lage hingegen ist sehr viel schwerer, weil Du eine ganz konkrete Nervosität jeden Tag zu überwinden hast" (Brief vom 23. Januar 1945).

„Ich möchte so gerne, dass Du Dich in diese kaum erträgliche Spannung nicht hineinsteigerst. Wenn es nun noch Wochen dauert, wie sollst Du das aushalten!" (Brief vom 23. Januar 1945).

Die inhaltlichen Überschneidungen sind offensichtlich. Auch hier spielt das Einregulieren auf einen Zustand der Sterbebereitschaft, das in Abschnitt 3.1 im Kontext der Bindung Helmut v. Moltkes an sein Leben dargestellt wurde, eine große Rolle. Als Sterbebegleiterin folgt Freya v. Moltke hier der Vorgabe des Sterbenden.

Trösten und Getröstet-werden, das Spenden von Trost und das Empfangen von Trost, sind zwei eigenständige Aspekte, die hier gemeinsam erfasst und dargestellt werden, weil sie dem Vorgang der Sterbebegleitung als Interaktionsgeschehen Rechnung tragen. Es handelt sich um das Ausdrücken („Senden") und Entgegennehmen („Empfangen") von Mitgefühl, Anteilnahme, Bedauern, aber auch um Aufmunterung und Bewertungen, die das Leiden erträglicher machen sollen.

„[...], und Du hast doch noch ein schweres Stück zu gehen, aber da Du nie gern gelebt hast, musst Du eigentlich die Aussicht auf Dein Lebensende nicht unangenehm finden" (Brief vom 29. September 1944).

„Das, mein Herz, hatte ich Dir schreiben wollen vorgestern, und da kam gestern Deine schöne Beschreibung meines Schmerzes um Dich, die genau das sagt, was ich gesagt bekommen möchte" (Brief vom 11. Oktober 1944).

„Was Du über das Herausheben aus Raum und Zeit schreibst, ist auch sehr schön, und in dieser Konsequenz hatte ich es noch nie gedacht, und sie ist tröstlich, sehr sogar" (Brief vom 11. Oktober 1944).

„Es ist so trostreich zu wissen, dass Du meinen Weg überdenkst und vor Dir siehst" (Brief vom 13. Oktober 1944).

„Außer dem Leben können sie Dir ja nichts nehmen! Ob Du das mit 38 oder 46 verlierst, ist so wesentlich nicht, wie, dass Du als reicher Mann stirbst: Du weißt wofür; Du stirbst im Glauben, Du stirbst nach einem kurzen, schönen Leben" (Brief vom 17. November 1944).

„Ich verstehe so gut, dass Du mir das immer wieder sagen willst, was uns hält und bindet. Ich kann es auch gar nicht genug hören und bin immer wieder dankbar und glücklich über jedes Wort, das Du mir sagst" (Brief vom 11. Dezember 1944).

„Aber Du hast auch viel Hilfe, bekommst viel Kraft geschenkt, bist nie verlassen und wirst Deinen Weg schon gehen. Meine Liebe geht mit, soweit sie kann, [...]" (Brief vom 15./16. Dezember 1944).

„Ich glaube fest zu wissen, dass Gott bei und mit Dir ist, und auch der letzte Gang, wenn Du ihn tun musst, nicht so schwer sein wird, wie Du glaubst. Ich bin dessen ganz sicher, mein Geliebter. Auch Du musst nun still und richtig weiter leben und nicht auf Deinen Tod warten" (Brief vom 13. Januar 1945).

Als Wort des Trostes besonders beachtenswert ist die Bemerkung der Gräfin vom 17. November 1944, mehr als das Leben könne ihm ja nicht genommen werden. Sie steht in deutlichem Gegensatz zu der zeitgenössischen Vorstellung vom Leben als letzter und einziger Gelegenheit (Gronemeyer, 1993). Überschlägig ist das Verhältnis von aktivem Trösten und passivem Getröstet-werden 2:1. Bedeutsam ist das Zusammenwirken beider Elemente der Kommunikation nach Art eines Gebens und Nehmens. Dies verstärkte das Gefühl der Zusammengehörigkeit und der inneren Nähe trotz äußerlicher Trennung. Überdies vermittelte die dankbare Wertschätzung des Getröstet-werdens dem Grafen das Bewusstsein der Sinnhaftigkeit seines Tuns. Im übrigen besteht große Gemeinsamkeit mit den Kategorien „Begleitung im/beim Sterben" und „Soziale Unterstützung", die zusammen genommen eine Auftretenshäufigkeit von 39,9 % aufweisen.

Fürsorge und Trösten haben als gemeinsames Merkmal ein hohes Maß an Empathie, die in den Briefen Freya v. Moltkes eigens durch die deduktiv eingeführte Kategorie *Psychischer Aspekt der Sterbebegleitung* abgedeckt wird (siehe EMOT in Tabelle 3-4 des Anhangs 2). Immer wieder zeigt die Gräfin in ihren Mitteilungen Einfühlungsvermögen und Mitgefühl.

„[...], was hat Dich nur so schrecklich gequält, mein Armer, ... [...] Dennoch ist man mit einer solchen Hölle ja immer ganz allein. Mein Armer" (Brief vom 12. Oktober 1944).

„[...], aber das Sterben bleibt trotzdem schwer, und dem Tod gegenüber steht man immer allein" (Brief vom 9. November 1944).

„Dass es für Dich, mein wirklich komplizierter Wirt, alles sehr schwer ist, ist mir ganz klar: [...]" (Brief vom 15./16. November 1944).

„Ich verstehe auch sehr gut, was Deine arme Seele leiden muss und warum, [...]" (Brief vom 21. November 1944).

„[...], wie schrecklich muss es heute früh wieder für Dich gewesen sein. Es waren ja so sehr viele Flieger. Mein Armer!" (Brief vom 5./6. Dezember 1944).

Es zeigt sich also, dass Graf Moltke eine intensive und differenzierte Betreuung im und beim Sterben durch seine Ehefrau zuteil wurde. Ein vertieftes Verständnis dieser Sterbebegleitung eines körperlich gesunden Mannes lässt sich gewinnen, wenn man die Beziehung zwischen dem Sterbenden und seiner Betreuerin betrachtet. Es ist dies die Beziehung eines langjährigen Liebespaares, die im folgenden aus der Sicht der Ehefrau dargestellt wird.

Die induktiv abgeleitete Kategorie *Partnerbeziehung* betrifft die Bindung Freya v. Moltkes an ihren Ehemann, die von uneingeschränkter Zuneigung, von Wertschätzung, von grenzenlosem Vertrauen und großer seelisch-geistiger Übereinstimmung geprägt war. Konflikte, die auch in intensiven Liebesbeziehungen bestehen können, scheint es nicht zu geben – jedenfalls kommen sie nicht zur Sprache. Schlagwortartig könnte man von abgöttischer Liebe und tiefster Verehrung sprechen. Mit einer Auftretenshäufigkeit von 44,6 % nimmt das Merkmal „Partnerbeziehung" sehr viel Raum in den Briefen der Gräfin Moltke ein (siehe BEZIE in Tabelle 3-4 des Anhangs 2).

„Mein Jäm, fühlst Du auch, wie wunderbar einig wir sind? Fühlst Du auch oft, dass wir so uneingeschränkt, so richtig zusammen sind?" (Brief vom 29. September 1944).

„Ich weiß doch viel von Dir und wusste es immer und habe daher auch ganz vergessen, je eine Klage gehabt zu haben, weil das Denken ganz uninteressant ist verglichen mit der inneren Nähe, die bei mir im Juli 29 ganz eindeutig entstand und blieb und bleiben wird" (Brief vom 8./9. Oktober 1944).

„Ich habe immer wieder das Gefühl, als gingen wir Hand in Hand in diesen Wochen, und ich denke mehr ‚wir', als ich in all den Jahren gedacht habe. Ach, mein Jäm, welches große Glück, Dir so nah zu sein" (Brief vom 6./7. November 1944).

„Schon lange liebe ich Dich mit großer Inbrunst. [...] Mir erschien alles Leben sinnlos, was nicht neben Dir war. [...], aber mein Leben erscheint mir immer noch sinnlos, wenn es nicht mit dem Deinen verbunden ist. Ich habe mich schon in Grundlsee als für Dich da seiend empfunden, sofort. Ich glaubte ja an den Grashalm um Deinen linken Daumen" (Brief vom 9. November 1944).

„Ich möchte mit Dir in die Hölle und mit Dir heraus aus ihr und bin dessen gar nicht fähig, bin viel zu primitiv und kann so stark gar nicht empfinden" (Brief vom 15./16. November 1944).

„Du schreibst, wir seien mehr verheiratet als je in den vergangenen 13 Jahren. Wie schön für mich, dass Du das so fühlst, wie schön. Es ist wahr, Du erzählst mir von Dir mehr, als Du je getan hast. Ich wollte manchmal mehr wissen! Wie glücklich und wie von Herzen dankbar bin ich dafür" (Brief vom 24. November 1944).

„Mein Geliebter, das ist überhaupt die kostbare Frucht dieser Wochen, dass ich jetzt ganz sicher weiß, dass wir untrennbar verbunden sind" (Brief vom 29. November 1944).

„Was auch immer geschieht, Du bist das Glück meines Lebens, Du bist mein Reichtum, Du bist mein Leben. Was wäre ich ohne Dich! Ich bin Dir zugewachsen" (Brief vom 6./7. Januar 1945).

„Ich bin ja aber als Deine Schülerin (Deine Frau, Deine Liebste, die Deine) für Bleiben" (Brief vom 23. Januar 1945).

Diese Auszüge zeigen auch, dass Freya v. Moltke sich in der Beziehung zu ihrem Ehemann metaphorisch als die Leichtgewichtigere sieht oder auch als die Kleinere, die zu ihm aufschaut. Sie bewundert seine charakterlichen Eigenschaften und seinen klaren Verstand, und sie ist dankbar, „als [seine] Schülerin" an seiner Seite sein zu dürfen. Wegen der Sterbegewissheit bei beiden Partnern ist es berechtigt, ihre Korrespondenz als „Abschiedsbriefe" zu bezeichnen. Zugleich sind sie aber auch Liebesbriefe – Briefe, die eine tiefe und dauerhafte Liebe zum Ausdruck bringen und nichts mit kurzfristiger Verliebtheit zu tun haben.

3.3.2 Seltene Inhalte

Kaum Erwähnung finden die beiden Söhne Konrad und Caspar in den Briefen der Gräfin Moltke. Die Sorge um ihre aktuelle Sicherheit sowie um ihre nähere und fernere Zukunft wird von ihr kaum erwähnt (4,6 % Auftretenshäufigkeit; siehe KINDER in Tabelle 3-4 des Anhangs 2) – im Unterschied zu gelegentlichen Schilderungen alltäglicher Begebenheiten mit den Kindern, die unter die Kategorie „Alltag" fallen.

„Mein Hang ist ja auch sehr untechnisch, und ich habe mich oft gefragt, ob das nicht ein großes Manko bei uns ist und für unsere Kinder gefährlich werden könnte" (Brief vom 8. November 1944).

„Ich muss Dir noch von C.chen erzählen: [...]" (Brief vom 24./25. Dezember 1944).

„Nur fürchte ich, dass ich unserem Herzen nicht nachgeben darf, sondern nach Kr.[eisau] muss oder enger gesagt, dass mein Platz, was ich auch tue, bei den Knaben sein muss" (Brief vom 23. Januar 1945).

3.3.3 Weitere relevante Inhalte: Sinnvermittlung, Bestätigung

Zu den weder besonders häufigen noch ausgesprochen seltenen Inhalten in den Briefen Freya v. Moltkes gehört die sowohl deduktiv als auch induktiv begründete Kategorie *Sinnvermittlung* (12,3 % Auftretenshäufigkeit; siehe Tabelle 3-4 in Anhang 2). Indem das psychische Sterben des Grafen und seine Bewältigung als aktuelle Aufgabe und der absehbare Verlust seines Lebens als Vermächtnis für nachfolgende Generationen gedeutet werden, repräsentiert dieses Merkmal den spirituellen Aspekt von Sterbebegleitung. Dabei ist zu beachten, dass sich die hier relevante Sinn*vermittlung* schwerlich von Sinn*gebung* trennen lässt. Letzterer ist ein intrapsychischer Vorgang der Gräfin Moltke, gewissermaßen zu ihrem eigenen Gebrauch bestimmt. Erst durch die schriftliche Mitteilung erhält der gewonnene Sinn eine Bedeutung für den Empfänger. Sinngebung ist also die Voraussetzung für Sinnvermittlung. In der geheimen Korrespondenz des Ehepaares Moltke kann dies ganz ohne Absicht geschehen sein. Indem die Gräfin brieflich eine Art Selbstgespräch führte, wurde dessen Inhalt durch die Übermittlung zu einer Botschaft für den Empfänger. Wir haben es also mit zwei Arten von Sinn zu tun: Zum einen das Sinnvolle, das Freya v. Moltke für sich selbst und ihr weiteres Leben erkennt; zum anderen den Sinngehalt, den sie dem Schicksal ihres Ehemannes beimisst. Diese beiden Komponenten waren in unterschiedlicher Weise tröstend und stärkend für den Empfänger. Die Fähigkeit seiner Ehefrau zur Sinngebung zum eigenen Gebrauch enthob den Grafen der Sorge, sie werde orientierungslos zurück bleiben. Ihre Deutung seiner eigenen Situation vermittelte ihm, dessen Leben nur noch kurze Zeit währen würde, einen Inhalt.

„Dein Leben erscheint mir schön und vollendet. Du stirbst für etwas, für das es sich zu sterben lohnt. [...] Ich glaube an den Sinn, wenn Du jetzt sterben musst" (Brief vom 29. September 1944).

„Außer dem Leben können sie Dir ja nichts nehmen! Ob Du das mit 38 oder 46 verlierst, ist so wesentlich nicht, wie, dass Du als reicher Mann stirbst: Du weißt wofür; Du stirbst im Glauben, Du stirbst nach einem kurzen, schönen Leben" (Brief vom 17. November 1944).

„So ist dieser Brief kein Ende und kein Anfang, sondern nur einer der vielen Siegel auf etwas sehr viel schöneres und beständigeres, wofür es keine rechten Worte gibt, das wir besitzen als kostbaren Schatz und nie zu verlieren brauchen und werden" (Brief vom 6./7. Januar 1945).

„[...], aber es ist tatsächlich nicht so wichtig, was geschieht, ob Du getötet wirst oder ob Du am Leben bleibst, denn das was wichtig ist, bleibt, deshalb muss ich nicht denken und dabei sein wollen, sondern unser Leben leben, deshalb muss *ich* nicht aus den kostbaren Büchern meine Nähe zu Dir und Gott und auch nicht durch ständiges Flehen und Bitten zu fassen suchen, sondern ich muss mit meiner großen Liebe zu Dir still, selbstverständlich dem lieben Gott geöffnet, alltäglich und natürlich weiterleben" (Brief vom 13. Januar 1945).

„Vielleicht bist Du dann eines Tages tot, vielleicht in 2 Wochen, vielleicht in 2 Jahren, vielleicht in 20 Jahren, ich weiß nun, dass das garnicht viel Unterschied macht, nein, ich wusste es immer, aber ich habe es nun erfahren, dass ich auch nicht den Auftrag habe, diesen Schritt mit meinen Gedanken zu verfolgen, sondern mit meinem Leben dabei zu sein. Das werde ich und bin ich, mein Geliebter. Dann ist es nämlich garnicht schwer. Die ungeheure Last dieser 3 Tage [der Verhandlung] zeigte mir ja, dass es so nicht richtig war. Wenn es richtig ist, dann ist es viel natürlicher, viel erträglicher, garnicht so gewaltig, wie es auch genau so sein wird, wenn ich sterbe" (Brief vom 13. Januar 1945).

Diese Zitate zeigen, dass an der Sinnvermittlung auch Glaubensinhalte sowie eine in Demut begründete Transzendenz egoistischer Belange beteiligt sind. Sie zeigen ferner die Ähnlichkeit mit Trösten. Dieses geschieht durch den Vergleich mit Schicksalsgenossen sowie dadurch, dass die Bedeutung des Tötungsvorgangs einerseits und des Lebens als Möglichkeit zukünftigen Erlebens andererseits gering eingeschätzt wird. Nicht auf die zu erwartende Lebensspanne bzw. den Verlust an Zukunft kommt es in dieser Sichtweise an, sondern auf die Qualität des bisher gelebten Lebens, ungeachtet seiner Dauer. Dies entspricht der Vorstellung vom „guten Tod", die am Ende von Abschnitt 2.1.4 angesprochen wird.

In Abschnitt 3.3.1 wird gezeigt, in welcher Weise Freya v. Moltke, die Trösterin, selbst von ihrem sterbenden Ehemann Trost empfängt. Dies geschah aus der Perspektive der Empfängerin. Um Sterbebegleitung einigermaßen angemessen beschreiben zu können, muss man sie als Interaktion von Betreuerin und Sterbendem auffassen, und dies bedeutet, dass die Kommunikation in beide Richtungen verläuft. Tatsächlich gibt es in den Briefen des Grafen die induktiv abgeleitete Kategorie *Bestätigende Rückmeldung* (15,2 %; siehe BESTÄT in Tabelle 3-1 des Anhangs 2), in der das Wohltuende ihrer Unterstützung und ihres Trostes zum Ausdruck kommt.

„[...] Deinen Besuch unten im Haus [...], aber es war ein aufrichtender Strahl" (Brief vom 12. Oktober 1944).

„[...], alles, was kam, war wie immer herrlich und wurde dankbar in Empfang genommen" (Brief vom 26. Oktober 1944).

„[...], das ist ja eine ganz köstliche Pute!" (Brief vom 8. November 1944).

„Dein schöner, köstlicher, herrlicher, erquickender Besuch, [...]" (Brief vom 14. November 1944).

„[...], das Glück Deines Bildes mir die Ruhe mehrfach gebracht hat, ..." (Brief vom 14. November 1944).

„Mir ist Deine Gegenwart in Berlin riesig kostbar, [...]" (Brief vom 11. Dezember 1944).

Offensichtlich liegt hier eine Überschneidung mit sozialer Unterstützung vor, und auch die Partnerbeziehung ist an der positiven Rückmeldung des Grafen zu den Betreuungsbemühungen seiner Ehefrau beteiligt.

3.3.4 Modell der Sterbebegleitung durch Freya von Moltke

Die Analyse des Gedankenaustauschs im Briefwechsel der Eheleute v. Moltke, den man wegen der besonderen Umstände mit Blick auf die Gräfin als Begleitung ihres sterbenden Ehemannes betrachten kann, hat ein komplexes Gefüge von Merkmalen erbracht, die miteinander in Beziehung stehen. Dies ist in Abbildung 3-5 veranschaulicht. Die übergeordneten Merkmale „Begleitung im/beim Sterben" und „Psychischer Aspekt der Sterbebegleitung" werden darin nicht aufgeführt.

Ausgangspunkt war die Erkenntnis, dass Helmuth v. Moltkes Leben in größter Gefahr ist. Wie aus den Abschnitten 3.1 und 3.2 hervorgeht, bestand diese Sterbegewissheit bei jedem der beiden Partner, und sie vermochten ungezwungen darüber zu sprechen. Die unausgesprochene gemeinsame Prämisse bestand darin, dass es von größter Bedeutung ist, für den Grafen einen „guten" bzw. „gelungenen Abschluss" zu erreichen. Der Verlust seines Lebens erschien beiden weniger wichtig als die Bewältigung der letzten Stunden. Das Interaktionsklima, das die einzelnen Handlungskomponenten umgab, war also bestimmt von einem Bewusstheitskontext der Offenheit (Glaser & Strauss, 1974), in dem es kein Täuschen gibt und auch kein Verbergen oder Herunterspielen von Sorgen und Angst. So ermunterte Freya v. Moltke ihren Ehemann, ihr freimütig auch Belastendes zu schreiben: „Mein Jäm, bitte nimm nie Rücksicht auf mich und schreibe weiter - [...] - genau so, wie es in Dir aussieht. Ich möchte auch die schwarzen Stunden immer weiter mit Dir teilen, ..." (Brief vom 24. November 1944, S. 157). Indem sie diesen offenen Gedankenaustausch praktizierten, ersparten sich die Partner die Anstrengung, die das Zurschaustellen einer heiteren, unbe-

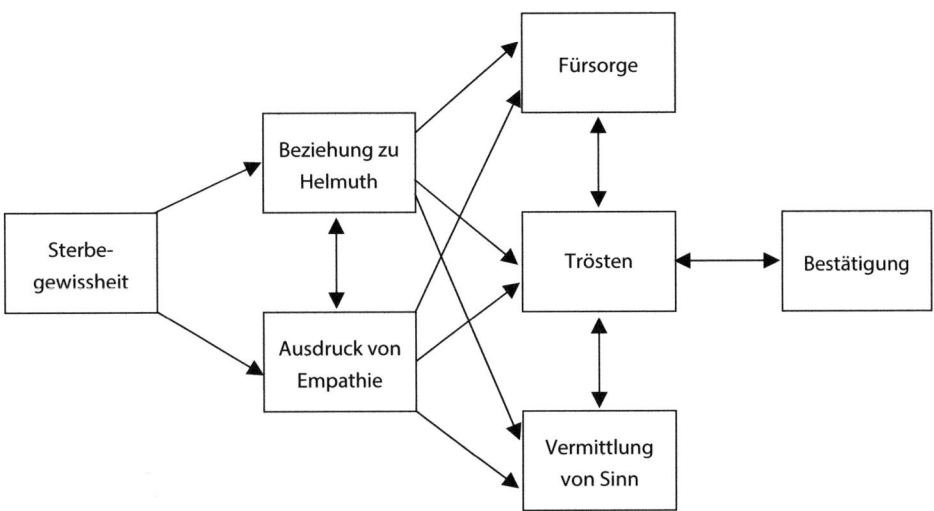

Abbildung 3-5: Modell der Sterbebegleitung durch Freya von Moltke.

sorgten Fassade erfordert hätte. Wohl ohne sich dessen bewusst zu sein, verhielten sich die Moltkes mit Blick auf ihren psychischen Kräftehaushalt ökonomisch.

Die Sterbegewissheit ist der Anstoß, der zwei Merkmale aktivierte, die den eigentlichen Betreuungshandlungen vorgelagert sind, nämlich zum einen die Beziehung Freya v. Moltkes zu ihrem Ehemann und zum anderen ihre Fähigkeit zu Empathie und deren Ausdruck. Was die Partnerbeziehung betrifft, sah sich die Gräfin in der selbst gewählten Position der Untergeordneten. Die Bewunderung für diesen menschlich und intellektuell souveränen Mann war der Kern ihrer Liebe zu ihm. Man darf diese Art der Beziehung nicht mit jener von Dominanz und Unterordnung verwechseln, in der ein autoritärer und herrschsüchtiger Mann sein „kleines Frauchen" in ein Abhängigkeitsverhältnis drängt und die Frau diese Rolle willig annimmt, weil sie ihrem Bedürfnis entspricht. Mit Blick auf die Moltkes steht außer Zweifel, dass jeder der beiden Partner für sich genommen – metaphorisch gesprochen – ein Schwergewicht war und die Beziehungswaage sich daher im Gleichgewicht befand. Gleichwohl war es die Gräfin, die zu ihm aufblickte und sich an ihn anschmiegte. Er war sich seiner Führungsrolle bewusst, und wenn er ihr einmal nicht nachkam, regte sie ihn dazu an. Das Paar verhielt sich wie (traditionelle) Tänzer: der Herr führte, die Dame ließ sich führen, ohne doch passiv zu sein; gemeinsam gestalteten sie den Tanz. Innerhalb des Rahmens, den er durch seine Führung steckte und der durchaus Freiraum gewährte, entfaltete sie die ihr eigene Aktivität.

Empathie, zunächst die ausgeprägte Fähigkeit, sich in die Gemütslage eines anderen Menschen zu versetzen, sodann die Fähigkeit, dem eigenen mitfühlenden Empfinden Ausdruck zu verleihen, spielt insofern eine große Rolle für die Beschreibung und Erklärung der Sterbebegleitung im vorliegenden Fall, als sich daraus der spontane Anstoß für entsprechende Handlungen ergab. Aufgrund des langjährigen Zusammenlebens und ihrer Veranlagung besaß die Gräfin ein intuitives Wissen davon, wie ihrem Ehemann in Haft und Lebensgefahr zumute war. Wie in Abschnitt 3.2 gezeigt, reagierte sie auf dieses Mitleiden nicht mit Resignation, sondern mit konkreten Aktivitäten. Die ausgeprägte Empathiefähigkeit ist der Grund dafür, *dass* Freya v. Moltke handelte, die Partnerbeziehung bestimmte, *wie* sie handelte. Ausgelöst durch Sterbegewissheit bilden Partnerbeziehung und Empathie gemeinsam das Motiv der Gräfin Moltke zur Begleitung ihres Ehemannes beim und im Sterben.

An einzelnen Betreuungsmaßnahmen hat die Analyse der Briefe der Gräfin Moltke drei Merkmalsbereiche erbracht, die sich zum Teil sehr ähnlich sind: Fürsorge, Trösten und Sinnvermittlung. Freya v. Moltke kümmerte sich um ihren Ehemann, indem sie ihn in seinem Bemühen um die Herstellung und Aufrechterhaltung von Sterbebereitschaft bestärkte, indem sie Vertrauen in seine Fähigkeit zur Bewältigung auch dieser schwierigen Situation äußerte und indem sie Empfehlungen zur psychischen Selbstregulation gab. Sie wusste, wie wichtig dem Grafen die Herstellung von Sterbebereitschaft war (siehe Abschnitt 3.1), und indem sie ihn dabei unterstützte, erwies sie ihm einen besonders wichtigen Dienst.

Im Trösten und Getröstet-werden kommt der emotionale Aspekt der Sterbebegleitung zum Ausdruck. Darin äußert sich das Einfühlungsvermögen der Gräfin in nahezu reiner Form. Interessant ist an dieser Stelle, dass der häufige Ausdruck des Wohlbefindens in ihren Briefen ein wichtiges Mittel zur Beruhigung des Grafen war. Die Bedrohung seines Lebens ist die nicht beeinflussbare primäre Belastung, der Helmuth v. Moltke sich ausgesetzt sah.

Eine zusätzliche sekundäre Belastung, die er durch Hinweise auf eine nervliche Zerrüttung seiner Ehefrau erfahren würde, wurde durch ihre beruhigenden Mitteilungen des Wohlbefindens verhindert. Auch dies ist eine Form des Tröstens. In das Empfangen von Trost spielt die Beziehung der Gräfin zu ihrem Ehemann hinein. Sie nahm von ihm gern Trost an, gehörte dies doch zur Rollenverteilung des Paares als Führender und Geführte. So vermochte sie ihre eigene Schwäche offen auszusprechen und ihre Dankbarkeit für seinen Trost zum Ausdruck zu bringen. Mit ihrer Dankbarkeit wiederum vermittelte sie dem Grafen den (zutreffenden) Eindruck, ihr einen Dienst zu erweisen und damit in dieser ausweglos erscheinenden Lage etwas Sinnvolles zu tun.

Damit richtet sich der Blick auf Sinnvermittlung als der dritten Komponente in Freya v. Moltkes Betreuung ihres sterbenden Ehemannes. Ein Gutteil sinnstiftender Deutungen ist in Bemerkungen enthalten, die durch die Kategorie „Trösten" abgedeckt werden. Eine gewisse Eigenständigkeit haben Glaubensinhalte. Durch den Verweis auf die Allmacht Gottes erfolgte eine Entlastung von der Aufgabe, selbst und damit aus menschlichem Erkenntnisvermögen einen Sinn in der gegenwärtigen Situation zu finden. In geringerem Umfang tat sie dies, etwa wenn sie den Verlust des Lebens als Opfer für eine gerechte Sache dem Tod im Dienste des Diktators Hitler vorzog. Oft ist die eigenständige Findung und Vermittlung von Sinn kaum zu trennen von der Bestätigung einer sinnstiftenden Deutung, die der Graf gegeben hatte.

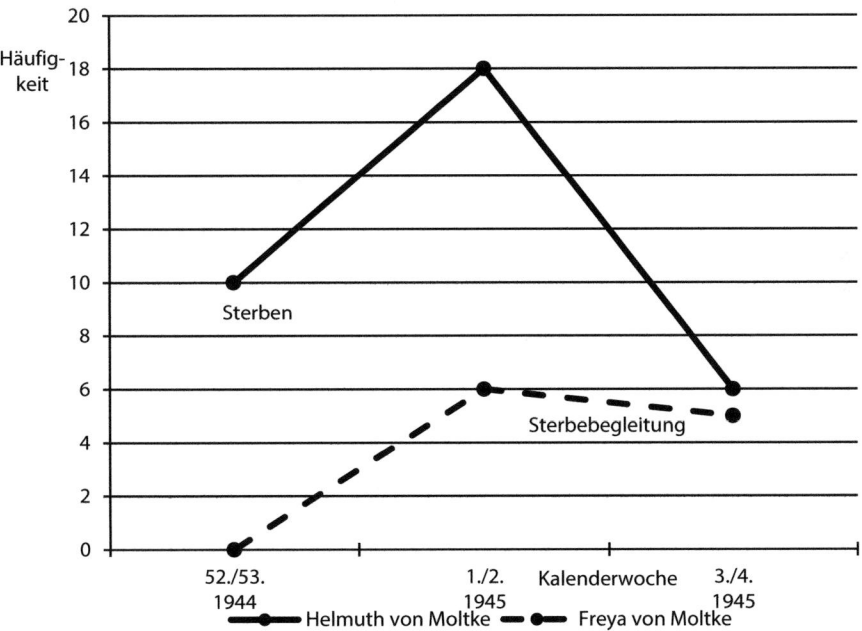

Abbildung 3-6: Verlauf des Sterbens und der Sterbebegleitung während der letzten sechs Wochen („heiße Phase"). Sterben (H. v. M.) = STERBEN + BINDLEB + SINN. Sterbebegleitung (F. v. M.) = SORGE + TROST + SINN.

Insgesamt entspricht Freya v. Moltkes Verhalten als die Sterbebegleiterin ihres Ehemannes in hohem Maße jenen Anforderungen, die an die Begleitung unheilbar Kranker in der Endphase ihres Leidens gestellt werden: Sie richtete ihr Verhalten ganz auf den Sterbenden und seine Bedürfnisse aus; im Rahmen des unter den Bedingungen der Haft Möglichen vermittelte sie ihm den Eindruck der Situationskontrolle und der Selbstwirksamkeit; sie äußerte ihre eigenen Gefühle, auch wenn diese ihre Belastung zu erkennen gaben.

3.3.5 Verlauf der Sterbebegleitung

Die Sterbebegleitung durch Freya v. Moltke weist einen ähnlichen Verlauf auf wie das Sterben Helmuth v. Moltkes (siehe dazu Abschnitt 3.1.5). Auf eine lange Phase geringer bis mäßiger Betreuungsintensität folgt in der Zeit der Verhandlung und nach dem Urteilsspruch eine deutliche Steigerung. Die Rohdaten der Auftretenshäufigkeiten von fünf Inhaltskategorien in den Briefen Freya v. Moltkes über den gesamten Untersuchungszeitraum, die in Tabelle 3-5 des Anhangs 2 zusammengestellt sind, belegen dies. Abbildung 3-6 zeigt die Interaktion des Sterbenden und seiner Begleiterin während der letzten sechs Wochen. Im Graphen für Sterben sind Sterbegewissheit (STERBEN), das Ringen um Sterbebereitschaft, das im Schwanken zwischen dem Festhalten des eigenen Lebens und dem Loslassen des eigenen Lebens (BINDLEB) zum Ausdruck kommt, sowie Sinnfindung (SINN) als die wesentlichen Komponenten in den Briefen Helmuth v. Moltkes zusammengefasst. Der Graph für Sterbebegleitung bildet die Summe aus Fürsorge (SORGE), Trösten (TROST) und Sinnvermittlung (SINN) in den Briefen Freya v. Moltkes ab. Man erkennt, dass Sterben und Sterbebegleitung grundsätzlich parallel verlaufen; beide Merkmale weisen einen umgekehrt v-förmigen Verlauf mit der Spitze in der 1. und 2. Kalenderwoche 1945 auf. Damit wird deutlich, dass Freya v. Moltke ihr Betreuungsverhalten den Bedürfnissen ihres Ehemannes angepasst hat: sprach er sein Sterben und die Frage des Sinns selten an, unterließ auch sie es; steigerte er die Häufigkeit derartiger Äußerungen und zeigte damit, dass die entsprechenden Themen ihn beschäftigten, legte auch sie zu. Anhand der Verlaufsanalyse bestätigt Abbildung 3-6 somit das früher eingeführte Bild des tanzenden Paares, bei dem der Herr führt und die Dame seine Führung nicht nur annimmt, sondern aus eigener Initiative in dem von ihm gewährten Rahmen gestaltet.

Wittkowski und Schröder (2008) sind in einer qualitativen empirischen Studie den Möglichkeiten und Grenzen der gegenwärtigen Sterbebegleitung in Institutionen nachgegangen. Eine Gruppe von Expertinnen und Experten aus unterschiedlichen Fachgebieten und mit entsprechend verschiedenartigen theoretischen Kenntnissen und praktischen Erfahrungen wurde angeregt, unbefangen Schwierigkeiten bei der Betreuung am Lebensende zu benennen und Lösungsmöglichkeiten aufzuzeigen. Die Ergebnisse – sprachliche Äußerungen bzw. verbale Daten – wurden in einem ersten Schritt im Stil qualitativer Inhaltsanalyse gebündelt, in einem zweiten Schritt einem konzeptionellen Bezugsrahmen – dem Mehr-Ebenen-Modell der Sterbebegleitung (Wittkowski, 1999) – zugeordnet und in einem dritten Schritt anhand elaborierter Gütekriterien hinsichtlich ihrer Zweckmäßigkeit bewertet. Auf der Ebene der Primären Sterbebegleitung, d.h. dem unmittelbaren Umgang zwischen Sterbendem und Betreuerin, ergaben sich drei Hemmnisse: Erstens gestörte Kommunikation zwischen den Beteiligten; zweitens Einschränkungen im selbstbestimmten Handeln des Sterbenden; drittens die Vorstellungen der Angehörigen, ihre Gefühle und ihr daraus resultierendes Verhalten (siehe Schröder & Wittkowski, 2008, S. 157f.). Mit Blick auf professionelles Betreuungspersonal in stationären Hospizeinrichtungen hat Dreßke (2005) anhand teilnehmender Beobachtungen und mittels Interviews die dritte Art von Hindernis bestätigt. Demnach wird ein „würdevolles", „friedliches", insgesamt also „gutes" Sterben vom Betreuungspersonal aufgrund ideologischer Vorstellungen mehr oder weniger absichtsvoll inszeniert. Dem Sterbenden wird die entsprechende Identität zugewiesen, aus der sich sodann das passende Rollenverhalten ergibt. Pointiert ausgedrückt, erhält der Sterbende eine Vorgabe bezüglich seiner Erwartungen und seines Verhaltens von der Ankunft im Hospiz bis zu seinem Ableben, wobei er innerhalb diese Rahmens durchaus als der Regisseur seines eigenen Sterbens agieren kann.

Die Parallele zum Sterben im Hospiz ist insofern nur eingeschränkt gültig, als dort die Versorgung des Körpers eine große Rolle spielt – auch für das Bewusstsein der Sterbenden. Gleichwohl ist ein Vergleich aufschlussreich. Im Falle des Ehepaares v. Moltke in der Zeit vor dem Tod des Grafen gab es weder eine gestörte Kommunikation (z.B. Missverständnisse, deren Aufklärung bzw. Richtigstellung Kraft absorbierte) noch war Helmuth v. Moltke in seiner Autonomie eingeschränkt noch waren die Vorstellungen und Verhaltensweisen der Gräfin in irgendeiner Weise unzweckmäßig. Im Gegenteil: Der Gedankenaustausch zwischen den Partnern verlief ohne jeden Reibungsverlust, der Graf war jederzeit Herr des Verfahrens (d.h. seines eigenen Sterbens), und die Gräfin tat alles, ihn auf seinem Weg zu unterstützen. Aus psychologischer Sicht bietet sich in den Abschiedsbriefen der Moltkes das Idealbild einer gelungenen Sterbebegleitung.

4 Kontraste: Menschen in vergleichbaren Situationen

In diesem Kapitel wird das Erleben und Verhalten von Menschen, die unmittelbar vom Tod bedroht sind, in der gebotenen Kürze anhand von drei Fallbeispielen aus der Literatur dargestellt. Dieses Vorgehen folgt dem methodischen Grundsatz der Triangulierung. Durch Vergleiche der Befunde zum Sterben des Grafen Moltke (siehe Abschnitt 3.1) mit prinzipiell ähnlichen, im Detail aber unterschiedlichen Umständen des Sterbens sollen einerseits Gemeinsamkeiten und andererseits Unterschiede erkennbar werden. Dies verspricht sowohl Bestätigung als auch Präzisierung (durch Abgrenzung) der eigentlichen Ergebnisse und erhöht damit deren Gültigkeit. Dazu mehr in Kapitel 5. In den ersten beiden Abschnitten dieses Kapitels handelt es sich um das Sterben aufgrund einer Krankheit, im folgenden Abschnitt geht es um die Situation eines körperlich gesunden Menschen im Angesicht seiner Hinrichtung. Eines der Fallbeispiele stammt aus der Gegenwart, die beiden anderen (Abschnitte 4.1 und 4.3) ereigneten sich in früheren Epochen. Eine der Vergleichsbedingungen stammt aus Nordamerika, die anderen (Abschnitte 4.2 und 4.3) aus Deutschland bzw. aus deutschsprachigen Landen.

4.1 Die Aufzeichnungen William McDougalls

Der gebürtige Engländer und traditionsbewusste Europäer William McDougall (1871–1938) zählt zu den bedeutendsten Psychologen des ausgehenden 19. und frühen 20. Jahrhunderts. Ursprünglich Arzt, wirkte er in den Vereinigten Staaten von Amerika als Psychologe an den Universitäten Harvard (Massachusetts) und Duke (North Carolina), wo er sich einen Namen als Begründer der modernen Sozialpsychologie und zugleich als entschiedener Gegner des Behaviorismus machte. Von Zeitgenossen und Historikern wird seine ungewöhnlich breite Bildung hervorgehoben, die Biologie, die Grundlagenfächer der Medizin, Philosophie und Politikwissenschaft umfasste.

Während der letzten 10 Jahre seines Lebens war McDougall durch zunehmende Schwerhörigkeit beeinträchtigt. Hinzu gesellten sich Schmerzen im Unterleib. In Verbindung mit der Diagnose eines Karzinoms wurde im September 1937 ein künstlicher Darmausgang gelegt. Die Linderung seiner Schmerzen, die immer unerträglicher wurden und ihn schließlich zur Aufgabe seiner Vorlesungen zwangen, erfolgte durch Morphium. Auch sein Vorhaben, die Vielfalt seiner Erkenntnisse in einem abschließenden umfassenden Werk darzustellen, vermochte er nicht mehr zu verwirklichen.

Am 6. Oktober 1938 begann McDougall mit Aufzeichnungen („Journal"), die bewusst an seine Kollegen und damit an die hochschulinterne Öffentlichkeit gerichtet waren. Zu diesem Zeitpunkt war ihm bewusst, dass er nicht mehr lange zu leben haben würde, besaß also Sterbegewissheit. Die Aufzeichnungen, gegliedert in 10 Abschnitte, wurden von Kastenbaum (1995–96) veröffentlicht und interpretiert (siehe auch Kastenbaum, 2000, pp. 239–247). Sie bieten die Gelegenheit, das implizite Modell des Sterbens dieses Menschen oder, anders gewendet, die Art der gedanklichen Auseinandersetzung mit den Schmerzen und dem bevorstehenden Verlust des eigenen Lebens, zu studieren. Der letzte Eintrag datiert vom 18. Oktober 1938. Sechs Wochen später, am 28. November 1938, war McDougall tot. Als atmosphärischer Hintergrund ist zu beachten, dass die Niederschrift der Aufzeichnungen mit der labilen politischen Lage in Europa und den Bemühungen insbesondere Englands um den Erhalt des Friedens auf der Münchner Konferenz zusammenfiel.

Wie also verlief das psychologische Sterben William McDougalls? Den Ausgangspunkt bilden die Schmerzen. Das Krebsgeschwür verursachte Schmerzen, die in schwacher und mittlerer Intensität eine psycho-physische Beeinträchtigung darstellten, bei starker Intensität aber ein Leiden bewirkten, welches das Bewusstsein McDougalls vollkommen ausfüllte und keinen Raum mehr für Denken und Handeln ließ. Als Arzt wusste McDougall, welche Möglichkeiten der Schmerzlinderung es gab und welche Nebenwirkungen allmählich gesteigerte Morphindosen haben würden. Für dieses vom Körper ausgehende Leiden gab es keine Aussicht auf eine grundsätzliche Besserung; allenfalls waren Linderung und Verlangsamung der Intensitätssteigerung möglich. Neben diesem somatischen Aspekt waren die Schmerzen für McDougall auch ein Hinweis auf seinen bald bevorstehenden Tod. Den durch seine körperliche Verfassung erzwungenen Abbruch seiner Vorlesung betrachtete er, der Hochschullehrer aus Berufung, als das Ende seines Lebens. Er konnte nicht mehr, und dieses resignative Aufgeben empfand McDougall auch als Schwinden seiner Lebenskraft. Als politisch interessierter Zeitgenosse glaubte er eine Analogie seiner persönlichen Situation zu jener der Europäischen Staaten im Ringen um die Erhaltung des Friedens erkennen zu können.

Die Lebensbilanz, die McDougall in seinen Aufzeichnungen zog, stellte in dieser Situation eine intuitiv gewählte Bewältigungsstrategie dar. Die differenzierte Bewertung des eigenen Lebens im Rückblick ist eine intellektuelle Herausforderung, und als selbst gestellte Aufgabe verleiht sie dem letzten Lebensabschnitt einen Sinn. Überdies entspricht es dem Wesen dieser Aufgabenstellung, die eigenen Gefühle der Besorgnis und Angst hinter abstrakter Analyse und entsprechend distanzierten Formulierungen zu verbergen.

Für die Zwecke dieser Abhandlung sind die Einzelheiten von McDougalls Lebensbilanz unbedeutend. Summarisch kann man sagen, dass – gemessen an seinen eigenen Ansprüchen – der Saldo seiner beruflichen bzw. wissenschaftlichen Leistungen negativ ausfiel; nach eigener Einschätzung hätte er mehr leisten bzw. mehr Wirkung entfalten können als er tatsächlich erzielt hat. Im privaten Bereich, Ehe und Familie sowie die allgemeinen Lebensverhältnisse betreffend, zog er hingegen eine positive Bilanz. Insgesamt ist dies kein Schönreden des eigenen Lebens. Auch im letzten Lebensabschnitt betrieb McDougall eine nüchterne Analyse, als deren Ergebnis sein Leben nicht im goldenen Glanz der Abendsonne erscheint.

Im Kontext der vorliegenden Studie sind vielmehr übergeordnete Themen von Interesse, aus deren Beziehung zueinander sich spezifische Dynamiken ableiten lassen. Vier solche Themen sind erkennbar. *Erstens: Intellektuelle Anstrengung im Umgang mit dem Schmerz.* Der kognitive Zugang, den die rückblickende Beurteilung seines Lebens darstellt, verschaffte McDougall subjektiv Kontrolle über seine Situation. Der Sterbende wurde nicht vom Schmerz beherrscht, sondern er blieb Herr im eigenen Haus. *Zweitens: Strukturelle Integrität vs. Kollaps.* Die Bewahrung der personalen Struktur sollte den psychischen Zusammenbruch verhindern. *Drittens: Erfolg vs. Versagen.* Wie oben gezeigt, fiel die Bilanz gemischt aus. *Viertens: Determination vs. Zufall/Glück.* Wie für sein Leben insgesamt stellte sich McDougall auch mit Blick auf seine Krebserkrankung die Frage, ob bestimmte Ereignisse vorbestimmt, gleichsam zwangsläufig sind, nicht. Im Gegensatz zum fachwissenschaftlichen Zeitgeist neigte er dazu, den Zufall als Erklärungsprinzip anzusehen. Die Frage „Warum gerade ich?" hatte für ihn keine Bedeutung.

Erwartbare, aber fehlende Inhalte in den Aufzeichnungen sind: Die eigene Kindheit und Jugend; Ehe und Elternschaft (von einigen allgemeinen Bemerkungen abgesehen); Kollegen und Studenten, obgleich die Aufzeichnungen an seine Kollegen gerichtet waren; Religion und Glaube. Die Frage des beschleunigten Sterbens („hastened death"; dies ist nicht McDougalls Formulierung, sondern der aktuelle Sprachgebrauch für assistierten Suizid in den Vereinigten Staaten) klingt nur einmal an, wenn er schreibt, „das Thema der Geschwindigkeit auf der Straße" (Übersetzung vom Verf.) sei am Frühstückstisch diskutiert worden.

McDougalls implizite Vorstellung von seinem eigenen Sterben im psychologischen Sinne lässt sich wie folgt umreißen. Es galt, einen Weg zunächst zu bestimmen und diesen Weg sodann zu beschreiten. Kenntnisse und vernunftbestimmte Überlegungen ermöglichten das Erkennen, Benennen und Verstehen der eigenen Situation und ihrer Kontrolle. Das Verfassen eines Rechenschaftsberichts war die Methode, um die mentale Kontrolle über die Situation zu behalten. Die geistige Anstrengung, die damit verbunden war, vermochte körperlichen wie seelischen Schmerz zu lindern – nicht zuletzt auch deshalb, weil sie als Ablenkung wirkte. Dieses implizite Modell des Sterbens entspricht keinem der gängigen Modelle des Sterbens: weder den diversen Phasen-Lehren (Kübler-Ross, 1973; Pattison, 1977; Weisman, 1972), noch bestimmten Erscheinungsformen der Interaktion und Kommunikation (Glaser & Strauss, 1974), noch dem aufgaben-orientierten Ansatz der Bewältigung des eigenen Sterbens (Corr, 1991–92). Inwieweit diese Strategie der Bewahrung von Situationskontrolle und personaler Integrität auch während der letzten sechs Wochen nach Beendigung des Tagebuchs ihren Zweck erfüllt hat, ist nicht bekannt.

4.2 Das Tagebuch des Wolfgang Herrndorf

Der Maler, Graphiker und Schriftsteller Wolfgang Herrndorf erhielt im Februar 2010, im Alter von 44 Jahren, die Diagnose eines bösartigen Tumors im Gehirn (Glioblastom). Während der folgenden dreieinhalb Jahre unterzog er sich drei Operationen und erhielt drei verschiedene Arten von Chemotherapie sowie zwei Bestrahlungszyklen. Im Januar 2012 hatte er als Radfahrer einen Verkehrsunfall, der eine kurze stationäre Behandlung nach sich zog. Gleich nach der Mitteilung der Diagnose begann Herrndorf ein digitales Tagebuch (Blog) als autobiographisches Projekt und „zunächst als reines Mitteilungsmedium für die Freunde" (Nachwort, S. 443), das sechs Tage vor seinem Suizid durch Erschießen am 26. August 2013 endet. Parallel zum Blog verfasste Herrndorf zwei Romane.

Arbeit und Struktur (Herrndorf, 2013) enthält Herrndorfs Tagebuchaufzeichnungen in 42 Abschnitten; sie weisen immer wieder Lücken von mehreren Tagen auf. Das Buch enthält ferner 10 Rückblenden und 14 Fragmente sowie ein Nachwort von zwei Freunden. Mit Blick auf den Zeitpunkt der Selbsttötung heißt es darin: „Herrndorfs Persönlichkeit hatte sich durch die Krankheit nicht verändert, aber seine Koordination und räumliche Orientie-

Primäre Inhalte

- Sterbegewissheit

- neuer Lebensentwurf mit zwei Komponenten

  - „Arbeit und Struktur"

  - „Exitstrategie"

- Behandlungen/Rettungsmaßnahmen

- Selbstentfremdung

Sekundäre Inhalte

- Alltag

- Lagebeurteilung

- Unsicherheit, Angst/Panik, Zusammenbrüche, Regression

- Stimmungsschwankungen, Oszillieren zwischen Festhalten und Loslassen des Lebens

- Halbwissen bezüglich des eigenen Zustands

- psychische Bewältigungsstrategien: Vigilanz, Ablenkung

Abbildung 4-1: Die Inhalte von *Arbeit und Struktur.*

rung waren gegen Ende beeinträchtigt. Es dürfte einer der letzten Tage gewesen sein, an denen er noch zu der Tat imstande war" (Nachwort, S. 445). Einzelheiten zur Auswertungsmethode finden sich in Anhang 1.

Abbildung 4-1 gibt eine Übersicht über die Inhalte der Tagebuchaufzeichnungen. Primäre Inhalte sind solche, die unmittelbar durch die Diagnosemitteilung ausgelöst wurden und ihrerseits weitere Reaktionen bewirkten. An ihnen lässt sich in groben Zügen ein Verlauf ablesen ähnlich jenem, der am Ende dieses Abschnitts dargestellt wird. Als sekundäre Inhalte sind ständig wiederkehrende und sich abwechselnde Erlebnisse, Gedanken und Gefühle zusammengefasst, die eine Art Begleitmusik für die primären Inhalte bildeten. Abgesehen von „Alltag", sind die sekundären Inhalte mittelbare, indirekte Folgen der Diagnosemitteilung.

Als Reaktion auf die Mitteilung der Diagnose eines bösartigen Tumors in seinem Gehirn stellten sich bei Herrndorf sogleich *Sterbebewusstsein* und *Sterbegewissheit* ein. Ohne Rationalisierungen, Bagatellisierungen oder sonstige Ausflüchte sah er sich als Sterbender. „..., aber ich fühle mich, als wäre ich schon nicht mehr hier, schon auf der anderen Seite" (Eintrag vom 11.05.2010; S. 54). Etwa eineinhalb Jahre später heißt es: „Man wird nicht weise, man kommt der Wahrheit nicht näher als jeder. Aber in jeder Minute beim Tod zu sein, generiert eine eigene Form von Erfahrungswissen" (Eintrag vom 17.08. 2011; S. 227). In sarkastischem Tonfall notierte er am 25. März 2013: „Ein großer Spaß, dieses Sterben. Nur das Warten nervt" (S. 401). Und im März 2013 erklärte er: „Man kann nicht lange so leben, der Horror des Morgens, der lange darin bestand, sich im Moment des Erwachens aufs Neue vergegenwärtigen zu müssen: Nun stirbst du, ..." (Fragment # 7, S. 435).

Sterbegewissheit äußerte sich auch in den zahlreichen Träumen, über die Herrndorf berichtet. Hier kommt die Todesthematik oft ohne symbolische Verkleidung, gewissermaßen im Klartext zum Ausdruck, etwa wenn Herrndorf davon träumte, vom Tod abgeholt zu werden, sich selbst aufzulösen, gemeinsam mit C., einer Freundin, zu erfrieren und – in einem anderen Traum – gemeinsam mit ihr im Jenseits zu sein. Auch der Friedhof und das eigene Grab kommen in seinen Träumen vor. Bemerkenswert sind stellvertretende Tode wie die Hinrichtung eines Unbekannten, der Tod eines Bekannten oder die Tötung des Zwillingsbruders. Auch der Traum vom Fuchs mit zwei Köpfen, von denen einer tot ist, fügt sich in den Kontext der Sterbegewissheit ein. Dies wird durch eine akzentuierte Wahrnehmung von Informationen ergänzt, die im Zusammenhang mit Krebserkrankung, Sterben, Tod und Selbsttötung stehen (z.B. „Gunter Sachs hat sich erschossen", S. 206; der Film „Halt auf freier Strecke"; Dokumentation zum assistierten Suizid in der Schweiz). Auch ein geschärftes Bewusstsein für das Verstreichen der Zeit und die Wertschätzung der gegebenen Zeit etwa im Wissen um die Letztmaligkeit eines Ereignisses gehören hierher. Schließlich ist an Herrndorfs Sterbegewissheit auch die Wahrnehmung einer verkürzten Zukunftsperspektive aus Mangel an Zielbindung beteiligt. So beklagt er am 16. Juli 2011 „das Gefühl tot zu sein" (S. 218) und notiert am 9. Oktober 2011: „Die Zeitspanne, in der ich in die Zukunft denke, oft keine zehn Sekunden mehr, teilweise regrediert auf den Gemütszustand eines Fünfjährigen" (S. 259).

Diese schonungslose Selbstkonfrontation mit dem baldigen Lebensende hatte zweierlei zur Folge: Zum einen führte sie, angeregt durch das zufällige Telefonat mit einem Unbekannten, zu der *Idee von „Arbeit und Struktur"*, um durch Ablenkung und Orientierung im Tagesablauf „die Sache in den Griff zu bekommen" (Rückblende, Teil 2; S. 111). Zum anderen ließ sie die *Idee der Selbsttötung* („Exitstrategie") als Möglichkeit zur Bewahrung von Kontrolle über den weiteren Verlauf entstehen. Durch frühzeitige Überlegungen zur Tötungsmethode und zum Ort der Ausführung vermochte Herrndorf sich psychisch zu stabilisieren. Allein die gedankliche Durchführung des Suizids, ein Akt des Probehandelns, hatte „durchschlagend beruhigende Wirkung auf mich" (Eintrag vom 10.08.2010; S. 79). Das Beschaffen einer Waffe hat dies noch verstärkt. „..., ein nervenzehrender Schwindel auf brüchigem Boden, wo ein Weitermachen mir überhaupt nur durch den Besitz der Waffe erlaubt wird, ..." (Fragment # 7, S. 436).

Versehen mit diesem neu geschaffenen Lebensentwurf, der im Vordergrund Arbeit und Struktur vorsah und im Hintergrund einen gangbaren Ausweg wies, unterzog sich Herrndorf über etwa drei Jahre verschiedenen Formen der medizinischen Behandlung (Operationen, Bestrahlungen, Chemotherapien), die man auch als *Rettungsmaßnahmen* bezeichnen kann. Sie wurden begleitet von Leistungseinbußen des Sehens und Sprechens sowie bei (fein-)motorischen Tätigkeiten, die Herrndorf erst als beunruhigend und im fortgeschrittenen Stadium als entwürdigend erlebte. Im einzelnen handelte es sich um Kopfschmerzen, Orientierungsverlust, Konzentrations- und Sprechstörungen sowie um epileptische Anfälle. Dies führte im Laufe der Zeit zu Verzweiflung („Meine Haltung zerbröselt", Eintrag vom 29.10.2011, S. 272; „Ich kann nicht mehr. Ich will nicht mehr", Eintrag vom 05.01.2012, S. 295) und zu panischer Angst („... einfach nur Panik"; Eintrag vom 23.02.2013, S. 392).

Die anhaltenden und an Intensität zunehmenden Beeinträchtigungen bewirkten in Herrndorf das *Empfinden der Entfremdung von sich selbst*, des Verlusts des Ich („Kein Ich, kein Ding, kein Gefühl"; Eintrag vom 29.10.2011, S. 272). Es entstand die Ablehnung des eigenen Körpers, die im Ekel vor sich selbst und schließlich in Selbsthass gipfelte: „Der genetische Schrott, der meinen Geist beherbergt, ist jetzt wertlos" (Eintrag vom 02.04.2010, S. 38). Und knapp zwei Jahre später heißt es: „Demnächst an dieser Stelle: Nichts vor Nichts (o. Abb.)" (Eintrag vom 07.02.2013, S. 384). In dieser durch objektiv gegebene Beeinträchtigungen bestimmten psychischen Verfassung gewann die Angst vor einer irreversiblen Persönlichkeitsveränderung die Oberhand. Im Sinne eines Annäherungs-Vermeidungs-Konflikts (siehe Miller, 1959, p. 206) schnitt der steilere Annäherungsgradient (Suizidneigung) den flacheren Vermeidungsgradienten (Lebenswille), und es kam zur Selbsttötung.

Die Zunahme beeinträchtigender Symptome, die psychischen Reaktionen darauf und die Bewältigung der Sterbegewissheit sind eingebettet in Abläufe des täglichen Lebens, in Einschätzungen der eigenen Situation, in wechselnde Befindenszustände sowie in psychische Bewältigungsstrategien. Wie der Alltag eines jeden Menschen bestand auch Herrndorfs *Alltag* aus diversen banalen Routinetätigkeiten (z.B. Fernsehen, das Fahrrad reparieren), aus der Arbeit an seinen Buchprojekten und am Blog, aus Begegnungen mit anderen Menschen (z.B. im Verlag, den Freunden, den Eltern). Im Umgang mit seinen Freunden und insbesondere mit einer Vertrauten („C.") erfuhr er Anteilnahme sowie instrumentelle und emotionale Unterstützung. Herrndorf war nicht allein mit sich und seinem Sterben; er suchte und erhielt soziale Unterstützung durch Personen, in deren Gegenwart er sich geborgen fühlte. Psycho-soziale Betreuung durch Fachkräfte nahm er nicht in Anspruch, die Idee der Hospizbewegung kritisierte er sarkastisch.

Beurteilungen der eigenen Situation knüpften an medizinische Befunde (Diagnosen) und die daraus ableitbaren Prognosen an. Diese Lagebeurteilungen beinhalteten im Wesentlichen die Schätzung der eigenen Lebenserwartung („Erst mal drei Monate? Ja, das wohl", Eintrag vom 19.04.2012, S. 318) unter Berücksichtigung statistischer bzw. epidemiologischer Daten, die Herrndorf sich aus dem Internet beschaffte. Gegen Ende des Berichtszeitraums werden die Aussichten zunehmend ungünstiger („austherapiert"; Eintrag vom 09.07.2012, S. 343.- „Ende der Chemo. OP sinnlos"; Eintrag vom 15.07.2013, S. 420). Zur Lagebeurteilung gehört auch die Einschätzung der Sinnlosigkeit des eigenen Lebens in der Vergangenheit und gegenwärtig. Herrndorf äußerte sich verzweifelt angesichts der Sinnlosigkeit seiner Arbeit der vergangenen 15 Jahre. Bereits ein halbes Jahr nach Bekanntwerden der Diagnose sah er sich am Ende: „....: kann nicht mehr, will nicht mehr, sinnlos" (Eintrag vom 22.08.2010, S. 85).

Was sein *Befinden* betrifft, so berichtet Herrndorf immer wieder von Unsicherheit, Angst bzw. Panik und Zusammenbrüchen. Das Warten auf neue Befunde und ihre häufige Unklarheit belasteten ihn schwer. Die Kommunikation mit einem seiner Ärzte war von gegenseitiger Täuschung geprägt („Wir belügen uns gegenseitig"; Eintrag vom 17.08.2011, S. 227). Umso mehr wünschte er sich Klarheit („Erleichterung. Endlich Klarheit"; Eintrag vom 16.09.2011, S. 246) sogar über den Zeitpunkt seines Todes: „Segensreich. Eine Belastung, aber eher ein Segen" (Eintrag vom 20.11.2011, S. 284). Aus seinem Alltag berichtete Herrndorf wiederholt von Angst, Panikattacken und Nervenzusammenbrüchen. Die Angst bezog sich auf alltägliche Anforderungen, auf die Möglichkeit der Chronifizierung der Anfälle („..., Riesenangst, wieder verrückt geworden zu sein"; Eintrag vom 31.01.2013, S. 382f.), allgemein auf die Gefahr einer Persönlichkeitsveränderung sowie darauf, den Suizid nicht ausführen zu können. Herrndorfs Angst bezog sich ausdrücklich nicht auf seinen Tod („Nicht vor dem Tod"; Eintrag vom 26.01.2011, S. 184). Nach einer MRT-Untersuchung war er „[g]leichgültig raus aus der Charité. Zehn Minuten später dann Zusammenbruch, am Ufer der Spree gebrochen, geheult" (Eintrag vom 21.06.2010, S. 66). Später hat er in der Notaufnahme der Charité geweint, beim Hausarzt ist er „seelisch zusammengebrochen" (Eintrag vom 24.08.2011, S. 234). Dieses Bild wird durch regressive Verhaltensweisen abgerundet. An drei Stellen des Tagebuchs erwähnt Herrndorf einen Stoffhasen, mit dem er im Bett gekuschelt und gemeinsam mit ihm gegen den Anfall gekämpft habe. Ferner habe er sich „hingelegt und ihm erklärt [...], du musst keine Angst haben" (Eintrag vom 04.06.2012, S. 333). Und in der ersten Rückblende bezeichnet er seine aufflammende „Begeisterung für Literatur" selbstkritisch als „erster Schritt in die Regression. [...] ...: das Absacken in die Phantasiewelt als Ausdruck vollkommener Hilflosigkeit" (S. 104).

Herrndorfs Befinden unterlag starken *Stimmungsschwankungen*, einem Wechsel von „Hochgefühl" und „Schüben der Todesangst" (Rückblende, Teil 4, S. 115). Im März 2011 stellte er rückblickend fest: „Bilanz eines Jahres: [...] Ein Jahr in der Hölle, aber auch ein tolles Jahr (S. 196). Im Schnitt kaum glücklicher oder unglücklicher als vor der Diagnose, nur die Ausschläge nach beiden Seiten sind größer" (Eintrag vom 28.03.2011, S. 196f.). Und an anderer Stelle teilt er mit, „Manie und Größenwahn" meldeten sich zurück, „wenn mir der Arsch auf Grundeis geht" (Eintrag vom 22.09.2011, S. 250). Allerdings erwähnte Herrndorf ein Glücksgefühl nur ein Mal: „Insgesamt vielleicht sogar ein bisschen glücklicher als früher, weil ich so lebe, wie ich immer hätte leben sollen" (Eintrag vom 28.03. 2011, S. 197). Hier wird das Erleben von Glück während des Sterbeprozesses erkennbar, und zwar ohne Bezug zu einer Person.

Ein für Herrndorfs Situation spezifischer Aspekt seiner Befindlichkeit ist sein *Schwanken zwischen dem Festhalten am eigenen Leben und dem Loslassen seines Lebens*. Die Bindung an das Leben stand dem Wunsch gegenüber, eben dieses Leben zu beenden, und diese beiden Tendenzen wechselten immer wieder. Am Anfang stand die Bindung an das Leben im Vordergrund: „Und immer wieder vergesse ich die Sache mit dem Tod. Man sollte meinen, man vergesse das nicht, aber ich vergesse es, und wenn es mir wieder einfällt, muss ich jedes Mal lachen, ein Witz, den ich mir alle zehn Minuten neu erzählen kann und dessen Pointe immer wieder überraschend ist. Denn es geht mir ja gut" (Eintrag vom 06.09.2011, S. 240). Die Auseinandersetzung mit dem eigenen Lebensende und die Herstellung von Sterbebereitschaft sind kräftezehrende psychische Leistungen, deren Ertrag es zu erhalten galt. „..., nichts Hoffnungmachendes, bitte, ich verliere sonst das Gleichgewicht. Habe mich mit dem Elend abgefunden und weiß, was es ist" (Eintrag vom 10.10.2011, S. 260). Acht Monate später überwog der Lebenswille: „Der Umzug war kraftraubend und ist noch nicht vorbei, zugleich ist alles so schön, dass ich gar nicht mehr sterben will. Die Routine des Mitallemfertigseins und Jederzeitverschwindenkönnens ist dahin" (Eintrag vom 09.06.2012, S. 334). Wiederum drei Monate später herrschte Sterbebereitschaft vor: „Schlechter Tag, keine Arbeit. Müde, schlapp, ich bestehe nur noch aus einem einzigen Gedanken. Ich erzähle C. davon, weil wir ein Abkommen haben, alles zu erzählen, und dass ich mich, wenn ich wie durch ein Wunder geheilt würde, dennoch erschießen würde. Ich kann nicht zurück. Ich stehe schon zu lange hier" (Eintrag vom 10.09.2012, S. 355). So rang Herrndorf mit sich um Bleiben oder Gehen.

Das Oszillieren zwischen Lebenswille und Sterbebereitschaft weist Ähnlichkeit mit jener psychischen Verfassung Sterbender auf, die Weisman (1972, p. 65) als *Halbwissen* („middle-knowledge") bezüglich der eigenen Situation beschrieben hat. Der Sterbende befindet sich in einer eingeschränkten Gewissheit, weil er den Gedanken an die tödliche Bedrohung nicht in vollem Umfang zulassen kann. Herrndorf drückt es folgendermaßen aus: „Die Mitteilung, dass ich sterben muss, dringt in diesen Tagen noch zu mir durch, versickert aber in den höheren Schichten des Bewusstseins im relativistischen Sand" (Rückblende, Teil 10, S. 148). Und im letzten Fragment heißt es: „Erinnerung, etwa 4./5.3.2010, zwischen Diagnose und Einweisung, [...], ich weiß, was der Tod ist, und noch eine Weile weiß ich es, bis ich es wieder vergesse" (Fragment # 14, S. 439).

An *psychischen Bewältigungsstrategien* (Coping) wird in Herrndorfs Aufzeichnungen zunächst eine problemzentrierte Ausrichtung in Gestalt von Informationssuche erkennbar. Der Kranke vermied bedrohliche Informationen nicht, sondern suchte sie gezielt, etwa in Form wissenschaftlicher Veröffentlichungen. Nur ein Mal wird Ablenkung als bewusst eingesetzte Copingstrategie erwähnt: Den nächsten Roman habe er als Maßnahme zur Ablenkung begonnen. Auch Humor und Ironie kommen selten vor, am ehesten als sarkastische Kommentare zur Tarnung der eigenen Verzweiflung, wie die folgende Notiz: „Neben dem Dauergrinsen, das meinem Körper signalisiert, dass in meinem Leben alles nach Plan läuft, ist die Beckerfaust nun meine Standardgeste, wenn mir wieder ein besonderer Coup beim Sätzezusammenschieben gelungen ist" (Eintrag vom 02.09.2012, S. 354). Das Bewusstsein der Unterdrückung des Gedankens an den eigenen Tod kommt in einer E-mail an eine Bekannte zum Ausdruck: „Ich spüre Dein Mitgefühl, ich höre, was ich höre, und ich fühle, was Du fühlst. Das schlägt per Spiegelneuronen auf mich zurück und bringt mein System zum Absturz, ein sehr fragiles, philosophisch fragwürdiges System, das ich mir zusammengenagelt habe vor ein paar Nächten und innerhalb dessen ich keine Angst habe vor dem Tod. Ich werde nicht erklären, wie dieses System funktioniert, ich kann es nicht" (Rückblende, Teil 5, S. 121).

Dies sind die wesentlichen Inhalte, die sich Herrndorfs Tagebuch aus Sicht des Thanatopsychologen entnehmen lassen. Die Wirkungskette, zu der sich diese Inhalte anordnen lassen, zeigt Abbildung 4-2. Darüber hinaus ergeben sich Anhaltspunkte über den *Verlauf seines Sterbens* aus den Rückblenden. Demnach lassen sich fünf relativ eigenständige Abschnitte unterscheiden.

(1) Erste Symptome, Befunderhebungen, Diagnose und Prognose. Dies ist vergleichbar mit dem, was Tolstoij seinen Iwan Iljitsch erleben lässt. Dies bewirkt Ungewissheit, Besorgnis, Angst und aufkeimende Sterbegewissheit. Erleben von Kontrollverlust einerseits, soziale Unterstützung andererseits. Vigilanz.

(2) Positionsbestimmung und Stabilisierung durch die Leitideen „Arbeit und Struktur" sowie „Exitstrategie".

(3) Umsetzung der Leitideen durch die Arbeit an neuen Romanen (Ablenkung) und die Vorbereitung des Suizids. Beeinträchtigungen und starke Stimmungsschwankungen. Selbsttäuschung und mentale Selbstmanipulation.

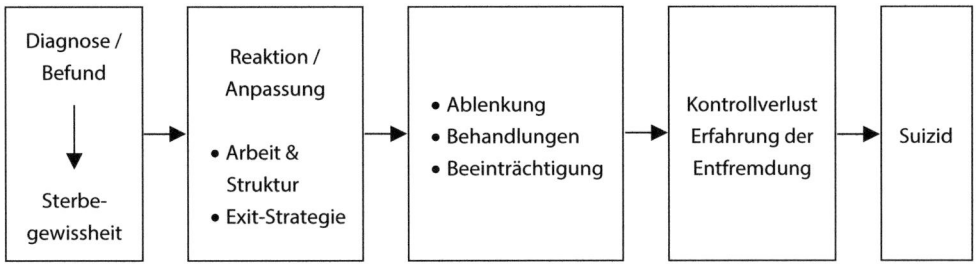

Abbildung 4-2: Modell des Sterbens Wolfgang Herrndorfs.

(4) Verstärkung der Beeinträchtigungen, zunehmender Leidensdruck (Kontrollverlust, Angst vor Persönlichkeitsveränderung, Selbstentfremdung).
(5) Suizid.

Abgesehen vom ersten Abschnitt, den man als „Schock" bezeichnen könnte, zeigt dieser Verlauf keine Übereinstimmung mit den von Kübler-Ross (1973) postulierten Phasen des Sterbens (Schock, Wut/Auflehnung, Verhandeln, Depression/Resignation, Akzeptieren). Eine Ähnlichkeit kann man hingegen mit den Phasenkonzepten von Pattison (1977) und Weisman (1972) erkennen, die beide eine ausgedehnte, inhaltlich weitgehend unbestimmte zweite Phase der psychischen Anpassung vorsehen, bevor der terminale Verfall einsetzt. Dabei ist freilich zu berücksichtigen, dass Herrndorf den letzten Abschnitt seines natürlichen Sterbeprozesses gar nicht erlebt hat.

4.3 Heinrich von Kleist: Michael Kohlhaas[3]

Die Geschichte vom Leben und Sterben des Michael Kohlhaas, eines wohlhabenden und wegen seines Lebenswandels geschätzten Geschäftsmannes, den Kleist (o.J.) einleitend als „eine[n] der rechtschaffensten zugleich entsetzlichsten Menschen seiner Zeit" charakterisiert, spielt in der Mitte des sechzehnten Jahrhunderts in den Kurfürstentümern Sachsen und Brandenburg. Nachdem ihm durch einen örtlichen Edelmann materieller Schaden und eine schwere Kränkung zugefügt, sein Großknecht verletzt, seine eigene Frau als mittelbare Folge des Konflikts gestorben und seine Klage aufgrund von Intrigen niedergeschlagen worden waren, schreitet Kohlhaas zur Selbstjustiz. An der Spitze einer Schar von Gefolgsleuten zerstört er die Burg des Junkers Wenzel von Tronka, ohne seiner allerdings habhaft zu werden. Auf der Suche nach ihm entspinnt sich ein Guerillakrieg gegen den Landvogt und überhaupt gegen die Obrigkeit, in dessen Verlauf Kohlhaas Teile von Wittenberg und Leipzig in Brand setzt. Auf Vermittlung Martin Luthers sichert der Kurfürst von Sachsen dem Kohlhaas freies Geleit („Amnestie") für eine Reise nach Dresden zu, wo er seine Sache vor Gericht bringen soll. Dies wird durch Anschlag öffentlich bekannt gemacht. „Die Rechtssache [im Sinne eines Rechtsbruchs durch den Junker von Tronka] war in der That klar" (S. 15). Die Angelegenheit entwickelt sich gleichwohl zum Politikum, da Kohlhaas,

---

[3] Dieser Abschnitt wurde ohne Kenntnis von Sekundärliteratur zu Kleists Michael Kohlhaas verfasst.

„der Würgeengel [...], der die Volksbedrücker mit Feuer und Schwert verfolge, [...]" (S. 42), wegen seiner Auflehnung gegen die Willkür eines Adeligen in Teilen der Bevölkerung große Sympathie genießt. Zugleich beginnt sich aber „in Privathäusern und auf öffentlichen Plätzen" die Meinung durchzusetzen, „dass es besser sei, ein offenbares Unrecht an ihm zu verüben und die ganze Sache von neuem niederzuschlagen, als ihm Gerechtigkeit durch Gewaltthaten ertrotzt, in einer so nichtigen Sache zur bloßen Befriedigung seines rasenden Starrsinns zukommen zu lassen" (S. 50). In dieser aufgeladenen Atmosphäre bricht der Kurfürst sein Wort. Kohlhaas wird in Gewahrsam genommen, vor Gericht gestellt und zum Tode verurteilt. Durch Intervention des Kurfürsten von Brandenburg, die allein die Frage der Zuständigkeit betrifft, wird die Sache eine solche des Reiches, die zwar in Brandenburg verhandelt, deren Anklage, nämlich diejenige der „Verletzung des öffentlichen kaiserlichen Landfriedens", jedoch vom Bevollmächtigten des Kaisers vertreten wird.

Während seiner Überstellung nach Berlin wird Kohlhaas sich bewusst, dass er im Besitz eines versiegelten Zettels ist, der Weissagungen über die Zukunft des kurfürstlichen Geschlechts in Sachsen enthält und an dem der Kurfürst von Sachsen naturgemäß das größte Interesse hat. Der Versuch des Kurfürsten, durch eine List in den Besitz des Zettels zu gelangen, misslingt. Kohlhaas ist sich nun des Machtmittels, das er gegen den wortbrüchigen Kurfürsten in Händen hält, bewusst. Er jauchzt darüber, „seines Feindes Ferse in dem Augenblick, da sie ihn in den Staub trat, tödlich zu verwunden, [...]" (S. 78).

Vor dem Kammergericht zu Berlin wird Kohlhaas, den man mit allem Respekt behandelt, erneut zum Tode verurteilt. Unmittelbar vor der öffentlichen Hinrichtung wird ihm mitgeteilt, dass seine Klage gegen den Junker Wenzel von Tronka vom Sächsischen Erzkanzler „Punkt für Punkt und ohne die mindeste Einschränkung umgesetzt" (S. 81) und der Junker zu einer Freiheitsstrafe verurteilt worden sei. Vor den Augen des Kurfürsten von Sachsen, der die Hoffnung hegt, nach Kohlhaasens Tod in den Besitz des Zettels zu gelangen, erbricht Kohlhaas das Siegel, liest den Inhalt und verschluckt den Zettel. Sodann schreitet er selbständig zum Richtblock.

Als Kind des 18. Jahrhunderts ist Kleist kein psychologischer Schriftsteller, und so ist er sehr sparsam, was die Schilderung der innerseelischen Vorgänge seines Protagonisten betrifft. Allenfalls erwähnt er, „die innerliche Zufriedenheit" des Kohlhaas sei emporgezuckt. Im übrigen aber beschreibt er die Vorgänge aus der Perspektive des Beobachters, der sachlich-distanziert von außen sichtbares Verhalten schildert. Aus dem manifesten Inhalt des Berichts über die Hinrichtung am Ende der Erzählung lassen sich somit keine Aussagen über Merkmale wie „Sterbegewissheit", „Angst vor dem eigenen Tod", „Glücksgefühl", „Verzweiflung" etc. ableiten. Zur Erklärung des Verhaltens von Kohlhaas und seines mutmaßlichen Erlebens am Tag seiner Hinrichtung wird daher im folgenden die gesamte Vorgeschichte in den hier relevanten Ausschnitten herangezogen.

Der zentrale Wesenszug des Michael Kohlhaas ist sein Sinn für Gerechtigkeit. Er ist von einem „Rechtgefühl" bestimmt, „das einer Goldwaage glich" (S. 9). Als Gerechtigkeitsfanatiker ist Kohlhaas in seinem Denken, Fühlen und Handeln von einem übergeordneten Prinzip geleitet, hinter das seine eigene Bequemlichkeit, sein körperliches und materielles Wohlergehen zurücktreten. Die Verletzung dieses Prinzips empfindet er als persönliche Kränkung, seine Umsetzung bereitet ihm Befriedigung. Am Beginn der Eskalation des Konflikts, nachdem ihm von dem Junker Unrecht zugefügt und seine Klage niedergeschlagen worden war, erklärt Kohlhaas seiner besorgten Frau, „in einem Lande, [...], in welchem man mich in meinen Rechten nicht schützen will" (S. 20), wolle er nicht bleiben. Um dem Prinzip zur Geltung zu verhelfen, sah er sich berechtigt, als „Stadthalter Michaels des Erzengels" (S. 31) einen gerechten Krieg gegen den Junker zu führen, und „nannte er sich ‚einen reichs- und weltfreien, Gott allein unterworfenen Herrn'" (S. 27). So erklärt sich, dass Kohlhaas aus übersteigerter Prinzipientreue zum Rechtsbrecher wurde. „Das Rechtgefühl aber machte ihn zum Räuber und Mörder" (S. 5).

Diese Prinzipientreue zeigt sich auch in der Reaktion des Kohlhaas auf den Wortbruch des Kurfürsten von Sachsen. Obwohl formell kein Gesetzesverstoß, handelt es sich doch um die Verletzung der ungeschriebenen Regel, der zufolge das Wort eines Mannes, zumal eines solchen von Stande, gilt; anderenfalls verliert er seine Ehre. Für Kohlhaas ist es jedoch nicht ausreichend, dass der Kurfürst seine Ehre verloren und damit an Ansehen in der Öffentlichkeit und letztlich an Autorität als Landesfürst eingebüßt hat. Er fühlt sich persönlich gekränkt. „Wer mir sein Wort einmal gebrochen, sprach er, mit dem wechsle ich keines mehr; [...]" (S. 79). Diese Kränkung sitzt so tief, dass Kohlhaas unfähig ist, das Machtmittel, das er in Gestalt der Weissagung gegen den Kurfürsten besitzt, zu seinem eigenen Vorteil einzusetzen. Stattdessen verwendet er es zu kompromissloser Rache. Prinzipientreue zeigt sich ferner in der Unfähigkeit des Kohlhaas, dem Junker von Tronka um seines eigenen Seelenheils willen zu verzeihen. Als Kohlhaas Martin Luther um die Abnahme der Beichte bittet und dieser Vergebung für die Tat des Junkers fordert, verweigert Kohlhaas dies, und Beichte sowie Absolution kommen nicht zustande.

Dieses unbeugsame Festhalten an einem übergeordneten, in seinen Augen von Gott gegebenen Prinzip macht die rasche Steigerung des Konflikts zwischen Kohlhaas und dem Junker einerseits sowie dem Kurfürsten andererseits verständlich. In den meisten Konstellationen des menschlichen Zusammenlebens entfalten Konflikte eine Dynamik, die sich über mehrere Stufen der Eskalation entwickelt (siehe Glasl, 1994). Im Fall des Michael Kohlhaas erfolgt hingegen sogleich der Sprung auf die höchste Eskalationsstufe, die Glasl (1994, S. 278) als „Gemeinsam in den Abgrund" bezeichnet und folgendermaßen kennzeichnet: „Den Parteien erscheinen die materiellen und immateriellen Kosten einer Umkehr um vieles höher als die Kosten einer totalen Vernichtung und Selbstvernichtung. [...] Die Konfliktparteien führen einen totalen Vernichtungskrieg gegen ihre Umgebung, ohne noch Parteien oder Neutrale zu unterscheiden. Sie schlagen besinnungslos um sich, weil sie erleben, dass sie unaufhaltsam einem Abgrund zutreiben, aus dem es kein Entkommen mehr gibt. Ihre einzige Genugtuung ist das Wissen, dass sie im eigenen Untergang den Feind mit in den Abgrund reissen [sic!] können und dass er mit ihnen zugrunde gehen muss (S. 278). Damit erlaubt der wechselseitige Selbstmord den Parteien, sogar noch im Untergang über den Gegner zu triumphieren, weil seine Chance auf Überleben gleichfalls zerschlagen werden konnte" (S. 278f.). Diese allgemeine Beschreibung eines heißen bzw. kochenden Konflikts trifft auf Michael Kohlhaas insbesondere in seinem Verhalten gegenüber dem Kurfürsten von Sachsen recht gut zu.

Nach dieser vorbereitenden Betrachtung können wir uns dem eigentlichen Gegenstand dieses Abschnitts zuwenden, nämlich dem Erleben und Verhalten des Kohlhaas im Angesicht seiner bevorstehenden Hinrichtung. Die Inszenierung, die der Urteilsvollstreckung vorausgeht, ist eine für alle Welt sichtbare Demonstration praktizierter Gerechtigkeit. Auf dem Richtplatz empfängt der Kurfürst von Brandenburg Kohlhaas mit den Worten: „[N]un, Kohlhaas, heut ist der Tag, an dem dir dein Recht geschieht!" (S. 82). Dieser Satz hat einen zweifachen Sinn. Zum einen wird das Kohlhaas zugefügte Unrecht geheilt, indem ihm der Schaden erstattet und Mitteilung von der Bestrafung des Junkers gemacht wird. Kohlhaas nimmt dies „ganz überwältigt von Gefühlen" (S. 82) auf, und „[e]r versicherte freudig dem Erzkanzler, [...], daß sein höchster Wunsch auf Erden erfüllt sei, [...]" (S. 82). Zum anderen ist er aufgefordert, seinerseits für begangenes Unrecht mit seinem Leben einzustehen. Dies tut er mit einer fast heiteren Gelassenheit. Nach der Genugtuung, die Kohlhaas durch die Umsetzung seiner Klage zuteil geworden ist, befindet sich die Waage der Justitia im Ungleichgewicht. Durch die Hingabe seines Lebens kann seine Schuld getilgt und die Waage ins Gleichgewicht gebracht werden. So muss der Vollzug der Todesstrafe an ihm für Kohlhaas die Verwirklichung seines höchsten Wertes, der Gerechtigkeit, bedeuten. Man darf daher annehmen, dass Kohlhaas die Aussicht, sein Leben zu verlieren, als richtig im Rahmen der bestehenden göttlichen und weltlichen Ordnung ansah und seinen Tod daher akzeptierte. Jedenfalls enthält Kleists Schilderung des letzten Weges von Michael Kohlhaas keinen Hinweis auf Angst, Verzweiflung, Auflehnung oder andere unlustbetonte Gemütszustände. Der Triumph, den ihm die Rache am Kurfürsten von Sachsen in letzter Minute bereitet, dürfte Kohlhaas den Abschied von der Welt zusätzlich leicht gemacht haben.

Beachtung verdienen auch die Begleitumstände, unter denen sich all dies vollzieht. Als Beschuldigter, Angeklagter und Verurteilter wird Kohlhaas stets mit Hochachtung behandelt. So wird er vor Beginn des Prozesses in Berlin in „ein ritterliches Gefängnis" (S. 75) eingeliefert, also gewissermaßen standesgemäß untergebracht. Nach Verlesung des Todesurteils werden ihm die Ketten abgenommen und „die über sein Vermögen lautenden Papiere, die ihm in Dresden abgesprochen worden waren, wieder zugestellt" (S. 80). Auf Veranlassung des Kurfürsten von Brandenburg erhalten Freunde und Sympathisanten bei Tag und Nacht freien Zutritt zu ihm. Nach der Vollstreckung des Urteils wird der Leichnam „anständig auf dem Kirchhof der Vorstadt" (S. 83) begraben. Und als ob dies alles noch nicht genug der Ehre sei, werden die beiden Söhne des Kohlhaas, im Kindesalter noch, vom Landesherrn zu Rittern geschlagen und in die fürstliche Pagenschule aufgenommen.

Als allgemeines Fazit dieser Analyse ergibt sich, dass eine abstrakte Idee, nämlich diejenige der Gerechtigkeit, das Verhalten des Kohlhaas während seines Lebens wie auch im Angesicht des eigenen Todes bestimmte. Diese Idee und ihre Verwirklichung bedeutete ihm mehr als sein Leben. Die Befriedigung, welche die Herstellung von Gerechtigkeit in ihm hervorrief, ließ den Tötungsakt seinen Schrecken verlieren und den Verlust noch zu lebenden Lebens als vergleichsweise geringfügigen Schaden erscheinen. Ergänzend sei angemerkt, dass Kohlhaas zwar seiner Zeit gemäß ein gottesfürchtiger Mensch war, dass in dieser Geschichte aber der Glaube keine Rolle für sein Erleben und Verhalten spielt. Nicht gänzlich von der Hand zu weisen ist die Möglichkeit, dass Kohlhaas während seines Rachefeldzugs den weiteren Verlauf voraussah und ihn im Sinne einer quasi-suizidalen Handlung in Kauf nahm. Bei dieser naturgemäß spekulativen Einschätzung würde es sich analog zum „suicide by cop", bei dem ein Täter seine eigene Erschießung durch einen Polizisten provoziert, um „suicide by court" handeln.

5 Zusammenschau und Schlussfolgerungen

Ausgangspunkt der Beschäftigung mit den Abschiedsbriefen des Ehepaares Moltke war die Frage, ob sich eine Kennzeichnung des Sterbens im psychologischen Sinne, die auf kognitive Bewältigungs- und Anpassungsvorgänge abstellt, auch bei einem Menschen als gültig erweist, der zwar vom Tod bedroht, jedoch körperlich gesund ist. Unter Berücksichtigung der Interaktion zwischen den Ehepartnern ergaben sich mehrere eigenständige Aspekte mit dazugehörigen Fragestellungen (siehe Abschnitt 1.2), nämlich Helmuth v. Moltke als der Sterbende und der Verlauf seines Sterbeprozesses; die Situation seiner Ehefrau als Sterbebegleiterin und schließlich die Sterbebegleitung als Interaktionsgeschehen einschließlich ihres Verlaufs. Zum Abschluss der Beschäftigung mit den Abschiedsbriefen geht es nun darum, die Ergebnisse der qualitativen und auf niedrigem Niveau auch quantitativen Inhaltsanalyse dadurch fortzuführen und zu erweitern, dass sie zu Vergleichsbedingungen in Beziehung gesetzt und sodann anhand fachwissenschaftlicher thanatologischer Erkenntnisse eingeordnet werden. Dabei entspricht die Abfolge in der Behandlung der einzelnen Aspekte jener von Kapitel 3: Zunächst geht es um den Sterbenden und sein Sterben, sodann um die Gräfin als Sterbebegleiterin und schließlich um die Sterbebegleitung. Schlussfolgerungen für die Praxis der Sterbebegleitung runden die Betrachtung ab.

5.1 Der Sterbende

Im Bewusstsein, ein Sterbender zu sein, setzt Helmuth v. Moltke sich vier Aufgaben. (1) Die Abwendung des Todesurteils und nach dessen Verkündigung der Versuch, eine Begnadigung oder wenigstens einen Aufschub der Vollstreckung zu erwirken. Diese Rettungsversuche dürften primär dem Selbsterhaltungstrieb entsprungen sein, in zweiter Linie kann man sie aber auch als Ausdruck einer Verpflichtung gegenüber seiner Ehefrau auffassen. Der Graf mag sich selbst und ihr den unausgesprochenen Vorwurf erspart haben wollen, nicht alles zu seiner Rettung unternommen zu haben. (2) Die Vorbereitung auf den ideologischen und intellektuellen Machtkampf mit dem Vorsitzenden des Volksgerichtshofs, Freisler. Dies ist dem Grafen ein wichtiges Anliegen. Die nationalsozialistischen Machthaber mögen in der Lage sein, ihn zu töten; sie können aber nicht verhindern, dass er einem ihrer Repräsentanten paroli bietet und sich ihm menschlich wie geistig als überlegen erweist. Graf Moltke sah sich somit vor eine Prüfung gestellt, auf die es sich vorzubereiten galt. (3) Die Unterstützung seiner Ehefrau. Dies betrifft das Angebot von Orientierung und Empathie während der Zeit der Haft bis zur Urteilsvollstreckung, es gilt aber auch für lebenspraktische Hinweise für die Zeit nach seinem Tod. Graf Moltke dürfte sich der außerordentlichen psychischen Belastung bewusst gewesen sein, der seine Ehefrau ausgesetzt war. Als Ehemann und guter Kamerad sah er es als seine Pflicht an, ihr so gut er konnte beizustehen. (4) Die Herstellung von Sterbebereitschaft als Vorbereitung auf die letzten Stunden vor der Hinrichtung, den „Absprung" (siehe Abschnitt 3.1.1, S. 36). Vermutlich hat Helmuth v. Moltke die Qual eines zu großen inneren Widerstandes gegen die eigene

Tötung antizipiert, und daraus dürfte die Vorstellung erwachsen sein, durch Selbstmanipulation das Unvermeidliche den Umständen entsprechend erträglich zu machen.

Dies ist ein Arbeitsprogramm, durch das sich der Sterbende intellektuelle Inhalte verschafft und eine Arbeitsstruktur vorgegeben hat und mit dessen Hilfe er zugleich seinem Dasein unter diesen besonderen Lebensumständen einer stark verkürzten Zukunftsperspektive einen Sinn verliehen hat. Die Sinnhaftigkeit jeder einzelnen dieser Aufgaben wird überlagert vom übergeordneten Merkmal der Sinngebung. Der körperlich gesunde Helmuth v. Moltke verhält sich damit im Angesicht seines Todes durch Hinrichtung ähnlich wie der sterbenskranke William McDougall und der ebenfalls unheilbar kranke Wolfgang Herrndorf. Insbesondere McDougall stellt sich mit seiner Lebensbilanz eine intellektuell fordernde Aufgabe. Das Mittel, das diese drei sterbenden Intellektuellen zur Bewältigung ihrer Situation einsetzen, kann man als „Arbeit und Struktur" in Verbindung mit dem Verfolgen eines Ziels ansehen. Das ist eine Copingstrategie, die – wie übrigens auch religiöses Coping – in Inventaren der Stressbewältigung nicht vorkommt. Wenngleich nicht so strukturiert und formalisiert in der Ausführung, verfolgt auch Michael Kohlhaas ein Ziel, nämlich die Verwirklichung von Gerechtigkeit. Dies ist seine Aufgabe, und mit ihrer Erfüllung erreicht er Sterbebereitschaft. Hier liegt also die wechselseitige Bestätigung (Triangulation) einer psychischen Anpassungsstrategie vor, die für vier Männer, von denen zwei körperlich gesund waren, zu ganz verschiedenen Epochen und in unterschiedlichen Lebenslagen den Kern des Sterbens im psychologischen Sinne ausmacht. Damit erfährt auch die in Abschnitt 2.1.1 eingeführte allgemeine Kennzeichnung des Sterbens im verhaltenswissenschaftlichen Sinne eine Bestätigung.

Auch wenn die hier aufscheinenden Copingstrategien nicht zum Repertoire der Forschung zu Stressbewältigung zählen, lässt sich religiöses Coping doch jenem übergeordneten Bereich der Copingforschung zuordnen, der für Bedingungen der Unkontrollierbarkeit gilt. Es ist dies emotionszentriertes (Lazarus, 2006) bzw. evaluationszentriertes Coping (Krohne, 1996), das man auch als akkommodierendes Coping auffassen kann (Carver & Connor-Smith, 2010). In der Klassifizierung von Folkman und Moskowitz (2004) könnte man auch von zukunftsorientiertem, proaktivem Coping sprechen.

Unter dem Eindruck existentieller Bedrohung reagiert Helmuth v. Moltke mit einer religiösen Form der Stressbewältigung, wie sie von Pargament (1997) ausführlich dargestellt wird. Dieser religiöse Copingstil besteht in der Herstellung einer partnerschaftlichen, kooperativen Beziehung zu Gott. Der Gläubige ist davon überzeugt, dass Gott ihm die Kraft gibt, die Bedrohung abzuwenden oder, im Falle vollständigen äußeren Kontrollverlusts, die Situation durch die Herstellung innerer Kontrolle zu ertragen (siehe auch Grom, 1992, S. 149ff.). Der Mensch in existentieller Not ist also zu eigener Anstrengung aufgerufen, erfährt dabei aber Befähigung und Unterstützung durch eine übermenschliche Instanz, an die er eine sichere Bindung hat. Menschen mit einer sicheren Bindung an Gott haben ein Weltbild, das einen gütigen, stets verfügbaren Beschützer beinhaltet und das ihnen dadurch eine Art Urvertrauen vermittelt. Dies unterscheidet sich von anderen, eher dysfunktionalen religiösen Copingstilen wie demjenigen der autonomen Bewältigung (das Individuum sieht sich auf sich allein gestellt) und demjenigen der abwälzenden Bewältigung (das Individuum erwartet Hilfe allein von Gott, etwa in Form eines Wunders).

Eine weitere äußerst zweckmäßige Bewältigungsstrategie des Grafen Moltke ist die positive Umdeutung seiner Situation und ihrer Ursachen im Kontext des Göttlichen. Dieser auch als „Reframing" bezeichnete Copingstil vermag selbst in den schwersten Lebenskrisen enorme psychische Kräfte freizusetzen. Gestärkt durch Gott und im Bewusstsein einer überirdischen Sinnhaftigkeit des eigenen Schicksals, kann buchstäblich jede Situation aufgrund sekundärer Einschätzung als erträglich empfunden werden. Im Gegensatz dazu stehen dysfunktionale religiöse Copingstile wie das Hadern mit Gott oder die negative Deutung einer Situation, beispielsweise als Bestrafung.

Gibt es eine Erklärung dafür, dass Helmuth v. Moltke gerade diese Form religiösen Copings zeigt? Über den Ursprung seiner Gläubigkeit kann man nur spekulieren. Ohne Zweifel war er bereits lange vor seiner Inhaftierung ein tief gläubiger Mensch, der seinen Glauben lebte (und nicht bloß nach Zweckmäßigkeitserwägungen einsetzte) und der eine sichere Bindung an seinen Gott hatte (und keine ängstlich-ambivalente). Wir haben es also mit einem Menschen mit einer intrinsischen religiösen Orientierung zu tun, die für sein gesamtes Denken, Fühlen, und Handeln bestimmend war. Im Sinne des Mediator-Modells (siehe Baron & Kenny, 1986) liegt es nun nahe, dass bei einer Bedrohung der eigenen Existenz in Verbindung mit der Erschütterung grundlegender Überzeugungen die psychische Anpassung an diese Situation mittels religiös geprägter Copingstile erfolgt. Nicht die Religiosität als Persönlichkeitsmerkmal ist also der Wirkfaktor, sondern der spezifische religiöse Copingstil. Dieser steuert einen eigenständigen, über unspezifisches Coping hinausgehenden Beitrag zur Bewältigungsleistung bei (Pargament, 1997, pp. 308–310). So erfuhr Graf Moltke in einer Situation vollständiger Hilflosigkeit durch seinen Glauben Schutz, Trost und Sinn. Unter Einbeziehung der Sphäre des Göttlichen war die Welt trotz allen Unrechts, das ihm persönlich widerfuhr, gerecht. Und dank eines liebenden Gottes war er in dieser Welt sicher und als Mensch wertvoll.

Eine analoge Rolle spielt der Humor für das Bewältigungsverhalten Helmuth v. Moltkes. Bereits Freud (1928/1948) weist auf die Funktion des Humors als psychischer Schutzmechanismus hin. „Das Großartige [des Humors] liegt offenbar im Triumph des Narzißmus, in der siegreich behaupteten Unverletzlichkeit des Ichs. Das Ich verweigert es, sich durch die Veranlassungen aus der Realität kränken, zum Leiden nötigen zu lassen, es beharrt dabei, daß ihm die Traumen der Außenwelt nicht nahe gehen können, ja es zeigt, daß sie ihm nur Anlässe zu Lustgewinn sind" (S. 385). Dabei komme es auch zu einem gewissen Realitätsverlust. Seit geraumer Zeit wird „Sinn für Humor" als Eigenschaft einer Person und als psychische Ressource angesehen, die sie in belastenden Situationen befähigt, sich mental von den bedrohlichen Umständen zu distanzieren und diese ins Positive zu wenden. Es gibt empirische Belege dafür, dass Sinn für Humor und die daraus hervorgehende humoristische Copingstrategie die psychische Wirkung stresserzeugender Ereignisse vermindert (siehe Lefcourt & Thomas, 1998).

Religiosität und Humor können in der vorliegenden Fallstudie noch in anderer Weise theoretisch eingeordnet werden. Gemäß Terror Management Theory (Greenberg, Pyszczynski & Solomon, 1986; Solomon, Greenberg & Pyszczynski, 1991) bilden die kulturelle Weltsicht eines Menschen und sein darauf gegründetes Selbstwertgefühl einen Puffer gegen die existentielle Angst angesichts der eigenen Sterblichkeit. Eine Erschütterung des Weltbildes, wie sie durch das Nationalsozialistische Gewaltregime für die Moltkes zwangsläufig war, musste also zu einer Schwächung des Puffers führen, lange bevor der Graf konkret bedroht war. Hier stellte nun der christliche Glaube einerseits und sein Sinn für Humor andererseits Möglichkeiten dar, durch Distanzierung und die Übernahme einer Weltsicht, die von einer höheren Instanz legitimiert schien, den Puffer wieder herzustellen und damit das System erneut ins Gleichgewicht zu bringen.

Aus wertfreier, ausschließlich funktionaler Sicht kann man sagen, dass Graf Moltke unter den gegebenen Umständen alles richtig gemacht hat. Sein Anpassungsverhalten war vorteilhaft, gängige dysfunktionale Formen der Stressbewältigung wie etwa Resignation oder Grübeln zeigt er nicht, und in diesem Sinne kann man daher von einem „guten" oder „gelungenen" Sterben sprechen, auch wenn es wohl kein friedliches und leichtes Sterben gewesen sein dürfte. Die Ursache dafür ist in seiner Persönlichkeitsstruktur sowie in früheren Erfahrungen zu suchen. Sein tiefer Glaube und die soziale Unterstützung durch seine Ehefrau einerseits und durch Pfarrer Poelchau andererseits kommen als begünstigende Umstände hinzu. Von größter Bedeutung dürfte die Qualität der Beziehung zwischen den Ehepartnern gewesen sein, die eine taktvolle Offenheit ermöglichte und den beeinträchtigenden Bewusstheitskontext der gegenseitigen Täuschung gar nicht erst aufkommen ließ. Davon später mehr.

Die Art und Weise, wie Graf Moltke die Aussicht seines baldigen gewaltsamen Todes bewältigte, entspricht am ehesten dem aufgabenorientierten Modell von Corr (1991–92). Körperbezogene Aufgaben stellten sich ihm naturgemäß nicht. Psychische Aufgaben, nämlich die Herstellung subjektiver Sicherheit sowie die Bewahrung von Autonomie und Kontrolle, soziale Aufgaben im Umgang mit seiner Ehefrau und schließlich spirituelle Aufgaben in Form des Erlebens von Transzendenz sind gut erkennbar.

Anders als bei einem Kranken wird der Verlauf des Sterbens Helmuth v. Moltkes von den äußeren Umständen bestimmt. Nicht Schmerzen, Funktionseinbußen und psychophysische Schwäche sind ursächlich für seine Sterbegewissheit, sondern das Näherrücken des Prozesses, der Übergang von Ungewissheit zu Gewissheit bezüglich des Termins und der Urteilsspruch. Sterbegewissheit, das Schwanken zwischen dem Festhalten am Leben und dem Loslassen des eigenen Lebens, Sinnfindung und Rettungsmaßnahmen – alle diese Merkmale erreichen ihren Kulminationspunkt in den zwei Wochen, deren erste der Verhandlung vor dem Volksgerichtshof vorausgeht und in deren zweite die Verhandlung fällt. Am häufigsten äußert Graf Moltke Sterbegewissheit sowohl an Weihnachten und zum Jahreswechsel als auch in den beiden Wochen vor und während der Verhandlung. Unmittelbar nach dem Todesurteil zeigt sich ein deutlicher Rückgang aller dieser Merkmale, besonders von Sterbebewusstheit (von 8 auf 2) und von Sinnfindung (von 4 auf 1). Oszillieren zwischen Loslassen des Lebens und Festhalten am eigenen Leben, das man in Verbindung mit Sinnfindung als ein Bemühen um Akzeptanz auffassen kann, fällt ebenfalls ab, tritt aber noch relativ am häufigsten auf. Beachtung verdient, dass Oszillieren zwischen Sterbebereitschaft und Lebenswille sowohl von Helmuth v. Moltke als auch von W. Herrndorf geäußert wird und dass es sich überdies auch bei Freya v. Moltke aufzeigen lässt.

Dieser Befund ist ein Beleg dafür, dass auch beim körperlich gesunden Menschen ein Prozess des psychischen Sterbens stattfinden kann. Der umfassende Geltungsanspruch der in Abschnitt 2.1.1 eingeführten Definition wird dadurch unterstrichen. Die brieflichen Äußerungen des Grafen zeigen eindrucksvoll, dass Sterben zu einem wesentlichen Teil, vielleicht sogar hauptsächlich, eine psychische Anpassungsleistung ist.

Das Sterben Helmuth v. Moltkes, wie es sich in den Briefen an seine Ehefrau darstellt, lässt keinen linearen Ablauf einzelner, inhaltlich hinreichend klar abgrenzbarer Phasen erkennen, wie es einschlägige Phasenlehren postulieren. In den Aufzeichnungen McDougalls ist ein Ablauf gemäß bestimmter Phasen ebenfalls nicht feststellbar, und in W. Herrndorfs Tagebuch gibt es eine Ähnlichkeit mit den Phasenkonzepten von Pattison (1977) und Weisman (1982), nicht hingegen mit den enger umschriebenen Phasen nach Kübler-Ross (1973). Bei Helmuth v. Moltke sind allenfalls zwei Abschnitte unterscheidbar, deren erster an anderer Stelle bereits bildhaft als Köcheln auf kleiner Flamme umschrieben wurde, und deren zweiter, kurzer Abschnitt eine Intensivierung der psychischen Bewältigung und ihren Abschluss bildet. Nimmt man diese beiden groben Abschnitte zusammen, entspricht das Sterben des Grafen Moltke am ehestens einem zirkulären Modell (siehe Wittkowski, 2004), in dem bestimmte Inhalte und gedankliche Verarbeitungsprozesse während eines längeren Zeitraumes in unregelmäßigen Abständen mehrfach auftreten. Im Prinzip ähnliche wiederholt auftretende kreisförmige Anpassungsvorgänge fanden Hogan, Morse und Tasón (1996) bei Erwachsenen, die einen Verlust betrauerten. Im Fall des Grafen Moltke betrifft dies besonders die Herstellung und Aufrechterhaltung von Sterbebereitschaft und die damit einher gehende Akzeptanz des eigenen Sterbens wie auch des eigenen Todes sowie den Ausdruck von Schwäche und von Angst vor dem eigenen Tod.

Insgesamt entspricht das Bild, das seine Abschiedsbriefe vom Sterben des Helmuth v. Moltke vermitteln, der Schlussfolgerung, die Schulz und Schlarb (1991, pp. 374–375) bezüglich des psychologischen Forschungsstandes zum Sterben ziehen. Demnach löst der Sterbeprozess eine Vielzahl überwiegend unlustbetonter Gefühle aus, die jedoch in keiner bestimmten Abfolge auftreten. Beachtenswert ist das Hin-und-her-Schwanken zwischen dem Festhalten am eigenen Lebens und dem Loslassen des eigenen Lebens. Dieses kräftezehrende Oszillieren findet sich sowohl bei Helmuth v. Moltke als auch bei W. Herrndorf. Obwohl bisher kaum beschrieben, ist es möglicherweise dasjenige Merkmal, das den Sterbeprozess am treffendsten kennzeichnet.

Tabelle 5-1: Merkmale des Sterbeprozesses bei Helmuth von Moltke und in verschiedenen Kasuistiken.

Merkmal / Copingstrategie	H. v. Moltke	W. McDougall	W. Herrndorf	M. Kohlhaas
Arbeit u. Struktur	+	+	+	+
Zielbindung / Aufgabenorientierung	+	+	+	+
Sinngebung	+	+	+	+
religiöses Coping	+	-	-	-
Rettungsmaßnahmen	+	-	+	-
Lebensbilanz	-	+	-	-

+ = Merkmal ist vorhanden

- = Merkmal ist nicht vorhanden

Die Art und Weise der kognitiven und affektiven Anpassung an das eigene Sterben ist abhängig von entsprechenden Dispositionen, die bereits vor dieser Situation bestanden. Wie die Gegenüberstellung in Tabelle 5-1 zeigt, ist eine selbst gesetzte strukturierte Aufgabenerfüllung, die als Daseinszweck erlebt wird, eine Art der Anpassung an den bevorstehenden Verlust es eigenen Lebens, die man auch in anderen Fallberichten findet. In den Abschiedsbriefen des Grafen Moltke wird diese Bewältigungsstrategie durch die qualitative Analysemethode nach Art der Grounded Theory erkennbar, die Merkmale (auch) induktiv aus dem Analysematerial ableitet. „Arbeit und Struktur" wird durch religiöses Coping ergänzt, das sich in keiner der zum Vergleich herangezogenen Kasuistiken findet. Religiöses Coping ist spezifisch für das Leben Helmuth v. Moltkes in Erwartung seiner Hinrichtung.

5.2 Die Sterbebegleiterin

Das Erleben Freya v. Moltkes als briefliche Sterbebegleiterin ihres Ehemannes einschließlich ihrer Reaktionsweisen und Anpassungsformen an diese naturgemäß äußerst belastende Situation wurde bereits in Abschnitt 3.2.3 zusammenfassend kommentiert. Verglichen mit professionellen Begleiterinnen von Patienten, die an einer Krankheit sterben, entfallen für sie drei Ursachen für Beeinträchtigungen. Das ist zum einen das Miterleben des körperlichen und geistigen Verfalls des Sterbenden, das häufig zu Erschöpfung aus Mitleid führt. Zum anderen ist es die Angst vor dem eigenen Versagen, die durch einen hohen beruflichen Anspruch an die Ermöglichung eines „guten Sterbens" erzeugt wird. Da sie keine berufliche Sozialisation als Pflegerin erfahren hat, ist Freya v. Moltke allein ihren eigenen Vorstellungen vom Umgang mit ihrem Ehemann verpflichtet, und dies dürfte dazu beigetragen haben, dass sie keine Scham (siehe Hagen & Möller, 2013, S. 136) erlebte. Und schließlich ist es die Einmaligkeit dieser Sterbebegleitung, die eine Beeinträchtigung aufgrund kumulativer Verlusterfahrung von vornherein ausschließt. Diesen vergleichsweise günstigen Rahmenbedingungen stehen jedoch Erschwernisse gegenüber. Ebenso wie professionelle und ehrenamtliche Sterbebegleiterinnen mit einer entsprechenden Ausbildung Angst vor dem Verlust des Patienten haben, weil eine gefühlsmäßige Bindung zu ihm oder ihr besteht, dürfte Freya v. Moltke Angst um den Verlust ihrer wichtigsten Bezugsperson gehabt haben. Ebenso wie hauptberufliche und ehrenamtliche Sterbebegleiterinnen dürfte die Gräfin Angst vor dem eigenen Trauerschmerz gehabt haben. Im Unterschied zu den haupt- und nebenberuflichen Sterbebegleiterinnen hatte die Gräfin aber eine längere und sehr viel intensivere Bindung an ihre Betreuungsperson, die für sie zugleich Geliebter, Ehemann, Lebensgefährte und Vater ihrer Kinder war. Von daher könnte man pauschal auf besonders starke Verlustangst und als mittelbare Folge auf starke Angst vor dem eigenen Trauerschmerz schließen.

Soweit die Erwartungen aufgrund der Ausgangslage. Tatsächlich kommen in den Abschiedsbriefen Freya v. Moltkes zwar Unruhe und Besorgnis, nicht aber lähmende Angst und Verzweiflung zum Ausdruck. Die Gräfin äußert sich an keiner Stelle gedanklich desorientiert und infolge dessen hilflos. Intuitiv setzt sie mit einer religiösen Copingstrategie sowie mit der Suche und Inanspruchnahme sozialer Unterstützung zwei Reaktionsformen ein, die in ihrer Situation besonders zweckmäßig sind. Die Ausführungen im vorhergehenden Abschnitt über die religiös bestimmte Form der Stressbewältigung des Helmuth v.

Moltke auf der Grundlage eines partnerschaftlichen Verhältnisses zu Gott gelten sinngemäß auch für seine Ehefrau. Angesichts der Unmöglichkeit, die objektiven Umstände nachhaltig zu beeinflussen, bewahrt sie ihr Vertrauen in die Güte und Gnade Gottes davor, zu resignieren. In dieser Haltung der positiven Deutung einer objektiv aussichtslosen Lage wird sie durch Pfarrer Poelchau bekräftigt. Die wichtigste Quelle emotionaler Unterstützung aber ist ihr Ehemann – derjenige, der selbst am meisten des Zuspruchs und Trostes bedarf. Bei ihm sucht und von ihm erhält sie die Bestätigung ihrer Haltung. Überdies ergibt sich durch Kontakte mit dem Verteidiger sowie mit Funktionsträgern des Justiz- und Parteiapparates ein Wechsel von emotionsfokussierter und handlungsorientierter Bewältigungsstrategie, der sich günstig auf ihr Befinden ausgewirkt haben dürfte. Etwas zu Rettung des eigenen Ehemannes zu unternehmen, auch wenn man sich des Erfolgs nicht sicher sein kann, ist für das eigene Wohlergehen allemal besser, als die Hände in den Schoß zu legen. Bemerkenswert ist, dass die innere Nähe zum Sterbenden, die allgemein eine starke psychische Belastung für Sterbebegleiterinnen darstellt (Pfeffer, 2005), für Freya v. Moltke kein Hindernis war. Insgesamt begünstigen diese zweckmäßigen Reaktionsformen nicht nur das Erleben von Sicherheit und Geborgenheit im Angesicht objektiver Bedrohung, sie bewirken sogar ein Glücksgefühl.

Dass übersteigerte Geborgenheitsgefühle in Erwartung des (eigenen) Todes bei gläubigen Menschen durchaus vorkommen können, ist aus einem Hinweis Groms (1992) ersichtlich. „[...], dass diese Geborgenheitsgefühle ihre ekstatische Intensität zwar einer antidepressiven Abwehr von Angst und Verlassenheitsgefühlen verdanken, dass diese aber [...] auf religiöse Überzeugungen zurückgreift [...]. Der Abwehrversuch lässt den Glauben an die transsoziale Anerkennung und Zuwendung von seiten Gottes, der auch in der normalen Trauerarbeit Halt geben kann, nur emotional gesteigert erleben" (S. 163). Das Erleben von Glück und Geborgenheit im Angesicht existentieller Bedrohung stellt sich demnach als extreme psychische Abwehrreaktion dar.

Als Ursache für die gelungene Anpassung an dieses äußerst belastende Lebensereignis darf man Persönlichkeitsmerkmale vermuten. Die Gräfin dürfte zu jenen emotional stabilen Menschen gezählt haben, die auf bedrohliche oder sonst aversive Eindrücke mit schwachen Gefühlsäußerungen reagieren. Zu dieser angeborenen Disposition gesellen sich bei ihr ausgeprägte Religiosität sowie die Neigung zu Demut und Dankbarkeit. Schließlich lassen sich sogenannte Schutzfaktoren aufzeigen, die sich auf das Erleben und Verhalten in der Rolle der Sterbebegleiterin günstig ausgewirkt haben (siehe Abschnitt 2.2.4). Da ist zunächst die Anerkennung ihrer Bedürfnisse und Motive durch ihren sterbenden Ehemann sowie durch das Ehepaar Poelchau; dies überschneidet sich mit der bereits angesprochenen sozialen Unterstützung. Da ist ferner die Offenheit für neue Erfahrungen mit sich selbst, die es ermöglicht, die Unterstützung beim Sterben als Bereicherung des eigenen Lebens zu erfahren. Dies entspricht den Erfahrungen, die viele ehrenamtliche Hospizhelferinnen berichten. Und da ist die grundsätzliche Wertschätzung ihres Ehemannes als ein Mensch, dessen moralische und intellektuelle Überlegenheit sie bewundert. Aus dieser Position einer wertschätzenden Unterlegenheit sieht sie den Grafen vielleicht nicht gerade als Lehrer, der ihr vorlebt, wie man richtig stirbt, aber doch als denjenigen, der zurecht den Weg weist.

Ausgehend von ihrer eigenen Sterbegewissheit zeigt Freya v. Moltke das gleiche Oszillieren zwischen Aufrechterhalten und Lösen einer wichtigen Bindung. Was bei dem sterbenden Grafen die Bindung an sein Leben ist, ist bei der begleitenden Ehefrau die Bindung an ihn als ihren zentralen Lebensinhalt. Dem antizipatorischen Trauern Helmuth v. Moltkes um den Verlust seines Lebens entspricht bei der Gräfin die vorwegnehmende Trauer um den Verlust seiner Person. Indem die Gräfin bereits zu seinen Lebzeiten ihre fortdauernde Bindung an ihn antizipiert, schafft sie sich einen neuen Lebensentwurf, der auch ihr Verhalten als Sterbebegleiterin stabilisiert. Im Prinzip vollzieht sich also bei der Sterbebegleiterin der gleiche innere Anpassungsprozess wie beim Sterbenden. Diese Gleichartigkeit des Denkens und Fühlens spielt eine große Rolle für die Interaktion von Sterbebegleiterin und Sterbendem, der wir uns nun zuwenden.

5.3 Die Sterbebegleitung

In Abschnitt 3.3.4 war für die Interaktion des Sterbenden Grafen und seiner Sterbebegleiterin das Bild des tanzenden Paares eingeführt worden; er führt, sie lässt sich führen, ohne dabei passiv-willfährig zu sein. Diese Allegorie macht die Harmonie anschaulich, die sich aus den Briefen ableiten läßt – eine Harmonie, die sich nicht nur auf einen gefühlsbetonten Gleichklang bezieht, sondern auch intellektuelle Anteile umfasst. Dies ist die Binnenperspektive, aus der sich die Sterbebegleitung des Helmuth v. Moltke durch seine Ehefrau als überaus vorteilhaft darstellt. Wie aber verhält es sich mit der Außenperspektive? Wie ist die Interaktion der Eheleute zu beurteilen, wenn man sie am Maßstab der Ziele hospizlicher und palliativmedizinischer Sterbebegleitung (siehe Abschnitt 2.3) misst?

Auch bei Berücksichtigung von Kriterien, über die in der professionellen Sterbebegleitung Konsens besteht, ergibt sich eine sehr positive Einschätzung. Alle Ziele der Sterbebegleitung, als da wären die Orientierung an den Bedürfnissen des Sterbenden, Respektierung seiner oder ihrer Autonomie, bewusstes Erleben des Sterbeprozesses und Gedankenaustausch darüber sowie die Vermittlung von Hoffnung und die Erörterung von Sinnfragen werden von Freya v. Moltke verwirklicht. In einem Interaktionsklima von Sterbebewusstheit und Offenheit diesbezüglich verhält sie sich fürsorglich insbesondere was die Herstellung und Aufrechterhaltung von Sterbebereitschaft betrifft, spendet und empfängt Trost und beteiligt sich über den Austausch über Glaubensinhalte an der Vermittlung von Sinn. Damit verhilft die Gräfin ihrem Ehemann zu einem Sterben, das man unter den gegebenen Umständen als „gut" bezeichnen muss. Ob man dem auch das Attribut „hohe Lebensqualität" zusprechen kann, ist eine andere Frage. Das Kriterium des „guten", d.h. sanften, friedlichen, schmerzfreien Sterbens bezieht sich auf Krebskranke, an deren friedlichem Entschlafen oftmals sedierende Medikamente beteiligt sind. Diese Rahmenbedingung trifft auf Helmuth v. Moltke nicht zu. Man darf bezweifeln, dass seine letzten Stunden trotz großer Bemühung um die Herstellung von Sterbebereitschaft von innerem Frieden bestimmt waren. Gleichwohl kann und muss man die Sterbebegleitung des Grafen durch seine Ehefrau als erfolgreich bezeichnen.

Überdies bringt Freya v. Moltke mit der Verbalisierung emotionaler Erlebnisinhalte, mit dem Ausdruck von Wertschätzung und emotionaler Wärme sowie mit der Artikulation von

Echtheit und Selbstkongruenz die Therapeutenmerkmale der Gesprächspsychotherapie (siehe Biermann-Ratjen, Eckert & Schwartz, 2003) zur Geltung. Lange bevor es diesen bedeutenden humanistischen Ansatz der Psychotherapie gab, vermochte sie offenbar intuitiv ein quasi-therapeutisches Interaktionsklima herzustellen.

Dass es sich um eine gelungene Sterbebegleitung handelt, zeigt sich auch daran, dass sie sich synchron mit dem Verlauf des Sterbeprozesses selbst vollzieht. Während der letzten sechs Wochen verläuft die Häufigkeit von charakteristischen Äußerungen des Sterbens weitgehend parallel zur Häufigkeit von Äußerungen, die Sterbebegleitung kennzeichnen (siehe Abbildung 3-6). Offenbar hat Freya v. Moltke ihr Betreuungsverhalten in der kritischen Phase der Entscheidung über Leben oder Tod ihres Ehemannes seinen Bedürfnissen vorzüglich angepasst. Man könnte auch sagen, dass sich – bezogen auf die Dyade des Ehepaares – psychisches und soziales Sterben im Einklang befanden.

Die Sterbebegleitung Helmuth v. Moltkes ist auch ein langer Prozess des Abschiednehmens. Aus Interviews mit Patienten, die an Krebs im Endstadium litten, hat Kellehear (1990, pp. 162–165) drei Funktionen des Abschiednehmens abgeleitet, die auch für das Ehepaar v. Moltke eine Rolle gespielt haben dürften. Eine mehr oder weniger förmliche Verabschiedung bildet erstens die Grundlage für eine fortdauernde Bindung des Hinterbliebenen an den Verstorbenen. Abschiednehmen bewirkt zweitens, dass das Sterben explizit benannt wird. Aus dem intrapsychischen, gleichsam privaten Anpassungsprozess wird so ein öffentlicher Austausch zwischen den Interaktionspartnern. Schließlich erleichtert eine Verabschiedung dem Sterbenden das Loslassen, weil ein (förmlicher) Abschluss der Beziehung vollzogen ist; die Geschichte ist zu Ende, das Buch wird zugeklappt.

Diese gelungene Sterbebegleitung wurde durch Bedingungen ermöglicht, die auch im allgemeinen, d.h. für die Begleitung unheilbar Kranker im Endstadium, als Voraussetzungen einer guten Sterbebegleitung gelten, und die sowohl den Sterbenden als auch seine Begleiterin betreffen. Es sind dies die Fähigkeit zum Dialog, ferner Geduld und Beharrlichkeit, authentisches Verhalten und Wahrhaftigkeit, Vertrauen zum Gegenüber, die Äußerung von Mitgefühl sowie Intimität im Umgang mit letzten Fragen (Müller-Busch, 2012, S. 761; ähnlich Napiwotzky, 2012). Einige dieser Merkmale, die bei professioneller und halbprofessioneller Sterbebegleitung erwähnenswert sind, mögen für die Interaktion zwischen langjährigen Ehepartnern eher selbstverständlich erscheinen. Dennoch kann auch eine enge Beziehung teilweise konflikthaft und von Unsicherheit bezüglich der Vertrauenswürdigkeit des Partners bestimmt sein. Ausgehend von ihrem Briefwechsel war dies bei den Moltkes nicht der Fall. Bemerkenswert an der Interaktion des Ehepaares v. Moltke ist zunächst das Vorherrschen eines radikal offenen Bewusstheitskontexts im Sinne von Glaser und Strauss (1974), in dem fürsorgliches Täuschen und das oberflächliche Verbreiten von Zuversicht nicht vorkommen. Bemerkenswert ist ferner, dass es den Versuch der Entindividualisierung, durch die der Sterbende zu seinem (vermeintlichen) eigenen Wohl behutsam zu einer Orientierung auf Pietät und Würde geführt wird (Dreßke, 2012), nicht gab. Helmuth v. Moltke sah sich selbst als Sterbender, und dieses Selbstbild bedurfte zwischen den Partnern keiner Erörterung in Begriffen der Psychologie oder Soziologie. Die zeitgenössische Idee des „Leben bis zuletzt" haben sie im Rahmen des Möglichen pragmatisch verwirklicht – man denke an die Feier des Abendmahls – ohne dass die Sterbebegleiterin sie ideologisch überhöht hätte. Der Graf hat seinen Abschied vom Selbst eigenständig gesteuert und wurde dabei von seiner Ehefrau bedingungslos unterstützt.

Ein weiteres wesentliches Kennzeichen der Sterbebegleitung Helmuth v. Moltkes durch seine Ehefrau ist die Haltung der Demut und Dankbarkeit, die beiden eigen war und die daher ein verbindendes Element angesichts existentieller Bedrohung darstellte. Die Demut der Moltkes hat einen stark religiösen Bezug; sie verneigten sich vor der Allmacht Gottes und sind dankbar für seine Güte. In Gottes Schöpfung sahen sie ihre eigenen Leben als Sandkorn, und entsprechend bedeutungslos empfanden sie seinen Verlust. Diese Selbst-Transzendenz kommt in den Worten der Gräfin „Außer dem Leben können sie Dir ja nichts nehmen!" zum Ausdruck. Im Umkehrschluss bedeutet das: Alles andere, das uns wichtig ist, bleibt dir! Im Kontext des Großen und Ganzen, im Vergleich zu Idealen und überge-ordneten Wertvorstellungen erscheint der Verlust des Lebens – des eigenen wie auch des Lebens des Partners – geringfügig.

Innerhalb der Positiven Psychologie wird Demut als Persönlichkeitsmerkmal angesehen (Exline & Geyer, 2004; Landrum, 2011), das eine unverzerrte Einschätzung eigener Stärken und Schwächen ermöglicht und damit ein Indikator persönlicher Reife ist. Das „stille Ich" des Demütigen steht im Gegensatz zum „lärmenden Ich" des narzisstischen, stets auf eine Steigerung seines Selbstwertgefühls bedachten Egozentrikers (siehe Wayment & Bauer, 2008). Demütigen Menschen fällt das Akzeptieren der Realität einschließlich der eigenen Sterblichkeit eher leicht, und in quasi-experimentellen Untersuchungen äußerten sie schwache Angst vor dem Tod (Kesebir, 2014). So waren der sterbende Graf Moltke und seine Begleiterin jeder für sich genommen wie auch im Austausch miteinander stark, weil ihre Demut sie ihre eigene Nichtigkeit bejahen und dadurch den Verlust des Lebens weniger bedrohlich erscheinen ließ.

5.4 Was man aus den Abschiedsbriefen lernen kann

Die Situation Helmuth v. Moltkes als Angeklagter und dann zum Tode Verurteilter sowie diejenige seiner Ehefrau als seiner Begleiterin weist in mehrfacher Hinsicht Besonderheiten auf, die sie von der Situation unheilbar Kranker und ihrer Betreuungspersonen unterschei-det. Im Unterschied zum Sterben aufgrund einer Krankheit war der Graf somatisch gesund, und daher gab es für ihn keinen synchronen Verlauf von körperlichem Verfall und Loslas-sen des eigenen Lebens; der Abschied vom Selbst ging nicht Hand in Hand mit dem Ab-schied vom eigenen Körper. Ferner stand ihm eine gewaltsame Tötung bevor und nicht letzte Stunden unter den Bedingungen palliativmedizinischer Versorgung. Die Gräfin wie-derum hatte keinerlei Ausbildung bezüglich der Begleitung eines Sterbenden erfahren. Sie war Laie, die sich vermutlich erstmals vor eine solche Aufgabe gestellt sah. Damit sind drei Vorzüge verbunden. Zum ersten hatte Freya v. Moltke keine professionelle Anspruchshal-tung im Sinne der Herbeiführung eines „guten Sterbens". Als Kind ihrer Zeit, in der Ars moriendi (noch) kein Thema war, war ihr zweitens eine ideologische Haltung gemäß der Bewegung des Todesbewusstseins und ein darauf gründender pädagogischer Impetus fremd. Und schließlich unterlag sie nicht belastenden Erfahrungen, die sich aus der Kumu-lation des Miterlebens zahlreicher Sterbeverläufe und Verlusterfahrungen ergeben können. Diese Spezifika gilt es zu berücksichtigen, wenn im Folgenden Schlussfolgerungen aus der Analyse der Abschiedsbriefe des Ehepaares Moltke gezogen werden. Die Situation der Moltkes kann nicht eins zu eins auf diejenige unheilbar Kranker und ihrer Betreuungspersonen übertragen werden. Was die Sterbebegleiterin und den Prozess der Sterbebegleitung betrifft, ist Übertragbarkeit am ehesten für die Angehörigen von Sterbenden gegeben. Gleichwohl lassen sich aus den Ergebnissen der vorliegenden Studie Hinweise und Empfehlungen ableiten, die mehr als heuristischen Wert beanspruchen können.

Eine *erste Lehre* ergibt sich für den eigenen Gebrauch. Wir alle werden eines Tages Sterbende sein. Die strukturierte Erfüllung selbst gestellter Aufgaben kann in dieser Situation inneren Halt bieten und dem Leben einen Sinn geben. Die Art der Aufgaben kann unterschiedlich sein; je nach Mentalität kommen neben intellektuellen auch künstlerische Betätigungen und solche im zwischenmenschlichen Bereich in Betracht. Bei letzteren kann es sich um die Klärung von Konflikten und das Begleichen offener Rechnungen im übertragenen Sinne handeln, die summarisch oft als „unerledigte Geschäfte" bezeichnet werden. Auch ein immaterielles Vermächtnis gehört hierher. Für gläubige Menschen bietet sich darüber hinaus religiöses Coping geradezu an. Dies dürfte freilich nur intrinsisch Religiösen, die ihren Glauben aus innerer Überzeugung leben und nicht lediglich zweckbestimmt einsetzen, möglich sein. Dies sind einige Hinweise für das individuelle Sterben abseits von volkspädagogischen Bestrebungen einer „neuen Kunst des Sterbens".

Eine *zweite Lehre* betrifft die Auswahl von hauptberuflichen Betreuungspersonen für Hospizeinrichtungen und Palliativstationen sowie von ehrenamtlichen Sterbebegleiterinnen. Im Prinzip geht es hier um Personalauswahl, ausgehend von der Erkenntnis, dass gute Absichten allein nicht zwangsläufig die erwünschten Wirkungen zeigen. Wie in anderen Tätigkeitsbereichen auch, muss Eignung hinzukommen, oder wenigstens sollten Bewerberinnen mit besonders unvorteilhaften Merkmalen ausgeschlossen werden. Allgemein besteht die Berufseignungsdiagnostik darin, das Eignungsprofil einer Person dem Anforderungsprofil einer Berufstätigkeit zuzuordnen, also eine Passung herzustellen (Schuler & Marcus, 2006). Merkmale der Person sind Persönlichkeitseigenschaften, Fähigkeiten, Fertigkeiten, Interessen, Motive und Werthaltungen. Die vorliegenden Erkenntnisse über Freya v. Moltke als Sterbebegleiterin legen den Schluss nahe, dass ein gefestigtes Weltbild – sei es religiös oder areligiös – in Verbindung mit einer Haltung der Demut eine günstige Voraussetzung für die Tätigkeit einer Sterbebegleiterin sein könnte. Hinzu kommen mit emotionaler Stabilität (als Gegenpol zu emotionaler Labilität bzw. Neurotizismus) und Offenheit für Erfahrungen zwei Persönlichkeitsmerkmale des Fünf-Faktoren-Modells der Persönlichkeit („Big Five"; McCrae & Costa, 2003), das in verschiedenen Bereichen der Personalauswahl zum Tragen kommt.

Eine *weitere Lehre* betrifft die Ausbildung von Personen, die formelle und informelle Sterbebegleitung betreiben. Allgemein umfasst die Unterrichtung über Sterben, Tod und Trauern alle planvollen und zielgerichteten Veranstaltungen, die den Teilnehmenden Kenntnisse über die Todesthematik vermitteln und/oder durch Selbsterfahrung ihren Umgang mit Sterbenden und Trauernden durch den Abbau von Ängsten erleichtern (wegen eines kritischen Überblicks siehe Wittkowski, 2012b). Professionelle Pflegekräfte durchlaufen eine entsprechende Ausbildung mit abschließender Prüfung, ehrenamtliche Hospizhelferinnen werden im Rahmen einer sogenannten Befähigung auf ihre Tätigkeit vorbereitet, und für sonstige Personen mit oder ohne akutem Bedarf gibt es seit geraumer Zeit Letzte-Hilfe-Kurse. Für alle drei Ebenen der Unterrichtung über Sterben, Tod und Trauern sind die Ergebnisse der vorliegenden Studie insofern relevant, als sie das Augenmerk auf bisher wenig beachtete Aspekte lenken und zum Teil gängige Vorstellungen in Frage stellen.

Beachtenswerte Inhalte von Aus- und Fortbildungsveranstaltungen könnten sein: die Bedeutung von „Arbeit und Struktur" für das Wohlergehen von Sterbenden; der nicht-lineare, mehr oder weniger kreisförmige Verlauf des Sterbeprozesses, in dem der Wechsel von Festhalten und Loslassen des eigenen Lebens eine große Rolle spielt; die Bedeutung einer Haltung der Demut für das Bewältigungserleben der Sterbebegleiterin und die Frage, unter welchen Umständen große innere Nähe zum Sterbenden zu einer Belastung für sie wird; die ideologiefreie Ausrichtung auf die Bedürfnisse des Sterbenden und seiner Angehörigen im Sinne der Allegorie des tanzenden Paares.

Eine *vierte Lektion,* die sich aus der Analyse der Abschiedbriefe ergibt, bezieht sich auf die Praxis der formellen Sterbebegleitung in stationären Einrichtungen der Hospizbetreuung und der Palliativversorgung sowie auf die Praxis der ambulanten Sterbebegleitung. Sie unterstreicht die große Bedeutung, die soziale Unterstützung (im Team), die Anerkennung eigener Bedürfnisse und Motive sich selbst gegenüber sowie nicht zuletzt antizipierendes Trauern für eine gelingende Sterbebegleitung haben. Im Umgang mit dem Sterbenden sollte die Begleiterin hellhörig bezüglich seiner Gläubigkeit sein. Um welche Art von Religiosität handelt es sich und wie ist die Bindung an Gott beschaffen? Und sofern eine religiöse Bewältigungsform erkennbar ist, stellt sich die Frage, ob diese tatsächlich beruhigend wirkt und nicht etwa bestehende Angst steigert. Darüber hinaus zeigen die Briefe Freya v. Moltkes, wie Sterbebegleitung ohne fürsorgliche Steuerung durch die Begleiterin erfolgen kann. Eine solche Orchestrierung des Sterbens hat Dreßke (2012) in Hospizeinrichtungen beobachtet. „Die traditionelle Sterbevorstellung ist ein ideologisches Korsett, in das die Vorstellung des individuelen Sterbens eingebettet ist. [...] Demnach hat sich der Einzelne bis zum Schluss zu behaupten, seine Identität zu definieren und unter Umständen ‚zu erfinden' (S. 115). [...] Das Hospiz hat eine eigene Kommunikationskultur entwickelt, in der Gefühle und der moralische Status kontinuierlich beobachtet, abgefragt und gedeutet werden (S. 115f.). Das Sterben wird noch einmal als ein letzter und bedeutsamer Höhepunkt inszeniert und das Leben noch einmal gebündelt" (S. 116). Dafür gibt es in der gelungenen Sterbebegleitung durch Freya v. Moltke keine Anhaltspunkte.

Die allgemeine Lehre, die man als *fünfte Lektion* für die informelle Sterbebegleitung durch Angehörige ableiten kann, lautet: Vertraue deiner Intuition, wahlweise deinem gesunden Menschenverstand! In ihrer Funktion als die Sterbebegleiterin ihres Ehemannes war Gräfin Moltke unbeeinflusst von Ratgeberliteratur (weil es sie damals noch gar nicht gab) und von Handlungsempfehlungen nach Art eines Kochbuchs. Die Interaktion mit ihrem sterbenden Ehemann gründete auf der Kenntnis seiner Persönlichkeit, ihrer bedingungslosen Liebe zu ihm, auf gemeinsamen Überzeugungen und Wertvorstellungen sowie der Fähigkeit zu authentischem, gleichwohl aber taktvollem Verhalten. Damit nutzte Freya v. Moltke intuitiv die Möglichkeiten, die ihr die enge Beziehung zu ihrem Ehemann bot, ohne sich ständig zu fragen, ob sie alles richtig mache.

Die *letzte Schlussfolgerung* betrifft die Forschung. Über die verschiedenen Aspekte der formellen Sterbebegleitung sowie über das Erleben und Verhalten professioneller und ehrenamtlicher Sterbebegleiterinnen weiß man inzwischen einigermaßen Bescheid – international und hierzulande. Ganz anders verhält es sich mit Blick auf die informelle Sterbebegleitung durch Angehörige. Welche Wünsche und Bedürfnisse haben sie? Was sind ihre größten Belastungen und wie stark sind diese? Gibt es bei Angehörigen in der Sterbebegleitung spezifische Schutzfaktoren, die manche vor einer Überbelastung bewahren? Welche Copingstrategien zeigen sich bei begleitenden Angehörigen? – Diese und viele andere Fragen können derzeit nicht beantwortet werden. Antworten sind aber notwendig, um entsprechende Unterrichtsangebote (siehe die dritte Lektion oben in diesem Abschnitt) bedürfnisgerecht und vor allem differenziert gestalten zu können. Denn wie in allen Lebensbereichen ist auch hier mit vielfältigen Erscheinungsformen zu rechnen. Der eine macht es so, die andere so. Verhaltenswissenschaftliche Forschung mit hohem Auflösungsvermögen dank ausgefeilter Untersuchungsmethodik vermag die Grundlage dafür zu schaffen, die Situation informeller Sterbebegleiter zu verbessern.

Literatur

Ardelt, M. (2008). Self-development through selflessness: The paradoxical process of growing wiser. In H. A. Wayment & J. J. Bauer (Eds.), *Transcending self-interest: Psychological exploration of the quiet ego* (pp. 221–233). Washington, DC: American Psychological Association.

Balk, D., Wogrin, C., Thornton, G. & Meagher, D. (Eds.).(2007). *Handbook of thanatology. The essential body of knowledge for the study of death, dying, and bereavement.* New York: Routledge.

Baron, R. M. & Kenny, D. A. (1986). The moderator-mediator variable distinction in social psychological research: Conceptual, strategic, and statistical considerations. *Journal of Personality and Social Psychology, 51,* 1173–1182.

Beach, D. L. (1995). Caregiver discourse: Perceptions of illness-related dialogue. *The Hospice Journal, 10,* 13–25.

Beauvoir, S. de (1965). *Ein sanfter Tod.* Reinbek bei Hamburg: Rowohlt.

Becker, G. & Xander, C. (2012). Zur Erkennbarkeit des Beginns des Sterbeprozesses. In F.-J. Bormann & G. D. Borasio (Hrsg.), *Sterben. Dimensionen eines anthropologischen Grundphänomens* (S. 116–136). Berlin: de Gruyter.

Berelson, B. (1954). Content analysis. In G. Lindzey (Ed.), *Handbook of social psychology,* Vol. I (pp. 488–522). Cambridge, Mass.: Addison-Wesley.

Berger, P. L. & Luckmann, T. (1996). *Die gesellschaftliche Konstruktion der Wirklichkeit. Eine Theorie der Wissenssoziologie.* Frankfurt/M.: Fischer.

Biermann-Ratjen, E. M., Eckert, J. & Schwartz, H. J. (2003). *Gesprächspsychotherapie. Verändern durch Verstehen.* Stuttgart: Kohlhammer (9. Aufl.).

Bos, W. & Tarnai, C. (Hrsg.). (1989). *Angewandte Inhaltsanalyse in Empirischer Pädagogik und Psychologie.* Münster: Waxmann.

Brandstädter, J. & Rothermund, K. (2002). The life-course dynamics of goal persuit and goal adjustment: A two-process framework. *Developmental Review, 22,* 117–150.

Breuer, F. (Hrsg.).(1996). *Qualitative Psychologie. Grundlagen, Methoden und Anwendungen eines Forschungsstils.* Opladen: Westdeutscher Verlag.

Britt, T. W., Adler, A. B. & Bartone, P. T. (2001). Deriving benefits from stressful events: The role of engagement in meaningful work and hardiness. *Journal of Occupational Heath Psychology, 6,* 53–63.

Bruhns, W. (2005). *Meines Vaters Land. Geschichte einer deutschen Familie.* München: Econ (17. Aufl.).

Brüsemeister, T. (2000). *Qualitative Forschung. Ein Überblick.* Wiesbaden: Westdeutscher Verlag.

Bundesärztekammer (2011). Grundsätze der Bundesärztekammer zur ärztlichen Sterbebegleitung. *Deutsches Ärzteblatt, 108,* A346–348.

Byock, I. (1997). *Dying well: The prospect for growth at the end of life.* New York: Putnam.

Carmack, H. J. & DeGroot, J. M. (2013). Exploiting loss?: Ethical considerations, boundaries, and opportunities for the study of death and grief online. *Omega: Journal of Death and Dying, 68,* 315–335.

Carver, J. S. & Connor-Smith, J. (2010). Personality and coping. *Annual Review of Psychology, 61,* 679–704.

Connor, S. R. (1998). *Hospice: Practice, pitfalls, and promise. Washington,* DC: Taylor & Francis.

Corr, C. A. (1991–92). A task-based approach to coping with dying. *Omega: Journal of Death and Dying, 24,* 81–94.

Corr, C. A. (1993). Coping with dying: Lessons that we should and should not learn from the work of Elisabeth Kübler-Ross. *Death Studies, 17,* 69–83.

Corr, C. A., Nabe, C. M. & Corr, D. M. (2009). *Death and dying, life and living.* Belmont, CA: Wadsworth (6th ed.).

Cunningham, M. D. & Vigen, M. P. (2002). Death row inmate´s characteristics, adjustment and confinement: A critical review of the literature. *Behavioral Sciences and the Law, 20,* 191–210.

Denzin, N. K. & Lincoln, Y. S. (Eds.).(1994). *Handbook of qualitative research.* Thousand Oaks, CA: Sage.

Dreßke, S. (2005). *Sterben im Hospiz. Der Alltag in einer alternativen Pflegeeinrichtung.* Frankfurt/M.: Campus.

Dreßke, S. (2012). Das Hospiz als Einrichtung des guten Sterbens. Eine soziologische Analyse der Interaktion mit Sterbenden. In D. Schäfer, C. Müller-Busch & A. Frewer, (Hrsg.), *Perspektiven zum Sterben. Auf dem Weg zu einer Ars moriendi nova?* (S. 103–119). Stuttgart: Steiner.

Endler, N. S. & Magnusson, D. (1976). Toward an interactional psychology and personality. *Psychological Bulletin, 83,* 956–974.

Erdmann, G. & Janke, W. (2008). *Stressverarbeitungsfragebogen. Stress, Stressverarbeitung und ihre Erfassung durch ein mehrdimensionales Testsystem.* Handbuch. Göttingen: Hogrefe.

Exline, J. J. & Geyer, A. L. (2004). Perceptions of humility: A preliminary study. *Self and Identity, 3,* 95–114.

Feldmann, K. (1990). *Tod und Gesellschaft. Eine soziologische Betrachtung von Sterben und Tod.* Frankfurt/M.: Lang.

Feldmann, K. (2010). *Tod und Gesellschaft. Sozialwissenschaftliche Thanatologie im Überblick.* Wiesbaden: VS Verlag für Sozialwissenschaften (2., überarbeitete Auflage).

Figley, C. R. (Ed.).(1995). *Compassion fatigue: Coping with secondary traumatic stress disorder in those who treat the traumatized.* New York: Brunner-Mazel.

Fischbeck, S. & Schappert, B. (2010). Sterbeprozess - psychologisch. In H. Wittwer, D. Schäfer & A. Frewer (Hrsg.), *Sterben und Tod. Ein interdisziplinäres Handbuch* (S. 83–88). Stuttgart: Metzler.

Folkman, S. & Moskowitz, J. T. (2004). Coping: Pitfalls and promise. *Annual Review of Psychology, 55,* 745–774.

Freud, S. (1915/1948). Zeitgemäßes über Krieg und Tod. In A. Freud, E. Bibring, W. Hoffer, E. Kris & O. Isakower (Hrsg.), *Sigmund Freud. Gesammelte Werke,* Bd. X (S. 324–355). London: Imago.

Freud, S. (1927/1948). Die Zukunft einer Illusion. In A. Freud, E. Bibring, W. Hoffer, E. Kris & O. Isakower (Hrsg.), *Sigmund Freud. Gesammelte Werke,* Bd. XIV (S. 323–380). London: Imago.

Gadamer, H. G. (1960/1972). *Wahrheit und Methode.* Tübingen: Mohr.

Glaser, B. G. & Strauss, A. L. (1968). *Time for Dying.* Chicago: Aldine.

Glaser, B. G. & Strauss, A. L. (1974). *Interaktionen mit Sterbenden. Beobachtungen für Ärzte, Schwestern, Seelsorger und Angehörige.* Göttingen: Vandenhoeck & Ruprecht.

Glasl, F. (1994). *Konfliktmanagement. Ein Handbuch zur Diagnose und Behandlung von Konflikten für Organisationen und ihre Berater.* Bern: Haupt (4., unveränderte Aufl.).

Gottschalk, L. A. (Ed.).(1979). *The content analysis of verbal behavior. Further studies.* New York: Spektrum Publications.

Greenberg, J., Pyszczynski, T. & Solomon, S. (1986). The causes and consequences of the need for self-esteem: A terror management theory. In R. F. Baumeister (Ed.), *Public self and private self* (pp. 189–212). New York: Springer.

Grom, B. (1992). *Religionspsychologie.* München: Kösel.

Gronemeyer, M. (1993). *Das Leben als letzte Gelegenheit. Sicherheitsbedürfnisse und Zeitknappheit.* Darmstadt: Wissenschaftliche Buchgesellschaft.

Groß, D. & Grande, J. (2010). Sterbeprozess – medizingeschichtlich. In H. Wittwer, D. Schäfer & A. Frewer (Hrsg.), *Sterben und Tod. Ein interdisziplinäres Handbuch* (S. 75–83). Stuttgart: Metzler.

Haagen, M. & Möller, B. (2013). *Sterben und Tod im Familienleben. Beratung und Therapie von Angehörigen von Sterbenskranken.* Göttingen: Hogrefe.

Heckhausen, J. & Schulz, A. L. (1995). A life-span theory of control. *Psychological Review, 102,* 284–304.

Heflick, N. A. (2005). Sentenced to die: Last statements and dying on death row. *Omega: Journal of Death and Dying, 51,* 323–336.

Herrndorf, W. (2013). *Arbeit und Struktur.* Berlin: Rowohlt.

Hoffmeyer-Zlotnik, J. H. P. (Hrsg.). (1992). *Analyse verbaler Daten. Über den Umgang mit qualitativen Daten.* Opladen: Westdeutscher Verlag.

Hogan, N., Morse, J. M. & Tasón, M. C. (1996). Toward an experiential theory of bereavement. *Omega: Journal of Death and Dying, 33,* 43–65.

Holsti, O. R. (1968). Content analysis. In G. Lindzey & E. Aronson (Eds.), *The handbook of social psychology,* Vol. 2 (pp. 596–692). Reading, Mass.: Addison-Wesley.

Husebö, S. (1997). Communication, autonomy and hope. How can we treat serious ill patients with respect? In A. Surbone & M. Zwitter (Eds.), *Information and truth* (pp. 27–34). New York: New York Academic Society.

International Work Group on Death, Dying, and Bereavement (1979). Assumptions and principles underlying standards for care of the terminally ill. *The American Journal of Nursing, 79,* 296–297.

International Work Group on Death, Dying, and Bereavement (1993). A statement of assumptions and principles concerning psychosocial care of dying persons and their families. *Journal of Palliative Care, 7,* 29–32.

Jünger, S. (2012). Belastung des Teams in der Versorgung am Lebensende. Empirie, Konzepte, Erkenntnisse. In M. Müller & D. Pfister (Hrsg.), *Wie viel Tod verträgt das Team? Belastungs- und Schutzfaktoren in Hospizarbeit und Palliativmedizin* (S. 22–30). Göttingen: Vandenhoeck & Ruprecht.

Jüttemann, G. (Hrsg.).(1989). *Qualitative Forschung in der Psychologie. Grundfragen, Verfahrensweisen, Anwendungsfelder.* Heidelberg: Asanger.

Kaluza, J. & Töpferwein, G. (2005). *Sterben begleiten. Zur Praxis der Begleitung Sterbender durch Ärzte und Pflegende. Eine empirische Studie.* Berlin: trafo.

Kastenbaum, R. (1995–96). „How far can an intellectual effort diminish pain?" William McDougall's Journal as a model for facing death. *Omega: Journal of Death and Dying, 32,* 123–164.

Kastenbaum, R. (2000). *The psychology of death.* New York: Springer (3rd ed.).

Kastenbaum, R. (2012). *Death, society, and human experience.* Boston, MA: Pearson (11th ed.).

Kellehear, A. (1990). *Dying of cancer. The final year of life.* Chur/CH: Harwood Academic Publishers.

Kelly, B. D. & Foley, S. R. (2013). Love, spirituality, and regret: Thematic analysis of last statements from Death Row, Texas (2006–2011). *Journal of the American Academy of Psychiatry and the Law, 41,* 540–550.

Kempowski, W. (1993). *Das Echolot. Ein kollektives Tagebuch, Januar und Februar 1943.* München: Knaus.

Kempowski, W./Adler, W. (1995). *Das Echolot. Der Krieg geht zu Ende.* München: Hörverlag.

Kesebir, P. (2014). A quiet ego quiets death anxiety: Humility as an existential anxiety buffer. *Journal of Personality and Social Psychology, 106,* 610–623.

Kirschner, S. R. (2005). Conclusion: Toward critical openness. In B. D. Slife, J. S. Reber & F. C. Richards (Eds.), *Critical thinking about psychology. Hidden assumptions and plausible alternatives* (pp. 267–277). Washington, DC: American Psychological Association.

Klass, D. (1988). *Parental grief: Solace and resolution.* New York: Springer.

Kleist (o.J.). Michael Kohlhaas. In K. Siegen (Hrsg.), *Heinrich von Kleists sämtliche Werke. Vollständige Ausgabe in vier Bänden.* Dritter Band (S. 7–83.). Leipzig: Hesse.

Koch, U., Lang, K., Mehnert, A. & Schmeling-Kludas, C. (Hrsg.).(2006), *Die Begleitung schwer kranker und sterbender Menschen. Grundlagen und Anwendungshilfen für Berufsgruppen in der Palliativversorgung.* Stuttgart: Schattauer.

Krippendorff, K. (1980). *Content analysis. An introduction to its methodology.* Beverly Hills, CA: Sage.

Krohne, H. W. (1996). Individual differences in coping. In M. Zeidner & N. S. Endler (Eds.), *Handbook of coping. Theory, research, application* (pp. 381–409). New York: Wiley.

Kübler-Ross, E. (1973). *Interviews mit Sterbenden.* Gütersloh: Güterloher Verlagshaus.

Landrum, E. (2011). Measuring dispositional humility: A first approximation. *Psychological Reports, 108,* 217–228.

Lazarus, R. S. (2006). *Stress and emotion. A new synthesis.* New York: Springer.

Lefcourt, H. M. & Thomas, S. (1998). Humor and stress revisited. In W. Ruch (Ed.), *The sense of humor. Explorations of a personality characteristic* (pp. 179–202). Berlin: de Gruyter.

Marx, M. H. (1963). The general nature of theory construction. In M. H. Marx (Ed.), *Theories in contemporary psychology* (pp. 4–46). New York: Macmillan.

Mayring, P. (2010). *Qualitative Inhaltsanalyse: Grundlagen und Techniken.* Weinheim: Beltz (11. Aufl.).

McCann, I. L. & Pearlman, L. A. (1990). Vicarious traumatization: A framework for understanding the psychological effects of working with victims. *Journal of Trauma Stress, 3,* 131–149.

McCoy, S. K., Pyszczynski, T., Solomon, S. & Greenberg, J. (2000). Transcending the self: A terror management perspective on successful aging. In A. Tomer (Ed.), *Death attitudes and the older adult. Theories, concepts, and applications* (pp. 37–63). Philadelphia, PA: Brunner- Routledge.

McCrae, R. R. & Costa, P. T. (1999). A five-factor theory of personality. In L. A. Pervin (Ed.), *Handbook of personality: Theory and research* (pp. 139–153). New York: Guilford.

McCrae, R. R. & Costa, P. T. (2003). *Personality in adulthood: A five-factor theory perspective.* New York: Guliford (2nd ed.).

Merten, K. (1995). *Inhaltsanalyse. Einführung in Theorie, Methode und Praxis.* Opladen: Westdeutscher Verlag (2., verbesserte Aufl.).

Miles, M. B. & Huberman, A. M. (1994). *Qualitative data analysis. An expanded sourcebook.* Beverly Hills, CA: Sage (2nd ed.).

Miller, N. E. (1959). Liberalization of basic S-R concepts: Extensions to conflict behavior, motivation and social learning. In S. Koch (Ed.), *Psychology. A study of a science,* Vol. 2 (pp. 196–292). New York: McGraw-Hill.

Mishara, B. L. (1973). Autopsy, psychological. In Kastenbaum, R. (Ed.), *Macmillan encyclopedia of death and dying,* Vol. I (pp. 51–52). New York: Thomson/Gale.

Moltke, H. C. v. & Moltke, U. v. (Hrsg.).(2013). *Helmuth James und Freya von Moltke: Abschiedsbriefe Gefängnis Tegel, September 1944-Januar 1945.* München: Beck (gekürzte Ausgabe).

Müller, M. & Pfister, D. (Hrsg.).(2012a). *Wie viel Tod verträgt das Team? Belastungs- und Schutzfaktoren in Hospizarbeit und Palliativmedizin.* Göttingen: Vandenhoeck & Ruprecht.

Müller, M. & Pfister, D. (2012b). Die verwundbaren Helfer. Warum diese Studie und dieses Buch? In M. Müller & D. Pfister (Hrsg.), *Wie viel Tod verträgt das Team? Belastungs- und Schutzfaktoren in Hospizarbeit und Palliativmedizin* (S. 13–21). Göttingen: Vandenhoeck & Ruprecht.

Müller, M., Pfister, D., Markett, S. & Jaspers, B. (2009). Wie viel Tod verträgt das Team? Eine bundesweite Befragung der Palliativstationen in Deutschland. *Der Schmerz, 23,* 1–8.

Müller-Busch, C. (2012). Tod und Sterben kommunizieren. Gespräche im Angesicht des Todes. In M. Anderheiden & W. U. Eckart (Hrsg.), *Handbuch Sterben und Menschenwürde,* Bd. 2 (S. 747–763). Berlin: de Gruyter.

Napiwotzky, A. (2012). Praxis der Hospize. In M. Anderheiden & W. U. Eckart (Hrsg.), *Handbuch Sterben und Menschenwürde,* Bd. 2 (S. 863–894). Berlin: de Gruyter.

Nauck, F. (2001). Symptomkontrolle in der Finalphase. *Der Schmerz, 15,* 362–369.

Neitzel, S. & Welzer, H. (2011). *Soldaten. Protokolle vom Kämpfen, Töten und Sterben.* Frankfurt/M.: Fischer.

Noll, P. (1984). *Diktate über Sterben und Tod. Mit der Totenrede von Max Frisch.* Zürich: Pendo.

Olson, K., Morse, J. M., Smith, J. E., Mayan, M. J. & Hammond, D. (2000–01). Linking trajectories of illness and dying. *Omega: Journal of Death and Dying, 42,* 293–308.

Papadatou, D. (2009). *In the face of death. Professionals who care for the dying and the bereaved.* New York: Springer.

Pargament, K. I. (1997). *The psychology of religion and coping. Theory, research, practice.* New York: Guilford.

Pattison, E. M. (1977). *The experience of dying.* Englewood Cliffs, NJ: Prentice Hall.

Pattison, E. M. (1978). The living-dying process. In C. A. Garfield (Ed.), *Psychosocial care of the dying patient* (pp. 133–168). New York: McGraw-Hill.

Patton, M. Q. (1980). *Qualitative evaluation methods.* Beverly Hills, CA: Sage.

Pauer-Studer, H. & Velleman, D. (2017). „*Weil ich nun mal ein Gerechtigkeitsfanatiker bin.*" *Der Fall des SS-Richters Konrad Morgen.* Berlin: Suhrkamp.

Pearlman, L. A. & Saakvitne, K. (1995). Treating therapists with vicarious traumatization and secondary traumatic stress disorders. In C. R. Figley (Ed.), *Compassion fatigue: Coping with secondary traumatic stress disorder in those who treat the traumatized* (pp. 151–177). New York: Brunner-Mazel.

Pfeffer, C. (2005). „Ich hab´ gar nicht gemerkt, wie ich da reingezogen wurde": Zur Dynamik von Individualisierung und Nähe in der Pflegearbeit stationärer Hospize. In H. Knoblauch & A. Zingerle (Hrsg.), *Thanatosoziologie. Tod, Hospiz und die Institutionalisierung des Sterbens* (S. 103–124). Berlin: Duncker & Humblot.

Pfister, D. (2012). Belastungsfaktoren. In M. Müller & D. Pfister (Hrsg.), *Wie viel Tod verträgt das Team? Belastungs- und Schutzfaktoren in Hospizarbeit und Palliativmedizin* (S. 43–49). Göttingen: Vandenhoeck & Ruprecht.

Renzenbrink, I. (Ed.).(2011). *Caregiver stress and staff support in illness, dying, and bereavement.* New York: Oxford University Press.

Revers, W. J. (1973). *Der Thematische Apperzeptionstest [TAT]. Handbuch zur Verwendung des TAT in der psychologischen Persönlichkeitsdiagnostik.* Bern: Huber (3., erweiterte Aufl.).

Römer, F. (2012). *Kameraden. Die Wehrmacht von innen.* München: Piper.

Rothaar, M. (2010). Sterbebegleitung. In H. Wittwer, D. Schäfer & A. Frewer (Hrsg.), *Sterben und Tod. Geschichte – Theorie – Ethik. Ein interdisziplinäres Handbuch* (S. 225–228). Stuttgart: Metzler.

Rothbaum, F., Weisz, J. R. & Snyder, S. S. (1982). Changing the world and changing the self: A two-process-model of perceived control. *Journal of Personality and Social Psychology, 57,* 5–37.

Rudinger, G., Chaselon, F., Zimmermann, F. J. & Henning, H. J. (1985). *Qualitative Daten. Neue Wege sozialwissenschaftlicher Methodik.* München: Urban & Schwarzenberg.

Ruhm von Oppen, B. (1993). Helmuth James Graf von Moltke – Anführer der Jüngeren. In K. v. Klemperer, E. Syring & R. Zitelmann (Hrsg.), *„Für Deutschland" – Die Männer der 20. Juli* (S. 169–183). Berlin: Ullstein.

Rust, H. (1981). *Methoden und Probleme der Inhaltsanalyse. Eine Einführung.* Tübingen: Narr.

Salander, P. (2002). Bad news from the patient´s perspective: An analysis of the written narratives of newly diagnosed cancer patients. *Social Science and Medicine, 55,* 721–732.

Salis Gross, C. (2001). *Der ansteckende Tod. Eine ethnologische Studie zum Sterben im Altersheim.* Frankfurt/M.: Campus.

Saunders, C. & Bains, M. (1991). *Leben mit dem Sterben. Betreuung und medizinische Behandlung todkranker Menschen.* Bern: Huber.

Schäfer, D., Müller-Busch, C. & Frewer, A. (Hrsg.).(2012). *Perspektiven zum Sterben. Auf dem Weg zu einer Ars moriendi nova?* Stuttgart: Steiner.

Schuler, H. & Marcus, B. (2006). *Lehrbuch der Personalpsychologie.* Göttingen: Hogrefe (2., überarb. Aufl.).

Schulz, R. & Schlarb, J. (1991). Two decades of research on dying: What do we know about the patient? In A. Monat & R. S. Lazarus (Eds.), *Stress and coping. An anthology* (pp. 370–387). New York: Columbia University Press (3rd ed.).

Schröder, C., Schmutzer, G. & Brähler, E. (2002). Repräsentativbefragung der deutschen Bevölkerung zu Aufklärungswunsch und Patientenverfügung bei unheilbarer Krankheit. *Psychotherapie, Psychosomatik, Medizinische Psychologie, 52,* 236–243.

Schröder, C. & Wittkowski, J. (2008). Auf dem Weg zu einer angemessenen Betreuung am Ende des Lebens. In J. Wittkowski & C. Schröder (Hrsg.), *Angemessene Betreuung am Ende des Lebens. Barrieren und Möglichkeiten zu ihrer Überwindung* (S. 150-190). Göttingen: Vandenhoeck & Ruprecht.

Schröder, H., Schröder, C., Förster, F. & Bänsch, A. (2003). *Palliativstationen in Deutschland. Belastungserleben, Bewältigungspotenzial und Religiosität der Pflegenden.* Wuppertal: hospiz verlag.

Schurz, G. (2011). *Einführung in die Wissenschaftstheorie.* Darmstatdt: Wissenschaftliche Buchgesellschaft (3., durchgesehene Auflage).

Slife, B. D., Reber, J. S. & Richardson, F. C. (eds.). (2005). *Critical thinking about psychology. Hidden assumptions and plausible alternatives.* Washington, DC: American Psychological Association.

Slife, B. D. & Williams, R. N. (1995). *What´s behind research? Discovering hidden assumptions in the behavioral sciences.* Thousand Oaks, CA: Sage.

Smith, D. C. & Maher, M. F. (1993). Achieving a healthy death: The dying person´s attitudinal contributions. *Hospice Journal, 9,* 21–32.

Solomon, S., Greenberg, J. & Pyszczynski, T. (1991). A terror management theory of social behavior: The psychological functions of self-esteem and cultural worldviews. In M. P. Zanna (Ed.), *Advances in experimental social psychology* (Vol. 24, pp. 93–159). San Diego, CA: Academic Press.

Strauss, A. & Corbin, J. (1996). *Grounded Theory: Grundlagen qualitativer Sozialforschung.* Weinheim: Psychologie Verlags Union.

Streckeisen, U. (2001). *Die Medizin und der Tod. Über berufliche Strategien zwischen Klinik und Pathologie.* Opladen: Leske + Budrich.

Taylor, S. E. & Armor, D. A. (1996). Positive illusions and coping with adversity. *Journal of Personality, 64,* 873–898.

Tedeshi, R. G. & Calhoun, L. G. (1995). *Trauma and transformation: Growing in the aftermath of suffering.* Thousand Oaks, CA: Sage.

The SUPPORT Principal Investigators (1995). A controlled trial to improve care for seriously ill hospitalized patients: The Study to Understand Prognoses and Preferences for Outcomes and Risks of Treatment (SUPPORT). *Journal of the American Medical Association, 274,* 1591–1598.

Thomas, D. R. (2006). A general inductive approach for analyzing qualitative evaluation data. *American Journal of Evaluation, 27,* 237–246.

Tolstoj, L. T. (2002). *Der Tod des Iwan Iljitsch.* Frankfurt/M.: Insel Taschenbuchverlag.

Tolstoi, L. T. (2015). *Anna Karenina.* München: Hanser (5. Aufl.).

Upton, M. A., Carwile, T. M. & Brown, K. S. (2017). In their own words: A qualitative exploration of last statements of capital punishment inmates in the State of Missouri, (1995–2011). *Omega: Journal of Death and Dying, 75,* 376–394.

Volkenandt, M. (2012). Kommunikation mit Patienten und Angehörigen. In. F.-J. Bormann & G. D. Borasio (Hrsg.), *Sterben. Dimensionen eines anthropologischen Grundphänomens* (S. 111–115). Berlin: de Gruyter.

Walter T. (1996). Facing death without tradition. In G. Howart & P. C. Jupp (Eds.), *Contemporary issues in the sociology of death, dying and disposal* (pp. 193–204). London: McMillan.

Wayment, H. A. & Bauer, J. J. (Eds.).(2008). *Transcending self-interest: Psychological explorations of the quiet ego.* Washington, DC: American Psychological Association.

Weisman, A. D. (1972). *On dying and denying – A psychiatric study of terminality.* New York: Behavioral Publications.

Weisman, A. D. (1974). *The realization of death. A guide for the psychological outopsy.* New York: Jason Aronson.

Westhoff, K. & Liebert, C. (2014). Emotionale Belastbarkeit und Umgang mit emotionalen Belastungen regelbasiert operationalisiert für die Praxis. *report psychologie, 39,* 250–260.

Wiesing, U. (2012). Strukturen des Sterbeprozesses und ärztliche Interventionen. In F.-J. Bormann & G. D. Borasio (Hrsg.), *Sterben. Dimensionen eines anthropologischen Grundphänomens* (S. 137–149). Berlin: de Gruyter.

Witkop, P. (Hrsg.).(1928). *Kriegsbriefe gefallener Studenten.* München: Langen/Müller.

Wittkowski, J. (1990). *Psychologie des Todes.* Darmstadt: Wissenschaftliche Buchgesellschaft.

Wittkowski, J. (1994). *Das Interview in der Psychologie. Interviewtechnik und Codierung von Interviewmaterial.* Opladen. Westdeutscher Verlag.

Wittkowski, J. (1999). Umgang mit Sterben und Tod: Wie lassen sich die Ergebnisse der Grundlagenforschung in der Praxis umsetzen? *report psychologie, 24,* 114–120.

Wittkowski, J. (2004). Sterben und Trauern: Jenseits der Phasen. *Pflegezeitschrift, 57 (12),* 1–10.

Wittkowski, J. (2011). Sterben – Ende ohne Anfang? In J. Wittkowski & H. Strenge, (Hrsg.), *Warum der Tod kein Sterben kennt. Neue Einsichten zu unserer Lebenszeit* (S. 29–104). Darmstadt: Wissenschaftliche Buchgesellschaft.

Wittkowski, J. (2012a). Ars moriendi durch Erziehung? Zur Unterrichtung über Sterben, Tod und Trauer. In D. Schäfer, C. Müller-Busch & A. Frewer (Hrsg.), *Perspektiven zum Sterben. Auf dem Weg zu einer Ars moriendi nova?* (S. 63–75). Stuttgart: Steiner.

Wittkowski, J. (2012b). Sterben für alle? In D. Schäfer, C. Müller-Busch & A. Frewer, (Hrsg.), *Perspektiven zum Sterben. Auf dem Weg zu einer Ars moriendi nova?* (S. 185–189). Stuttgart: Steiner.

Wittkowski, J. (2014). Ängste von Betreuungspersonen beim Umgang mit Sterbenden. In T. Hax-Schoppenhorst & A. Kusserow (Hrsg.), *Das Angst-Buch für Pflege- und Gesundheitsberufe. Praxishandbuch für die Pflege- und Gesundheitsarbeit.* Bern: Huber.

Wittkowski, J. (2014–15). Consensus, dissention, and admiration: Encounters with Robert Kastenbaum and his work. *Omega: Journal of Death and Dying, 70,* 133–141.

Wittkowski, J. & Dingerkus, G. (2005). Sterbebegleitung. In D. Frey & C. Graf Hoyos (Hrsg.), *Psychologie in Gesellschaft und Kultur. Handbuch* (S. 207–213). Weinheim: Beltz.

Wittkowski, J. & Schröder, C. (Hrsg.).(2008). *Angemessene Betreuung am Ende des Lebens. Barrieren und Strategien zu ihrer Überwindung.* Göttingen: Vandenhoeck & Ruprecht.

Wong, P. T. P. (2008). Meaning Management Theory and death acceptance. In A. Tomer, G. T. Eliason & P. T. P. Wong (Eds.), *Existential and spiritual issues in death attitudes* (pp. 65–87). New York: Erlbaum.

Anhang 1: Die Analysemethode im Detail

(1) Zur Auswertung der „Abschiedsbriefe Gefängnis Tegel"

Die inhaltsanalytische Auswertung der Abschiedsbriefe fällt in das Gebiet der qualitativen Datenanalyse bzw. der Analyse verbaler Daten und im weiteren Sinne in dasjenige der qualitativen Sozialforschung (siehe Bos & Tarnai, 1989; Breuer, 1996; Brüsemeister, 2000; Denzin & Lincoln, 1994; Gottschalk, 1979; Jüttemann, 1989; Merten, 1995; Patton, 1980; Rudinger, Chaselon, Zimmermann & Henning, 1985; Rust, 1981). Als Analyseeinheit im Sinne einer „recording unit" kommen für Inhaltsanalysen grundsätzlich in Betracht (vgl. Berelson, 1954, pp. 508–509; Holsti, 1968, pp. 647–648; Krippendorff, 1980, pp. 60–63): das Wort (neben dem einzelnen Wort auch Wortverbindungen bis hin zu mehreren Sätzen), das Thema (eine umschriebene Aussage über eine Person, einen Gegenstand, ein Ereignis oder einen Sachverhalt), der Charakter (eine reale, fiktive oder historische Figur in ihrem Umfeld) sowie das Item (eine ganze natürlicherweise abgegrenzte Einheit, z.B. ein Buch, ein Film, ein Brief). Maßgebend für die Wahl der Analyseeinheit ist die Passung zwischen den Merkmalen der jeweiligen Fragestellung und dem Analysematerial. Die Wahl sollte also auf jene Einheitenart fallen, die sowohl der Forschungsfrage als auch dem Rohmaterial der Untersuchung am besten entspricht. Dabei ist zu berücksichtigen, in welcher sprachlichen Konfiguration (dem Wort, dem Thema, dem Item) sich die relevanten Inhalte auffinden lassen. In Briefen und Tagebüchern werden vielfach komplexe psychische Vorgänge (Erlebnisse, Gefühle, Bewertungen) geschildert, die sich nur in einem Satz oder oft nur in mehreren Sätzen zum Ausdruck bringen und erfassen lassen. Von daher kam das einzelne Wort als Analsyseeinheit nicht in Frage. Auch das Item, im vorliegenden Fall der einzelne Brief, schied als Analyseeinheit aus, da in nahezu jedem Brief mehrere Inhalte angesprochen werden, die nicht unter eine gemeinsame Überschrift gefasst werden können. Schließlich entspricht der Charakter als Analyseeinheit nicht der Fragestellung (vgl. Abschnitt 1.2). Analyseeinheit der Wahl war vielmehr das Thema, das als einzelner Satz oder als Verbindung mehrerer Sätze nach Berelson (1954, pp. 508–509) eine der geeignetsten Einheitenarten der Inhaltsanalyse ist und das in Untersuchungen über Motive, emotionale Bewertungen und ähnlich komplexe Erlebensinhalte als unverzichtbar gilt (z.B. Holsti, 1968, p. 647). Insbesondere bei der Analyse schriftlicher Korrespondenz haben thematische Analyseeinheiten den Vorzug, dass die Auswertung flexibel an die Ausführungen der Briefpartner angepasst werden kann.

Bei der inhaltsanalytischen Auswertung der Abschiedsbriefe war die Analyseeinheit „Thema" definiert als jede in sich geschlossene Aussage über eine Person (z.B. den Sohn Caspar, den Verteidiger), ein Objekt (z.B. Kleidung), einen Erlebensinhalt (z.B. Demut, die Ausrichtung der Verteidigungsstrategie) oder sonst einen Sachverhalt (z.B. die Haftbedingungen). Der Umfang eines Themas konnte sehr unterschiedlich sein und zwischen einer Zeile und mehreren Druckseiten schwanken. Eine förmliche Abgrenzung der Analyseeinheiten im Sinne einer Portionierung von Textpassagen, wie sie das Würzburger Verfahren der Codierung von halbstrukturiertem Interviewmaterial (WAI; Wittkowski, 1994) vorsieht, erfolgte nicht. Es wurde eine weitgehende, nicht jedoch eine restlose Ausschöpfung des Textes angestrebt.

Im *ersten Schritt* der Auswertung wurden aus den Briefen mit den laufenden Nummern 1–50, also aus knapp einem Drittel des Analysematerials, in getrennten Arbeitsgängen induktiv 22 Inhaltskategorien (Themen) für beide Partner abgeleitet. Dabei wurden zunächst „Inhalte und Merkmale" eines jeden Briefs notiert und daraus übergreifende bzw. abstraktere Inhaltskategorien formuliert. Im Verlauf der Codierung der Briefe Helmuth v. Moltkes wurden die Kategorien „Erinnerungen" [ERINN] und „Zukunftsperspektive" [ZUP] hinzugefügt. Im Zuge der Codierung der Briefe Freya v. Moltkes wurden die Kategorien „Erfüllung" [ERFÜLL], „Soziale Unterstützung" [SOZUNT], „Unzufriedenheit" [UNZUF], „Begleitung im/beim Sterben" [GELEIT] und „Kinder" [KINDER] abgeleitet und dem Kategorienkatalog hinzugefügt. In Nachbearbeitungsschleifen erfolgte die Überprüfung und gegebenenfalls die Nachcodierung aller Briefe des Grafen mit Blick auf das Vorkommen von SOZUNT, ERINN, ZUP, KINDER und ERFÜLL sowie die Inspektion und Nachcodierung aller Briefe der Gräfin bezüglich SOZUNT, UNZUF, GELEIT und KINDER. Dabei wurden diverse Um- und Neuklassifizierungen vorgenommen. Die Codierung der Briefe Helmuth v. Moltkes und Freya v. Moltkes erfolgte in getrennten Arbeitsgängen.

Gegen Ende des ersten Auswertungsschritts, bei der Durchsicht der Briefe mit den laufenden Nummern 45–50, wurden inhaltliche Überschneidungen bei den Kategorien erkennbar. In den Briefen Helmuth v. Moltkes betrafen sie „Glücksgefühl" [GLÜCK], das häufig aus der Partnerbeziehung [BEZIEH] resultierte, sowie „Demut und Dankbarkeit" [DEMUT], deren Quelle vielfach der Glaube [GLAUBE] war. Ferner bestand eine funktionale Verbindung zwischen „Wohlbefinden aus Sicherheit" [SICHER] und „Glaube" [GLAUBE]. In den Briefen Freya v. Moltkes traten Überschneidungen bei der Kategorie „Begleitung im/beim Sterben" [GELEIT] auf. In diese übergeordnete Kategorie ging einerseits „Trösten und Getröstet-werden" [TROST] mit einer aktiven und einer passiven Komponente und andererseits „Fürsorge" [SORGE] ein. Im weiteren Verlauf der Auswertung wurde dies durch Querverweise in den Beispielinventaren der Urliste (siehe unten) erfasst, und bei der Codierung des Textes wurden entsprechende Präzisierungen vorgenommen.

Im *zweiten Schritt* der Auswertung wurden aus der einschlägigen Fachliteratur deduktiv Inhaltskategorien zu den Bereichen „Sterben/Sterbeprozess" (Corr, Nabe & Corr, 2009; Glaser & Strauss, 1965; International Work Group, 1979, 1993; Kellehear, 1990; Kübler- Ross, 1973; Olson et al., 2000–01; Papadatou, 2009; Pattison, 1977, 1978; Smith & Maher, 1993; Weisman, 1972; Wittkowski, 1990, Kap. 10, 2004, 2011; Wittkowski & Schröder, 2008), „Sterbebegleiterin" (Papadatou, 2009; Wittkowski, 2014), „Sterbebegleitung" (International Work Group, 1979, 1993; Rothaar, 2010; Wittkowski & Schröder, 2008) und „Coping/Stressbewältigung" (Carver & Connor-Smith, 2010; Erdmann & Janke, 2008; Kastenbaum, 2000; Klass, 1988; Lazarus, 2006) zusammengestellt. Anhand dieser durch Themenbereiche gesteuerten Suche nach erwartbaren Merkmalen ergab sich eine Vervollständigung und Strukturierung des gesamten Merkmalsbereichs, die es allein aufgrund der induktiv gewonnenen Kategorien nicht gegeben hätte.

Die deduktiv gewonnenen Kategorien des Bereichs „Sterben/Sterbeprozess" wurden in den Briefen Helmuth v. Motkes, jene des Bereichs „Sterbebegleiterin" wurden in den Briefen Freya v. Moltkes in getrennten Arbeitsgängen codiert. Zur Codierung der deduktiv abgeleiteten Kategorien des Bereichs „Sterbebegleitung" wurden die Briefe beider Partner unter Beachtung ihres Dialogcharakters herangezogen. Die deduktiven Kategorien dieses Bereichs sind den induktiven Kategorien übergeordnet; letztere gehen in erste ein. Beispielsweise sind an der deduktiven Kategorie „Psychischer Aspekt (Gefühle), Empathie" [EMOT] die induktiven Kategorien BINDLEB, SORGE und TROST beteiligt. Im Inhaltsbereich „Sterbebegleitung" ergab sich im Zuge der Auswertung anhand der deduktiv gewonnenen Kategorien die neue induktiv abgeleitete Kategorie „Positive Rückmeldung H.´s an F." (ohne Kürzel), die eine Überschneidung mit BEZIE aufweist.

Im *dritten Schritt* der Auswertung, der sich parallel zur Entwicklung des Kategorienkatalogs vollzog, wurde für jede Inhaltskategorie ein Verzeichnis der Rohdaten („Urliste") angefertigt. Diese Verzeichnisse waren einheitlich aufgebaut: Auf die Ordnungsnummer der jeweiligen Kategorie und ihre Bezeichnung (z.B. „(1) Sterbegewissheit [STERBEN]") folgte ihre allgemeine, mehr oder weniger abstrakte Kennzeichnung; sodann wurde die Fundstelle, d.h. die laufende Nummer des Briefes, in dem diese Kategorie vorkam, angegeben; schließlich erfolgte eine Auflistung von Zitaten incl. Fundstelle in einem Beispiel-Inventar, die man als operationale Definition der betreffenden Kategorie betrachten kann.

Bei dieser Art der Auswertung wurde lediglich festgestellt, welche Kategorien in welchen Briefen vorkamen. Es wurde festgehalten, ob bzw. dass eine bestimmte Kategorie in dem betreffenden Brief überhaupt auftrat, nicht hingegen, ob sie mehrfach codiert war. Diesen Verzicht auf eine Gewichtung entsprechend der Auftretenshäufigkeit innerhalb eines Briefes kann man als Informationsverlust betrachten. Allerdings ist nicht sicher, dass aus dem Umfang einer Äußerung in Zeilen auf deren Bedeutung für den Urheber geschlossen werden kann. Überdies ist eine Gewichtung gemäß Auftretenshäufigkeit mit weiteren grundsätzlichen Problemen verbunden. Ob eine Kategorie einmal, zweimal oder noch öfter auftritt, ist auch vom Umfang des Briefes abhängig. Bei einer Gewichtung des Merkmals anhand seiner Auftretenshäufigkeit müsste diese daher zum Umfang des Briefes in Beziehung gesetzt werden, womöglich unter Berücksichtigung des Umfangs der jeweiligen Kategorie. Diese methodologischen Fragen sind in der qualitativen Inhaltsanalyse weitgehend ungeklärt, und daher wurde eine Gewichtung nicht vorgenommen.

Im *vierten Schritt* der Auswertung wurden die jeweils einschlägigen induktiven und deduktiven Kategorien der Bereiche „Sterben/Sterbeprozess", „Sterbebegleiterin" in Verbindung mit „Coping/Stressbewältigung" und „Sterbebegleitung" nach sachlogischen Gesichtspunkten in Ergebnistabellen angeordnet (siehe Anhang 2). Zur Erstellung der Auswertungstabelle für den Bereich „Sterbebegleitung" wurden aus den induktiv aus den Briefen Freya v. Moltkes gewonnenen Kategorien jene entnommen, die den unterstützenden Umgang mit ihrem Ehemann als Sterbendem im psychologischen Sinne betreffen. Auswahlkriterium war die Interaktion mit dem Grafen. Eine klare Abgrenzung zu anderen Kategorien war hier nicht möglich; Überschneidungen bei einzelnen Kategorien der Bereiche „Sterbebegleiterin" und „Sterbebegleitung" waren unvermeidlich. In die Auswertungstabelle „Sterbebegleiterin" wurden nur übergeordnete Copingstile aufgenommen, nicht hingegen einzelne Copingstrategien. Sodann wurden aus den Urlisten einer jeden Kategorie die absoluten Auftretenshäufigkeiten ermittelt (Spalte „f") und in Beziehung zur Gesamtzahl der Briefe gesetzt („Spalte „%").

Im *fünften Schritt* der Auswertung erfolgte die graphische Darstellung der Ergebnisse, pragmatisch definiert durch eine Auftretenshäufigkeit > 20 % und ergänzt um weitere relevante Merkmale (siehe Miles & Huberman, 1994; Thomas, 2006). Bei diesen zusammenfassenden Schemata handelt es sich um Modelle für den Einzelfall, die das Erleben und Verhalten der beteiligten Person(en) zu beschreiben und ansatzweise zu erklären vermögen, ohne jedoch Theorien im streng wissenschaftstheoretischen Sinne, nämlich mit „surplus meaning" (Marx, 1963, p. 14), zu sein.

Bei den Analysen der Verläufe von Sterbeprozess und Sterbebegleitung war eine inferenzstatistische Absicherung der Veränderungen in den Auftretenshäufigkeiten einzelner Merkmale nicht notwendig, weil bei dieser Einzelfallstudie einer Dyade die Briefe die Grundgesamtheit darstellen und sich somit das Problem zufallsbedingter Unterschiede aufgrund der Stichprobenziehung (Schlagwort: Stichprobenvariabilität) nicht stellt.

Der gesamte Auswertungsprozess wurde in einem Protokoll mit Angabe des jeweiligen Datums detailliert dokumentiert. Dies ermöglichte die Rekonstruktion seines Ablaufs. Zusätzlich wurden spontane Ideen und Anmerkungen in Notizen festgehalten.

(2) Zur Auswertung von „Arbeit und Struktur"

Die inhaltsanalytische Auswertung des Tagebuchs von W. Herrndorf ähnelt jener der Abschiedsbriefe, war jedoch – ihrem Stellenwert als flankierender Informationsquelle entsprechend – nicht so systematisch angelegt, und eine Quantifizierung war von vornherein nicht vorgesehen. Das Vorgehen folgte den klassischen Grundsätzen qualitativer Datenanalyse: Reduzierung und Strukturierung. In einem ersten Schritt wurden Schlüsselwörter und relevante Satzteile gekennzeichnet. Sodann wurde für jeden Eintrag entweder ein Stichwort notiert oder ein Zitat exzerpiert, vielfach auch beides. Dieses stark reduzierte Textmaterial wurde sodann den Inhaltskategorien des Merkmalsbereichs „Sterben" zugeordnet, die aus der Analyse der „Abschiedsbriefe" vorlagen. Bei Bedarf wurden neue Kategorien nach Art der „deskriptiven Übersetzung" (Revers, 1973, S. 194ff.) bei der Auswertung von Geschichten zu thematischen Bildvorlagen gebildet. Dabei wird vom konkreten Inhalt (z.B. der Aufforderung zum Geigespielen an ein unwilliges Kind) abstrahiert und ein übergeordneter, allgemeiner Sachverhalt (im Beispiel: elterlicher Erziehungsstil) benannt. In einem weiteren Schritt erfolgte die Strukturierung der Klassifizierungen durch die Zusammenfassung von Kategorien gemäß inhaltlicher Ähnlichkeit sowie die Anordnung dieser Kategorien-Cluster nach sachlogischen Gesichtspunkten, um eine Wirkungskette herzustellen. Dies führte zum Modell des Sterbeverlaufs von W. Herrndorf. Zusammenfassend kann man die inhaltsanalytische Auswertung des Tagebuchs von W. Herrndorf auch als eingeschränkte Form einer psychologischen Autopsie betrachten, wie sie zur Erklärung des Verhaltens von Personen nach einer Selbsttötung durchgeführt wird (siehe Mishara, 2003; Weisman, 1974).

Anhang 2: Die Ergebnisse im Einzelnen

Tabelle 3-1: Auftretenshäufigkeiten im Merkmalsbereich „Sterben" – Induktiv und deduktiv abgeleitete Kategorien, ausschließlich die Briefe Helmuth von Moltkes betreffend – $N = 112$.

Kategorie	Ableitung		f *	% *
	indukt.	dedukt.		
Alltag [ALLTAG]	+		65	58,0
Anweisungen an Freya [ANWEI]	+		49	43,8
Religiosität / Glaube / spirituelle Fragen [GLAUBE]	+	+	44	39,3
Bindung an den Partner / Partnerbeziehung [BEZIE]	+	+	41	36,6
Sterbegewissheit [STERBEN]	+	+	39	34,8
Fürsorge [SORGE]	+		39	34,8
Planen / Problemlösen / Kontrollhandlungen [LÖSG]		+	38	33,9
Rettungsmaßnahmen, aktional [RETTG]	+		37	33,0
Lagebeurteilung [LAGE]	+		36	32,1
Festhalten am Leben / Loslassen des Lebens [BINDLEB]	+		33	29,5
Demut / Dankbarkeit [DEMUT]	+		28	25,0
Wohlbefinden aus Sicherheit [SICHER]	+		22	19,6
Sinnfindung / Sinngebung [SINN]	+		17	15,2
Trösten [TROST]	+		14	12,5
Zukunftsperspektive [ZUP]	+		13	11,6
Hoffnungslosigkeit [HOFF-]	+		13	11,6
Unbestimmte Äußerung eigener Schwäche (Unsicherheit, Verzweiflung) [SCHWÄCHE]	+	+	10	8,9
Angst vor dem eigenen Tod [AnET]		+	9	8,0
Bewertung und Umbewertung [BEWERT]		+	9	8,0
Hoffnung [HOFF+]	+	+	9	8,0
Glücksgefühl [GLÜCK]	+		8	7,1
Erinnerungen [ERINN]	+		7	6,3
Gedanken an die Kinder [KINDER]	+		7	6,3
Akzeptieren des eigenen Todes [AkET]	+	+	6	5,4
Ausrichtung auf einen Zweck [ZWECK]		+	6	5,4
Humor / Erheiterung [HUMOR]		+	6	5,4
Informationssuche bezügl. des Verfahrens [INFO]		+	5	4,5
Ablenkung (aktional, intrapsychisch) [ABLENK]		+	5	4,5
Soziale Unterstützung gewähren [SOZUNT]	+		5	4,5

Tabelle 3-1 (Forts.)

Kategorie	Ableitung		f *	% *
	indukt.	dedukt.		
geschärftes Zeitbewusstsein / Wertschätzung von Gegenwart u. Zukunft [ZEIT]		+	4	3,6
Angst vor dem eigenen Sterben [AnES]		+	3	2,7
Gerechtigkeit / Ungerechtigkeit [GERECH]	+		2	1,8
Positive Bewertung des gemeinsamen Lebens [LEBEN]	+		1	0,9
Antizipatorisches Trauern um den Verlust des eigenen Lebens [TRAUER]		+	1	0,9
Rationalisierung / Intellektualisierung [RATIO]		+	1	0,9
Selbsttäuschung [TÄUSCH]		+	1	0,9
Unterdrückung (⇔ Vermeidung) [DRÜCK]		+	1	0,9
Depression		+	---	---
Beschäftigung mit der Frage eines Lebens nach dem Tod		+	---	---
Wut / Zorn / Auflehnung		+	---	---
Aggression, verbal		+	---	---
Verhandeln mit Gott		+	---	---
Verleugnen / Negation		+	---	---
Regression		+	---	---
Autonomie / Situationskontrolle / Selbstbestimmung		+	---	---
Beschäftigung mit der eigenen Vergangenheit / Lebensbilanz		+	---	---
positive Selbstinstruktion		+	---	---
Kompetenzerwartung / Kontrollüberzeugung		+	---	---
Optimismus		+	---	---
Passivität		+	---	---
Hyperaktivität / Hektik		+	---	---
Resignation / Aufgeben		+	---	---
Selbstbemitleidung		+	---	---
Selbstbeschuldigung		+	---	---
gedankliche Weiterbeschäftigung		+	---	---
Beeinträchtigung des Selbstwertgefühls		+	---	---
Abschluss unerledigter Geschäfte		+	---	---

*   Mehrfachklassifizierungen waren möglich

Tabelle 3-2: Auftretenshäufigkeiten von sieben Inhaltskategorien des Merkmalsbereichs „Sterben" im Zeitraum Oktober 1944 bis Januar 1945.

Kategorie	Kalenderwoche									
	40./41. '44	42./43. '44	44./45. '44	46./47. '44	48./49. '44	50./51. '44	52./53. '44	1./2. '45	3./4. '45
RETTG	1	5	6	5	4	6	3	5	2
STERBEN	3	5	4	3	4	4	6	8	2
BINDLEB	1	4	5	5	3	6	2	5	3
SINN	0	3	1	4	0	2	2	4	1
SCHWÄ	0	1	0	3	0	2	1	1	1
SICHER	1	2	3	4	1	3	1	5	2
LÖSG	0	0	4	8	4	10	3	7	2

Anmerkung: RETTG = Rettungsmaßnahmen, aktional; STERBEN = Sterbegewissheit; BINDLEB = Festhalten am Leben - Loslassen des Lebens; SINN = Sinnfindung - Sinngebung; SCHWÄ = Unbestimmte Äußerung eigener Schwäche (Unsicherheit, Verzweiflung); SICHER = Wohlbefinden aus Sicherheit; LÖSG = Planen/Problemlösung/Kontrollhandlungen.

Tabelle 3-3: Auftretenshäufigkeiten im Merkmalsbereich „Sterbebegleiterin" – Induktiv und deduktiv abgeleitete Kategorien, ausschließlich die Briefe Freya von Moltkes betreffend – $N = 65$.

Kategorie	Ableitung		f *	% *
	indukt.	dedukt.		
Religiosität / Glaube / spirituelle Fragen [GLAUBE]	+		22	33,8
Sterbegewissheit [STERBEN]	+		20	30,8
Glücksgefühl [GLÜCK]	+		18	27,7
Demut und Dankbarkeit [DEMUT]	+		16	24,6
Wohlbefinden aus Sicherheit [SICHER]	+		15	23,1
Antizipatorisches Trauern um den Verlust des gemeinsamen Lebens [TRAUER]	+	+	13	20,0
Soziale Unterstützung empfangen [SOZUNT)	+		13	20,0
Festhalten am Leben / Loslassen des Lebens [BINDLEB]	+		11	16,9
Unbestimmte Äußerung eigener Schwäche (Unsicherheit, Verzweiflung) [SCHWÄCHE]	+		9	13,8
Hoffnung [HOFF +]		+	8	12,3
Sinnfindung / Sinngebung [SINN]	+		8	12,3
Erfüllung [ERFÜLL]	+		5	7,7
Zukunftsperspektive [ZUP]	+		5	7,7
Positive Bewertung des gemeinsamen Lebens [LEBEN]	+		4	6,2
Hoffnungslosigkeit [HOFF -]		+	4	6,2
Unzufriedenheit / Selbstkritik [UNZUF]	+		3	4,6
Fluktuation von (antizip.) Verlusterleben u. seiner gedankl. Vermeidung [FLUKT]		+	3	4,6
Akzeptieren von Helmuths Tod [AKZEPT]		+	2	3,1
Erinnerungen [ERINN]]	+		2	3,1
Erfahrung persönlicher Bereicherung [BEREICH]		+	2	3,1
Psychische Belastung / Stress [STRESS]		+	1	1,5
Ausrichtung auf einen Zweck [ZWECK]		+	1	1,5
Mitleiden / stellvertretendes Leiden		+	---	---
Psychische Erschöpfung (aus Mitleid)		+	---	---
Hilflosigkeit		+	---	---
Depression		+	---	---
Angst vor Helmuths Tod bzw. Verlust / Angst vor dem „einsamen Leben"		+	---	---
Angst vor dem eigenen Versagen als Begleiterin und gute Kameradin		+	---	---
Angst vor dem Leiden des Sterbenden		+	---	---
Angst vor dem Schmerz der Trauer		+	---	---
Wut / Zorn / Auflehnung		+	---	---

Tabelle 3-3 (Forts.)

	Ableitung			
Kategorie	**indukt.**	**dedukt.**	**f ***	**% ***
Aggression, verbal		+	---	---
Verhandeln mit Gott		+	---	---
Verleugnen / Negation		+	---	---
Rationalisierung / Intellektualisierung		+	---	---
Regression		+	---	---
Unterdrückung		+	---	---
geschärftes Zeitbewusstsein / Wertschätzung von Gegenwart u. Zukunft		+	---	---

* Mehrfachklassifizierungen waren möglich

Tabelle 3-4: Auftretenshäufigkeiten im Merkmalsbereich „Sterbebegleitung" – Induktiv und deduktiv in allen Briefen abgeleitete Kategorien.

	Ableitung			
Kategorie	**indukt.**	**dedukt.**	**f ***	**% ***
Alltag [ALLTAG]	+		52	80,0
Bindung an den Partner / Partnerbeziehung [BEZIE]	+		29	44,6
Fürsorge [SORGE]	+		25	38,5
Lagebeurteilung [LAGE]	+		24	36,9
Rettungsmaßnahmen, aktional [RETTG]	+		24	36,9
Soziale Unterstützung gewähren [SOZUNT]	+		13	20,0
psychischer Aspekt (Gefühle), Empathie [EMOT]		+	12	18,5
Begleitung im / beim Sterben [GELEIT]	+		11	16,9
Trösten [TROST]	+		11	16,9
spiritueller Aspekt (Sinnvermittlung) [SINN]	+	+	8	12,3
sächlicher Aspekt (Versorgung mit Nahrung, Schreibpapier etc.) [SACH] **		+	5	7,7
Anweisungen erteilen [ANWEI]	+		5	7,7
Kinder [KINDER]	+		3	4,6
Bestätigende Rückmeldung Helmuths an Freya [BESTÄT]	+		17	15,2

* Mehrfachklassifizierungen waren möglich.- BESTÄT stammt aus den Briefen H. v. Moltkes, und die Häufigkeitsangaben beziehen sich daher auf diese Grundgesamtheit (n = 112). Alle anderen Kategorien stammen aus den Briefen F. v. Moltkes (n = 65).

** Neben dem „direkten" Auftreten von SACH in den Briefen F. v. Moltkes (# 1, 7) gibt es indirekte Hinweise in den Briefen H. v. Moltkes, die entweder in der Bitte um bestimmte Gegenstände oder im Dank für erhaltene Gegenstände bestehen. - Im Übrigen erscheint SACH unter SOZUNT.

Tabelle 3-5: Auftretenshäufigkeiten von fünf Inhaltskategorien des Merkmalsbereichs „Sterbebegleitung" in den Briefen Freya von Moltkes im Zeitraum Oktober 1944 bis Januar 1945.

Kategorie	Kalenderwoche									
	40./41. '44	42./43. '44	44./45. '44	46./47. '44	48./49. '44	50./51. '44	52./53. '44	1./2. '45	3./4. '45
RETTG	1	1	2	5	2	3	1	5	4
SORGE	2	0	1	5	4	7	0	2	4
TROST	1	2	0	3	0	2	0	2	0
SINN	1	1	1	1	1	0	0	2	1
GELEIT	0	0	0	2	1	2	0	3	3

Anmerkung: RETTG = Rettungsmaßnahmen, aktional; SORGE = Fürsorge; TROST = Trösten; SINN = spiritueller Aspekt (Sinnvermittlung); GELEIT = Begleitung im/beim Sterben.